Zeiten der Wachsamkeit

Vigilanzkulturen / Cultures of Vigilance

Herausgegeben vom / Edited by
Sonderforschungsbereich 1369
Ludwig-Maximilians-Universität München

Wissenschaftlicher Beirat
Erdmute Alber, Peter Burschel, Thomas Duve,
Rivke Jaffe, Isabel Karremann, Christian Kiening und
Nicole Reinhardt

Band / Volume 1

Zeiten der Wachsamkeit

Hrsg. von Arndt Brendecke und Susanne Reichlin

DE GRUYTER

Gefördert durch die Deutsche Forschungsgemeinschaft (DFG) – Projektnummer 394775490 – SFB 1369

ISBN 978-3-11-076239-6
e-ISBN (PDF) 978-3-11-076513-7
ISBN (EPUB) 978-3-11-076517-5
ISSN 2749-8913
DOI https://doi.org/10.1515/9783110765137

Dieses Werk ist lizenziert unter der Creative Commons Attribution-NonCommercial-NoDerivatives 4.0 International Lizenz. Weitere Informationen finden Sie unter http://creativecommons.org/licenses/by/4.0/.

Die Bedingungen der Creative-Commons-Lizenz für die Weiterverwendung gelten nicht für Inhalte (z. B. Grafiken, Abbildungen, Fotos, Auszüge usw.), die nicht Teil der Open-Access-Publikation sind. Diese erfordern ggf. die Einholung einer weiteren Genehmigung des Rechteinhabers. Die Verpflichtung zur Recherche und Klärung liegt allein bei der Partei, die das Material weiterverwendet.

Library of Congress Control Number: 2022944296

Bibliografische Information der Deutschen Nationalbibliothek
Die Deutsche Nationalbibliothek verzeichnet diese Publikation in der Deutschen Nationalbibliografie; detaillierte bibliografische Daten sind im Internet über http://dnb.dnb.de abrufbar.

© 2022 bei den Autorinnen und Autoren, publiziert von Walter de Gruyter GmbH, Berlin/Boston
Dieses Buch ist als Open-Access-Publikation verfügbar über www.degruyter.com.

Coverabbildung: *Lamp Lighting* (Photo by E. Dean/Topical Press Agency/Getty Images)
Druck und Bindung: CPI books GmbH, Leck

www.degruyter.com

Inhalt

Arndt Brendecke & Susanne Reichlin
Zeiten der Wachsamkeit. Eine Einleitung —— 1

Arndt Brendecke
Wachsame Arrangements. Zeitverläufe von Vigilanz in ethologischer, psychologischer und geisteswissenschaftlicher Forschung —— 13

Susanne Reichlin
Wachen und Warten. Erwartungsstrukturen in der Oberaltaicher Adventspredigt Nr. 5 —— 37

Christian Kiening
Attentio diaboli. Teuflische Zeit im Faustbuch (1587) —— 61

Chiara Franceschini
Working at Night. Remarks on the Vigilant Artist —— 79

Tobias Döring
Uneasy heads. Shakespeares schlafende Herrscher —— 103

Ewan Jones
Poetic Vigil, Rhythmical Vigilance —— 131

Christiane Brenner
Konjunkturen der Wachsamkeit. Kampagnen gegen Prostitution in der sozialistischen Tschechoslowakei —— 157

Eveline Dürr und Catherine Whittaker
Wachsamkeit als Alltagspraxis. Dekolonisierung von Zeit und Raum im Chicano Park in San Diego, Kalifornien —— 179

Isabell Otto
Die diskrete Wachsamkeit des Smartphones. Temporalitäten der Vigilanz zwischen menschlicher Aufmerksamkeit und apparativer Erfassung —— 211

Abbildungsnachweise —— 227

Arndt Brendecke & Susanne Reichlin
Zeiten der Wachsamkeit. Eine Einleitung

Zeiten der Wachsamkeit, der Titel dieses Bandes ruft eine paränetische Figur auf. Sie suggeriert, dass die jeweiligen Zeitläufte unsere ganze Wachsamkeit erfordern würden. Er ist aber in erster Linie anders zu lesen, nämlich als eine Aufforderung, den Blick zu wenden und sich analytisch mit der Temporalität von Wachsamkeit auseinanderzusetzen, mit den *Zeiten* der Wachsamkeit. Auf den ersten Blick nämlich scheint Wachsamkeit ein Status zu sein, ein Zustand, in dem beispielsweise der Blick starr auf den Horizont geheftet ist. Eigentlich aber handelt es sich um einen Prozess, der voller Antizipationen, Verzögerungen und Zeicheninterpretationen ist. Eine der wohl etablierten Grundannahmen dieses Bandes und des Sonderforschungsbereichs Vigilanzkulturen ist, dass Wachsamkeit nur effizient zu etablieren und aufrecht zu erhalten ist, wenn Zeit in einer Weise strukturiert ist, die die Wachsamkeit unterstützt oder gar bewirkt. Die temporale Struktur wirkt daran mit, Aufmerksamkeit auszurichten, zu bündeln und aufrecht zu erhalten. Dies ist auf sehr unterschiedliche Weisen möglich, etwa dadurch, dass Aufmerksamkeit nicht linear gedehnt, sondern im Zeitverlauf herauf- oder herabgestuft wird. Eine temporale Struktur schafft oder unterstützt dann einen zwischen Anspannung und Entlastung oszillierenden Tonus der Aufmerksamkeit. Zeitliche Strukturen bringen aber auch Varianz hervor, akzentuieren die Aktualität und Dringlichkeit bestimmter Themen und lassen uns die Zeit als Abfolge von aufkommenden Gefahren und verstreichenden Gelegenheiten in wiedererkennbaren, kulturell eingespielten Formen erleben.[1] Das kann in einer sanften, wellenartigen Form, aber auch in schrill gedrängter Weise geschehen.[2]

Zeiten der Wachsamkeit sind solche der Spannung schlechthin, denn ohne dass etwas geschehen muss, wird ein Geschehen mental vorweggenommen.[3] Es ist eine Zeit gestreckter Dringlichkeit, hochgradig politisch, voller ausgeflaggter Bedrohungen und markierter Zuständigkeiten, eine formbare Zeit, die sich hinziehen und dann wieder stauchen lässt. Auch ist es eine Probe der Bereitschaft, das denkbare Zukünftige als bestimmenden Faktor der realen Gegenwart zuzulassen.

---

1 Man kann hier auch an eine Logik der Serialität denken, in der Bindung dadurch gewährleistest wird, dass alles gleich bleibt und doch fortwährend variiert wird. Vgl. dazu die Arbeiten der DFG Forschungsgruppe 1091: ‚Ästhetik und Praxis populärer Serialität' wie auch deren Publikationen, darunter: Kelleter, *Populäre Serialität*.
2 Zu letzterem: Scarry, *Thinking in an Emergency*.
3 Vgl. Duval, *Temps et Vigilance*, S. 123f.

Zeitstrukturen der Wachsamkeit sind damit nicht zuletzt ein ganz entscheidender Faktor jenes Phänomens der gelungenen Integration humaner Aufmerksamkeit in gesellschaftlich gesetzte und kulturell vermittelte Aufgaben, welches wir im Sonderforschungsbereich 1369 als Vigilanz bezeichnen.[4] Zeitstrukturen dienen der Bündelung der gestreuten Aufmerksamkeiten vieler wie auch deren Orientierung auf ein je spezifisches Ziel. Sie wirken an der Responsibilisierung mit, jener für Vigilanzkulturen so entscheidenden Bindung zwischen Individuen und überindividuell gesetzten Aufgaben. Und sie skalieren Aufmerksamkeiten herauf und herab und ermöglichen es, Wachsamkeitsaufgaben rotieren zu lassen.

Zwei methodische Besonderheiten sind hervorzuheben: Erstens verlangt der schon angesprochene, grundlegende Antizipations-Modus Beachtung. Wartende wie Wachende richten einen Teil ihrer Aufmerksamkeit auf etwas Zukünftiges, noch nicht Reales. Sie vergegenwärtigen etwas, was noch nicht da ist und möglicherweise auch nie da sein wird.[5] Zeiten der Wachsamkeit sind daher durchsetzt mit Unsicherheiten über das Was, vor allem aber über das Wann. Sie sind von einer spezifischen Hermeneutik der Antizipation geprägt, insofern sie die gegenwärtige Situation nach kleinsten Zeichen des Auftretens von möglichen zukünftigen Gefahren oder Gelegenheiten durchmustern.[6] Sie enthalten somit eine temporale, transitive Spannung, eine *atentio*, die ohne benennbare Objekte zur Paradoxie wird: zu einer Wachsamkeit ohne Grund.[7] Dass eine solche, an sich paradoxe Spannung gleichwohl produktiv sein kann, lässt sich vielfach belegen. Man denke an die Faszination eines Stückes wie Samuel Becketts *Warten auf Godot*, aber auch an Meditationspraktiken und ästhetische Rezeptionsprozesse. Unterschiedliche kulturelle Praktiken überführen eine transitiv gerichtete Wachsamkeit in intransitive Formen der Aufmerksamkeit, die schließlich in gesteigerter Rezeptivität münden können.[8] Auch hier zeigen sich bei genauerer Betrachtung markante temporale Verläufe, in denen Spannung und Entspannung, transitive und intransitive Aufmerksamkeit auf spezifische Weise abwechseln und sich befördern.

---

4 Vgl. zur Historizität der Frage, ob Aufmerksamkeit stärker als eine kulturelle Praxis oder eine physiologische Reaktion beurteilt wird: Hagner, Toward a History of Attention.
5 Vgl. Duval, *Temps et Vigilance*, S. 123 f.: „La conscience éveillée est une présence qui doit toujours faire face à ce qui n'est pas encore, à ce qui peut-être sera ou ne sera pas".
6 Vgl. dazu: Siéroff, L'attention préparatoire.
7 Man könnte hier mit Achim Landwehr von ‚Chronoferenzen' sprechen, vgl. Landwehr, *Die anwesende Abwesenheit*, S. 28.
8 Marno, *Death be not proud*, S. 10–14; 96–121; Alford, *Forms of poetic attention*, S. 151–166.

Zweitens ist von mehrschichtigen polychronen Strukturen auszugehen und damit von der Überlagerung verschiedener Temporalitäten.[9] Dies führt zu scheinbar widersprüchlichen Befunden. Auf diskursiver Ebene lassen sich beispielsweise häufig Appelle nachweisen, welche eine anhaltende Daueraufmerksamkeit verlangen. Sie fordern einen ‚ständigen Zustand der Bereitschaft' oder rufen gar zu ‚ewiger Wachsamkeit' auf, wie es in dem in den Vereinigten Staaten geläufigen Slogan *The Price of Freedom is eternal vigilance* der Fall ist.[10] Um eine entsprechende Wachsamkeitspraxis zu realisieren, kann aber gerade nicht auf eine ewig gleichbleibende Aufmerksamkeit und damit auf eine stabile kognitive Leistung und Bereitschaft gesetzt werden. Vielmehr ist mit dem Schwund der Aufmerksamkeit und ihrer Wanderschaft zu etwas Neuem zu rechnen oder mit einem Nachlassen des Grades der Aufmerksamkeit, falls nicht ein zeitlich strukturiertes Muster angeboten wird, welches das ansonsten immer gleiche Thema variiert, Gefahren kreiert, Ereignisse durchläuft, und den gelungenen oder gescheiterten Umgang mit der Aufgabe wieder und wieder erzählt.[11]

Dass Appelle zu ewiger, hoher Wachsamkeit in einer Welt flüchtiger, schwindender und wandernder Aufmerksamkeit ausgerufen werden, ist ein Beispiel für die typischerweise gegebene, kontradiktorische Polychronie. Es verdeutlicht, dass man sich davor hüten sollte, einen Teil des Befundes für den ganzen zu nehmen, und dass es sich lohnt, nach der möglicherweise gegebenen Effizienz und Produktivität des Nebeneinanders solcher Zeitstrukturen zu fragen. Dabei ist zu berücksichtigen, dass die verschiedenen temporalen Schichten unterschiedlich manifest sind: Während Appelle zu langanhaltender oder gar ewiger Wachsamkeit diskursiv geradezu plakativ präsent sind, bedarf das Herausarbeiten hintergründig wirkender temporaler Muster eines genaueren Blicks und anderer Methoden. Man denke etwa an das Kirchenjahr, welches Phasen des Wartens, Erwartens und auch Wachens kennt, sie aber wesentlich über soziale Rhythmen und religiöse Rituale realisiert, oder auch an Praktiken der neben-

---

9 Vgl. dazu u. a. Gamper/Hühn, Einleitung, S. 11 sowie die ausführlichere Version: Gamper/Hühn, *Was sind ästhetische Eigenzeiten?* Vgl. auch die idealtypische Differenzierung verschiedener Ebenen der rezeptionsästhetischen Temporalität bei Bildern: Grave, *Bild und Zeit*, S. 55–63. Zur historiographischen Herausforderung mehrschichtiger Zeitmodelle zusammenfassend: Koselleck, *Zeitschichten*.
10 Der jedoch nicht auf Thomas Jefferson zurückgeht, sondern auf den irischen Juristen und Politiker John Philpot Curran. Sein Original ist religiöser und noch radikaler angelegt. Es lautet: „The condition upon which God hath given liberty to man is eternal vigilance; which condition if he break, servitude is at once the consequence of his crime and the punishment of his guilt", vgl. Curran, *Speeches*, S. 236.
11 Zur Analyse eines (damals) nicht eingetretenen pandemischen Ereignisses: Caduff, *The Pandemic Perhaps*.

läufigen, partiellen Wachsamkeit, wie sie in Phasen des Halbschlafs erhalten bleiben und dabei sehr effizient sein können. Man denke auch an Spannungsbögen oder Varianzpraktiken in Erzählungen und in der Dramaturgie, in der es neu hinzutretende Informationen oder kleinste Hinweise und Irritationen sein können, welche den Wechsel des Modus der Aufmerksamkeit auslösen. Die Instrumentarien der Erzähltheorie oder der Dramenanalyse können in der Analyse solcher Gegebenheiten den Schlüssel darstellen, um dies adäquat zu beschreiben.[12]

Wenn hier der Blick gewendet werden soll, um sich analytisch mit der Temporalität von Wachsamkeit auseinanderzusetzen, so kann dies nur exemplarisch erfolgen. Dementsprechend gehen die hier versammelten Beiträge von konkreten historischen Konstellationen aus. Gleichwohl werden in der Summe der Beiträge systematische Aspekte des Themas sichtbar, die hier kurz skizziert werden sollen.

Erstens strukturieren natürliche Zeitverläufe die menschliche Wachsamkeit. Das betrifft die Aufmerksamkeitsspannen des Menschen ebenso wie die Rhythmisierung unseres Lebens durch Tag und Nacht oder unserer Lebensräume durch Licht und Dunkelheit.[13] Die Zeit der Nacht stellt darin eine besondere Herausforderung dar. Sie verlangt nach Schlaf, ohne dass sie gänzlich frei von Gefahren sein kann. Sie manipuliert die Sinne durch den Schwund des Lichts, die Instanz des Traumes und die Möglichkeiten, unbeobachtet zu agieren. Sie geht insofern mit Umständen einher, in denen sich Wachsamkeit gar nicht individuell erfüllen, sondern nur sozial verteilt, apparativ unterstützt oder fragmentarisch erbringen lässt. Die Nacht führt auch zu Neuausrichtungen der Aufmerksamkeit, die dann auf ein Flüstern gerichtet sein mag, auf Schritte oder auf Geräusche sich bewegender Körper. Als besonders anfällig für den Verlust der Wachsamkeit gelten schließlich gerade die Übergangszeiten zwischen Tag und Nacht und die Bewusstseinszustände des Übergangs zwischen Schlaf und Wachheit. Die von natürlichen Zeitverläufen motivierten Praktiken erweisen sich bei alledem als weitaus pluraler und komplexer als es die moralisch hart kontrastierenden Unterscheidungen von Tag und Nacht, Schlaf und Wachheit oftmals nahelegen.[14] Diese nämlich fordern maximale Wachheit als Voraussetzung für Heil, Glück oder Erfolg und markieren Schlaf oder Ablenkung als Gefährdung schlechthin, welche

---

[12] Vgl. u.a.: Pütz, *Die Zeit im Drama*; Werner, Zeit; Dinshaw, Temporalities; Reichlin, Zeit – Mittelalter.
[13] Und ist als solches Gegenstand psychologischer Forschung, vgl. dazu u.a.: Horowitz/Cade/Wolfe/Czeisler, Searching Night and Day.
[14] Zur jüngeren Geschichte der Idealisierung von Wachheit vgl. u.a.: Derickson, *Dangerously Sleepy*.

nicht nur die Erreichung solcher Ziele verunmöglicht, sondern das Tor öffnet, durch welches jegliche Gefahr Zugang zum Selbst und zur Gemeinschaft findet.[15]

Zweitens wird Wachsamkeit durch Praktiken etabliert, stabilisiert oder kontrolliert, die in ihrer sozialen, aber auch materiellen und medialen Dimension untersuchenswert sind. Häufig hat man es hier nämlich mit komplexeren Arrangements zu tun, in denen Dinge, Tiere, Menschen und – mindestens imaginär auch – nicht-menschliche Wesen zusammenwirken. Licht, Kirchenglocken, Uhren oder Spiegel verleihen gesellschaftlicher und individueller Wachsamkeit Möglichkeiten und Takt. Aber auch etwa Hunde und andere Haustiere wirken in spezifischen Wachsamkeitsarrangements zusammen, wobei deren je unterschiedliche Zeitkapazitäten und Wach- und Schlafrhythmen effektiv aufeinander bezogen werden.[16]

Drittens erfolgt die Dramatisierung von Wachsamkeit nicht nur in Form von versprachlichten Appellen, etwa in religiöser und moralischer Rede, sondern auch durch die Schaffung von Beobachtungsebenen zweiter, dritter und vielfacher Ordnung. Sie machen die Aufmerksamkeiten anderer beobachtbar. Schon wenn zwei Personen interagieren, ergeben sich unterschiedliche Brennpunkte der jeweiligen Aufmerksamkeit, die nur in Ausnahmesituationen konvergieren, etwa infolge eines Schreis oder Alarms. Schon in dieser Grundkonstellation der Begegnung zweier Personen nehmen wir kleinste Zeichen wahr und justieren unsere Aufmerksamkeit permanent nach. Sie kann sich dabei hin zu einer prüfenden, gegebenenfalls verdachtsgetriebenen wachsamen Aufmerksamkeit steigern. Wenn sich weitere Beobachtungsebenen entfalten, wird die Interaktion von Dritten beobachtbar. Sie besteht nicht nur aus eigentlichen Handlungen, sondern wiederum aus mindestens teilweise von außen erkennbarer Kognition, aus Blicken, Zu- und Abwendungen, Anzeichen des Vertrauens, der Sorge, der Angst. Aus der Warte zweiter Ordnung heraus zu verfolgen, wie andere aufmerksam, wachsam oder nachlässig sind, hat seinen eigenen Reiz. Es kann sich zu einem Drama entfalten, in dem wir Zeugen gelungener oder misslungener Wachsamkeit sind und in dem wir möglicherweise entscheiden müssen, passiv zu bleiben oder, falls es überhaupt möglich ist, aktiv einzugreifen. Eine ganze Reihe von Genres, die auf Spannung und Suspense setzen, stellen die Verletzlichkeit derer aus, denen es an Wachsamkeit mangelt.

Viertens ist von einer gewissen Historizität der Zeitlichkeit auszugehen, welche auch den Wandel bestimmter Wachsamkeitspraktiken mitprägt. So bringt

---

15 Vgl. Moos, *Attentio est quaedam sollicitudo*.
16 Dazu u. a. jüngst: Verhoeven/Bernasconi, *Material Histories of Time*, aber auch bereits Elias, *Über die Zeit*.

beispielsweise die lange, durch die jüdisch-christliche Religion angereicherte Geschichte der (Nah-)Erwartung eine starke Aufwertung der Gegenwart und unmittelbaren Zukunft mit sich.[17] Ihr emphatischer Jetztzeit-Begriff gibt der Zeit nicht einfach nur Struktur, sondern eröffnet die Möglichkeit, eine geradezu allentscheidende Bedeutung in den Augenblick zu legen, die vielfach kulturell und politisch genutzt wird. Dabei ist hervorzuheben, dass die Zeitlichkeit des Wartens und Wachens eine solche Klimax annimmt, aber den Kulminationspunkt paradoxerweise nie erreichen kann, denn im Moment des Eintritts des erwarteten Ereignisses geht die kognitive Anstrengung der Wachsamkeit in eine andere über.

Fünftens schließlich ist von einer medialen Modifikation der Zeitlichkeit des Wachens auszugehen. Wenn beispielsweise von ‚neuen Medien' die Rede ist, wird meist auf ihre Synchronisierungsleistung, also auf ihre nahezu in Echtzeit vollzogene Koordinierung unterschiedlicher Akteure über lokale Grenzen hinweg, hingewiesen. Ungeklärt ist allerdings, wie sich dies auf Reichweiten, Intensität und Zeitverläufe von individueller wie auch in Gruppen verteilter Wachsamkeit auswirkt.[18]

* * *

Die in diesem Band versammelten Beiträge explorieren die ‚Zeiten der Wachsamkeit' ausgehend von ganz unterschiedlichen historischen Konstellationen: Arndt Brendecke untersucht im Rekurs auf die Verhaltensbiologie und Psychologie wie bestimmte Arrangements die Verteilung von Wachsamkeitsaufgaben in Gruppen bestimmen. Er unternimmt damit den Versuch eines maximal transdisziplinären Einstiegs, in dem evolutionshistorisch grundierte Ergebnisse etwa auch der Tiervigilanzforschung einerseits ernst genommen, andererseits auch die Grenzen monodisziplinärer Ansätze und die Historizität ihrer Modellannahmen diskutiert werden.

Susanne Reichlins Beitrag nimmt christliche Muster der Wachsamkeitsmodellierung in den Blick. In Adventspredigten des 13. Jahrhunderts wird im Rekurs auf neutestamentliche Gleichnisse (Dieb in der Nacht, Lk 12,35–48 u. a.) an die Wachsamkeit der Gläubigen appelliert. Der Prediger überblendet dabei ver-

---

[17] Erlemann, *Naherwartung und Parusieverzögerung*, S. 386–397; zur Verwandlung in der Moderne vgl. u. a.: Hölscher, *Weltgericht oder Revolution*; Schmied, *Soziale Zeit* sowie Gamper, *Zukünfte schreiben*.

[18] Jonathan Crary spricht in diesem Sinne von einer phantasmatischen Beschwörung von Gegenwart: „Der Slogan 24/7 propagiert eine Zeit ohne Zeit, die aus allen materiellen und bestimmbaren Umgrenzungen herausgelöst ist, eine Zeit ohne Abfolge oder Wiederholung. Ihr kategorischer Reduktionismus verherrlicht eine halluzinatorische Präsenz, die dauerhafte Abfolge unaufhörlicher, reibungsloser Operationen." Crary, *24/7*, S. 31.

schiedene Zeit- und Erwartungsstrukturen: Die Adventszeit im Kirchenjahr wird mit der teleologischen Naherwartung des Endes und der Wechsel von Tag und Nacht mit dem Ablauf des individuellen Lebens verschränkt. Anhand solcher Überblendungen wird die zyklisch wiederkehrende Adventszeit zur emphatisch aufgeladenen Gegenwart – doch ebenso kann die dadurch evozierte Zeit der einmaligen Heilsmöglichkeit über Weihnachten hinaus verlängert und auf andere Situationen übertragen werden. Die Verschiebungen zielen so nicht darauf, den ‚einen' künftigen Moment zu antizipieren, sondern den Habitus der Rezipient:innen zu verändern.

Was mit dem Einzelnen geschieht, der die christlichen Wachsamkeitsappelle ignoriert, untersucht Christian Kiening am frühneuzeitlichen Faustbuch. Durch den Teufelspakt werden die temporalen Strukturen eigenwillig modelliert, so dass Faustus Schnelligkeit, Beschleunigung und Momente der Zeitenthobenheit erfährt, die ihn von der Wachsamkeit gegenüber dem eigenen Selbst und der Sorge um das Seelenheil ablenken. Hingegeben an das teuflische Zeitregime, die Ewigkeit missachtend und fälschlich glaubend, es sei für die Reue keine Zeit mehr, wird er zum Opfer einer Figur, die selbst eine spezifische *attentio* an den Tag legt und zu erkennen gibt, dass sie wenig Zeit hat – eine im reformatorischen Kontext sich erneuernder Weltendevorstellungen zentrale Idee. Sie führt im Faustbuch zu einer ambivalenten Aufmerksamkeit für die Zeit, die sich nicht mehr im klaren Dualismus von Zeit und Ewigkeit aufhebt.

Ist das Schwinden der wachsamen Selbstsorge im Faustbuch fast immer an nächtliche Situationen geknüpft, so wird die Nacht südlich der Alpen als Zeit der gesteigerten künstlerischen Aufmerksamkeit und Produktivität wahrgenommen, wie Chiara Franceschini zeigt. In den Künstlerlegenden der Renaissance – der Fokus liegt auf Vasari über Michelangelo – wird die Wachsamkeit zum charakteristischen Zug des Künstlers. Durch das Aussetzen des Tag-Nacht-Rhythmus wird die Wachsamkeit intensiviert, wobei die Verfasserin aufzeigen kann, wie hier christliche Motive des ‚Wachens in der Nacht' aufgegriffen und transformiert werden. Neben der künstlerischen Produktivität in einsamen nächtlichen Schaffensphasen beschreiben die Künstlerlegenden aber auch eine viel profanere Wachsamkeit: Der Künstler muss in der Nacht sein geistiges Eigentum vor Konkurrenten und Imitatoren schützen. Diese profane Wachsamkeit steht für ein neues Autorschafts- und Künstlerverständnis, das hier zugleich in einem ungewohnten Licht erscheint.

Der Herrscher wacht, damit seine Untergebenen in Ruhe schlafen können. Dieser Topos steht – wie Tobias Döring zeigt – im Hintergrund verschiedener Schlaf- bzw. Wachszenen bei Shakespeare. Doch wird der Topos in den Historiendramen keineswegs bloß aufgerufen, sondern verhandelt und modifiziert. Es erweisen sich nämlich diejenigen Herrscher als souverän, die schlafen können, ohne dass ihre Herrschaft gefährdet ist. Zu berücksichtigen sind hierbei auch historisch differente Schlafkulturen. Im England der Frühen Neuzeit war das Schlafen stärker segmentiert, so dass auch die Grenze zwischen Wachen und Schlafen weniger distinkt war als heute. Davon ausgehend nimmt Döring abschließend den Theaterschlaf bzw. die Wachsamkeit des Publikums in den Blick. Ausgehend von der in den Dramen dargestellten Möglichkeit des wachsamen Schlafens erscheint auch der Theaterschlaf nicht nur als regenerativ, sondern auch als bedeutungsgenerierend.

Der Beitrag von Ewan Jones widmet sich ebenfalls der ästhetischen Dimension der Wachsamkeit, doch nimmt er nicht die Produktions-, sondern die Rezeptionspraktiken in den Blick. Ausgangspunkt seines Beitrags ist das Unbehagen gegenüber der vorherrschenden literaturwissenschaftlichen Lektürepraxis des *close reading*. Dabei werden kurze lyrische Passagen unterschiedlicher Epochen im Modus der Vereinzelung und wissenschaftlichen Versenkung rezipiert. Im Gegenzug dazu fragt Jones nach historisch spezifischen „attentional routines". Im Rekurs auf die christliche Praxis nächtlicher Vigilen betont er, dass Aufmerksamkeit im 18./19. Jahrhundert nicht wie beim *close reading* kurz, vereinzelt und körperlos, sondern körperlich, gemeinschaftlich und langwährend ist. Es gehe darum, den Körper und die kognitiven Fähigkeiten zu erschöpfen. Daran anschließend liest Jones einzelne Gedichte von Christina Rosetti als Darstellung und Effekt der Frustration, Erschöpfung und Ablenkung, die durch langwährende Aufmerksamkeitsübungen und damit einhergehende scheiternde Fokussierungsversuche entstehen.

Standen im Beitrag von Jones Aufmerksamkeitspraktiken bei der Rezeption von lyrischen Texten im Vordergrund, so geht es in den drei abschließenden Beiträgen um Wachsamkeitspraktiken, die sozialwissenschaftlich betrachtet werden. Der Beitrag von Christiane Brenner untersucht Kampagnen gegen die Prostitution in der zunächst volksdemokratischen und dann sozialistischen Tschechoslowakei. Wachsamkeit gehörte zu den zentralen sozialistischen Werten. Anhand dreier Phasen der Prostitutionsbekämpfung zeigt Brenner, wie sich die Ziele und Bewertungen der Wachsamkeit gegenüber der Prostitution ändern: In der stalinistischen Zeit (1948–1953) stand die Prostituierte für eine „überkommene Lebensweise", da sie nicht am Aufbau des Sozialismus mitarbeitete. Die Wachsamkeit gegenüber der Prostitution wurde vom Regime gefordert und stand im Dienst des Rekrutierens von Arbeitskräften. In den Reformjahren (1960er Jahre) wurde die Prostitution dagegen zum Symbol dafür, dass viele sozialistische Ziele immer noch nicht erreicht worden sind, die „unbequemen Wahrheiten" aber vertuscht werden. Die Wachsamkeit gegenüber der Prostitution war so Ausdruck von Reformwillen. In den 1970er Jahren wiederum wurde vom Regime gefordert, Abweichungen aller Art zu melden, um den ‚Realsozialismus' zu bewahren. Politische, soziale oder sexuelle Devianz wurden dabei gezielt vermischt, um eine regimeunterstützende Wachsamkeit zu befördern.

Wachsamkeitspraktiken und ihre je spezifische Temporalität sind – das macht der Beitrag von Brenner deutlich – immer im Rahmen konkreter historisch-gesellschaftlicher Konstellationen zu untersuchen. Wie zentral hierbei auch gruppenspezifische Differenzierungen sind, zeigen Eveline Dürr und Catherine Whittaker. Mit Mitteln der ethnographischen Feldforschung untersuchen sie Wachsamkeitspraktiken und -habitus in der Grenzstadt San Diego. Chicanxs sind in San Diego mit der *vigilance* ihrer Gegenüber, die beobachten, klassifizieren und allenfalls nach Aufenthaltsberechtigungen fragen, konfrontiert. Indem sie ihrerseits diese *vigilance* wiederum antizipieren, prägt Wachsamkeit („being trucha") auch ihren Habitus. Dies wirkt nicht nur subjektbildend, sondern wird auch von einer Generation an die nächste weitergegeben. Wachsamkeit kann darüber hinaus aber auch Teil einer Praxis der Emanzipation, Selbstbestimmung und Ermächtigung sein. Ermöglicht wird dies, wie die beiden Ethnologinnen zeigen, beispielsweise durch den Chicano Park. In diesem Park in San Diego und der um ihn gruppierten Chicano-Bewegung werden die traditionellen (kolonialen) Zuschreibungs- und Geschichtsschreibungsmodelle durch Gegenerzählungen mit eigenen Raum-Zeitstrukturen unterlaufen. Dadurch werden *vigilance*-Praktiken verhandelbar.

Die mediale Dimension der Wachsamkeit steht im Zentrum des Beitrags von Isabell Otto. Sie fragt ausgehend vom konkreten Fall der Corona-Warn-App nach der spezifischen Temporalität der Wachsamkeit im Zusammenspiel von Smartphone und Nutzer:in. Die Corona-Warn-App erklärt erst nachträglich eine vergangene Begegnung zu einer risikoreichen und warnt nur vor der Möglichkeit (nicht dem Eintreffen) einer zukünftigen Erkrankung. Deshalb handelt es sich, so Otto, um eine nachträgliche und eine virtuelle Wachsamkeit. Wie bei Dürr/Whittaker so wirkt auch hier die Wachsamkeit gemeinschaftsstiftend. Doch die Smartphone-Gemeinschaft, die mit dem Ziel des Schutzes und der Solidarität entsteht, ist eine, die immer schon in die Zukunft oder die Vergangenheit verlagert ist. Damit zeigt sich in diesem wie in allen Beiträgen, dass Wachsamkeitspraktiken eminent zeitlich strukturiert und durch die Überlagerung verschiedener sozialer und medialer Temporalitäten geprägt sind.

Wir danken Martina Heger sowie den Korrekturleserinnen Pia Fuschlberger, Eugena Koci und Clara Salgin.

Literaturverzeichnis

Alford, Lucy: *Forms of poetic attention.* Berlin/Boston 2020.
Caduff, Carlo: *The Pandemic Perhaps. Dramatic Events in a Public Culture of Danger.* Berkeley 2015.
Crary, Jonathan: *24/7. Schlaflos im Spätkapitalismus.* Berlin 2021 [E-Book-Ausgabe].
Curran, John Philpot: *Speeches. With a brief sketch of the History of Ireland and biographical account of Mr. Curran.* Bd. 2. New York 1811.
Derickson, Alan: *Dangerously Sleepy. Overworked Americans and the Cult of Manly Wakefulness.* Philadelphia 2014.
Dinshaw, Carolyn: Temporalities. In: Strohm, Paul (Hrsg.): *Middle English.* Oxford 2007, S. 107–123.
Duval, Raymond: *Temps et Vigilance.* Paris 1990.
Elias, Norbert: *Über die Zeit.* Hrsg. von Michael Schröter. Frankfurt am Main 1984.
Erlemann, Kurt: *Naherwartung und Parusieverzögerung im Neuen Testament. Ein Beitrag zur Frage religiöser Zeiterfahrung.* Tübingen/Basel 1995.
Gamper, Michael/Hühn, Helmut: Einleitung. In: Dies. (Hrsg.): *Zeit der Darstellung. Ästhetische Eigenzeiten in Kunst, Literatur und Wissenschaft.* Hannover 2014, S. 7–26.
Gamper, Michael/Hühn, Helmut: *Was sind ästhetische Eigenzeiten?* Hannover 2014.
Gamper, Michael: Zukünfte schreiben. Experimentale Eigenzeitlichkeit frühneuzeitlicher Futurologie. In: Ders./Hühn, Helmut (Hrsg.): *Zeit der Darstellung. Ästhetische Eigenzeiten in Kunst, Literatur und Wissenschaft.* Hannover 2014, S. 317–343.
Grave, Johannes: *Bild und Zeit. Eine Theorie des Bildbetrachtens.* München 2022.
Hagner, Michael: Toward a History of Attention in Culture and Science. In: *MLN* 118 (2003), S. 670–687.
Hölscher, Lucian: *Weltgericht oder Revolution. Protestantische und sozialistische Zukunftsvorstellungen im deutschen Kaiserreich.* Stuttgart 1989.
Horowitz, Todd S./Cade, Brian E./Wolfe, Jeremy M./Czeisler, Charles A.: Searching Night and Day: A Dissociation of Effects of Circadian Phase and Time Awake on Visual Selective Attention and Vigilance. In: *Psychological Science* 14 (2003), S. 549–557.
Kelleter, Frank (Hrsg.): *Populäre Serialität: Narration – Evolution – Distinktion: Zum seriellen Erzählen seit dem 19. Jahrhundert.* Bielefeld 2012.
Koselleck, Reinhart (Hrsg.): *Zeitschichten. Studien zur Historik. Mit einem Beitrag von Hans-Georg Gadamer.* Frankfurt am Main 2003.
Landwehr, Achim: *Die anwesende Abwesenheit der Vergangenheit. Essay zur Geschichtstheorie.* München 2016.
Marno, David: *Death be not proud. The art of holy attention.* Chicago 2016.
Moos, Peter von: *Attentio est quaedam sollicitudo.* Die religiöse, ethische und politische Dimension der Aufmerksamkeit im Mittelalter. In: Ders.: *Rhetorik, Kommunikation und Medialität. Gesammelte Studien zum Mittelalter.* Hrsg. von Gert Melville. Bd. 2. Berlin 2006, S. 265–306.
Pütz, Peter: *Die Zeit im Drama. Zur Technik dramatischer Spannung.* Göttingen 1970.
Reichlin, Susanne: Zeit – Mittelalter. In: Contzen, Eva von/Tilg, Stefan (Hrsg.): *Handbuch Historische Narratologie.* Berlin 2019, S. 181–193.
Scarry, Elaine: *Thinking in an Emergency.* New York/London 2011.

Schmied, Gerhard: *Soziale Zeit. Umfang, ‚Geschwindigkeit' und Evolution.*
 (Sozialwissenschaftliche Schriften 11). Berlin 1985.
Siéroff, Éric: L'attention préparatoire. In: Ders./Drozda-Senkowska, Ewa/Ergis,
 Anne-Marie/Moutier, Sylvain (Hrsg.): *Psychologie de l'anticipation.* Paris 2014, S. 95–119.
Verhoeven, Gerrit/Bernasconi, Gianenrico (Hrsg.): *Material Histories of Time: Objects and practices, 14th–19th century.* Berlin/Boston 2020.
Werner, Lukas: Zeit. In: Martínez, Matías (Hrsg.): *Handbuch Erzählliteratur. Theorie, Analyse, Geschichte.* Stuttgart 2011, S. 150–158.

Arndt Brendecke
Wachsame Arrangements. Zeitverläufe von Vigilanz in ethologischer, psychologischer und geisteswissenschaftlicher Forschung

> For some must watch, while some must sleep
> (*Hamlet*, 3.2.273)

Obwohl Hirten als personifizierte Wachsamkeit schlechthin verstanden werden, sind seit fünftausend Jahren Bilder erhalten, auf denen sie schlafen oder die Augen schließen.[1] Das können sie auch, denn in der Praxis müssen sie nur einen Teil jener Wachsamkeit aufbringen, welche die Herde schützt. Sie wissen, wie effiziente Wachsamkeit funktioniert, nämlich in Form eines Arrangements, in dem kognitive Aufgaben alternieren, also beispielsweise auch Hunde oder die Herde selbst eine Rolle spielen, und in denen die Gefahrenpotentiale des Wetters, der Orte und Zeiten berücksichtigt sind. Zu solchen effizienten Arrangements der Wachsamkeit gehören zum Beispiel gut gewählte Weide- und Ruheplätze und nicht zuletzt auch Erfahrungen, wie sie in Form von Erzählungen weitergegeben werden. Als Metapher der Wachsamkeit stehen Hirten insofern verkürzend für in der Praxis stets viel komplexere Arrangements von Wachsamkeit, welche sie, auch das ist interessant, allerdings zu verantworten und gegebenenfalls anzupassen haben. Ihre Aufmerksamkeit richtet sich daher nie nur auf die bloße Gefahr, also etwa den Wolf. Sie wachen über das Arrangement.

Eine der Hypothesen dieses Beitrags ist, dass auch gesellschaftliche Wachsamkeit im Regelfall eine Leistung ist, die sich aus sehr verschiedenen Elementen zusammensetzt. Die Frage nach ihrer temporalen Struktur lässt sich daher nur unter Berücksichtigung dieser Zusammengesetztheit und der damit gegebenen Komplexität klären. Man muss dabei auf einer ersten Ebene die Eigenzeiten der involvierten Elemente bestimmen, auf einer zweiten Ebene die temporale Logik ihrer Kombination. Auf einer dritten Ebene schließlich wäre zu fragen, ob und wie die Taktung des jeweiligen Zusammenspiels kulturell angeleitet wird. Im Hirtenbeispiel wäre also zunächst die Frage zu stellen, wie lange ein Mensch wachsam sein kann, ein Schaf, ein Hund und so weiter.[2] Auf der zweiten Ebene muss geklärt

---

[1] Schon aus dem dritten Jahrtausend vor Christus sind entsprechende Darstellungen erhalten, vgl. Gerhards, *Konzepte*, S. 201.
[2] Die Frage, ob und wie man deren Einzelleistungen verbessern kann, führt meist bereits zur zweiten Ebene. Kombinatorik ist nämlich die Standardantwort von Evolution und Geschichte auf

∂ Open Access. © 2022 bei den Autorinnen und Autoren, publiziert von De Gruyter. Dieses Werk ist lizenziert unter einer Creative Commons Namensnennung 4.0 International Lizenz.
https://doi.org/10.1515/9783110765137-002

werden, wie durch Kombinatorik eine leistungsfähige Wachsamkeit hervorgebracht wird und auch, welche temporale Struktur sie besitzt. Denn Kombinatorik streckt nicht einfach nur Aufmerksamkeitsleistungen zeitlich in die Länge. Sie steigert die systemische Leistung dadurch, dass einzelne Elemente alternierend wachen (Schäfer schläft, Hund wacht und so weiter) und andere Elemente den dabei zu leistenden, kognitiven Gesamtaufwand reduzieren. Dazu gehört neben der Wahl geschützter Plätze die Einbindung möglichst vieler weiterer, gefahrensensibler Elemente und Meldetechniken: Im Hirtenbeispiel gelingt das dadurch, dass man einigen Schafen Glöckchen um den Hals bindet. Nähert sich ein Wolf, wird die Unruhe der Schafe einen Glockenklang auslösen, der dann Hund und Hirten alarmiert.[3] Aus solchen Verschaltungen mehrerer Elemente ergibt sich also ein wachsames Arrangement. Es reduziert den Zeitaufwand der Beteiligten, muss aber selbst eine effiziente temporale Struktur bereitstellen, welche nicht nur den Wachwechsel betrifft, sondern auch Überlagerungen und je nach Gefahrenlage notwendige Nachjustierungen. Gelingt all dies, können die Hirten die Augen schließen.

Über das dazu notwendige Wissen, über Antworten auf die Frage, wann die Aufmerksamkeit nachzusteuern ist, mit welchen Überraschungen oder Szenarien falscher Sicherheit zu rechnen ist, können sie nur aufgrund von Erfahrungen im Bilde sein oder durch Erzählungen: Erzählungen über Wölfe, Ziegen und Schafe, über Hirten und Schlaf, über Träume und Beobachtung und so weiter. Auch müssen soziale und kognitive Beteiligungsanreize geboten sein, die es wahrscheinlich machen, dass man seine Aufmerksamkeit entsprechend investiert. Dies gilt umso mehr, als in einer komplexen Gesellschaft mehrere Arrangements um Aufmerksamkeit konkurrieren. Ein wachsames Arrangement müsste folglich nicht nur sozial und kognitiv attraktiv sein, sondern auch dafür sorgen, dass einmal gewonnene Aufmerksamkeit möglichst lange gebunden bleibt. Die Frage nach der Effizienz wachsamer Arrangements stellt sich somit auch als eine der nachhaltigen Integration humaner Aufmerksamkeit in eine spezifische Aufgabe. Die Frage, wie das gelingt, wird später wieder aufgegriffen.

Für Temporalstrukturen von Wachsamkeit ist ein scheinbar triviales Grundproblem zu beachten: Wir wissen nicht wann. Der Zeitpunkt des Ereignisses ist unbestimmt. Auch bei wiederkehrenden Ereignissen besteht diese temporale Unbestimmtheit fort, insofern sie aperiodisch, also ohne festen Rhythmus, ein-

---

die Aufmerksamkeitsgrenzen des Einzelwesens. Die gesamte Natur- und Menschheitsgeschichte ließe sich insofern als Suche nach möglichst effizienten Wachsamkeitskonstellationen lesen.
3 Daubenton, *Instruction*, S. 22.

treten.[4] Trivial ist dies, insofern gar keine Wachsamkeit erforderlich wäre, wenn man wüsste, wann ein relevantes Ereignis eintritt. Intrikat ist dies, weil es bedeutet, dass die Gefahr gerade dann mental und kulturell präsent gehalten werden muss, wenn sie nicht akut ist und gewissermaßen in die Latenz zurücktritt.[5] Damit muss etwas mindestens zum Teil auf Dauer gestellt werden, was biologisch nur kurz verfügbar ist, nämlich Aufmerksamkeit. Die Temporalstrukturen von Aufmerksamkeit und Wachsamkeit beschränken sich deshalb gerade nicht auf jene kurzen alarmistischen Phasen akuter Bedrohung.[6] Auf das sehr grundlegende Effizienzproblem, permanent Aufmerksamkeit auf etwas zu verwenden, was ziemlich seltenen auftritt, nämlich die akute Gefahr, wurden unterschiedliche kreative Lösungen gefunden. Sie lassen sich in der Natur und ebenso in der Kultur beobachten, weshalb im Folgenden auch mit naturwissenschaftlichen Befunden aus der ethologischen und psychologischen Forschung begonnen wird und dann erst zur Frage der kulturellen Antworten auf die Herausforderungen wachsamer Arrangements vorangeschritten wird.

Wachsame Wesen. Die biologischen Grundlagen

Als Francis Galton 1850 durch Afrika reiste, stellte er sich die Frage, weshalb unter Herdentieren und Naturvölkern so wenig heroischer Geist zu beobachten sei, so wenig Eigenständigkeit und so wenig Führung. Galton, der Vater der Eugenik und Cousin Charles Darwins, scheute sich nicht, diesen Mangel auch einem Großteil der europäischen Bevölkerung seiner Zeit zu unterstellen. In Afrika kam er zu dem Ergebnis, dass der Umstand, dass sich aus dieser „sklavischen Neigung" des Herdendaseins allenfalls ein Tier unter fünfzig befreien könne, um schließlich die Herde anzuführen, der Preis eines Überlebensvorteils der Herde sein musste. Der Vorteil bestünde darin, die überlebensnotwendigen Aufmerksamkeitsressourcen in der Herde zu verteilen. Denn, so Galton, „Rinder müssen einen beträchtlichen Teil des Tages mit dem Kopf im Gras verbringen, wo sie weder sehen noch riechen können, was um sie herum geschieht." Das einzelne Rind kann nicht dauernd wachsam sein, aber die Herde als Ganzes sei „immer wachsam". Denn in fast jedem Augenblick würden „einzelne Augen, Ohren und Nasen jedes Näherkom-

---

4 Zur *aperiodicity* vgl. etwa: Bakan, *Vigilance Decrement*, S. 1. Zur Rückwirkung der zeitlichen Verteilung von Ereignissen auf Probanden: Hänecke, *Antwortverhalten*.
5 Vgl. dazu auch: Lakoff, *Unprepared*, S. 13–34.
6 Dies ist insofern ein altes Problem, als es im Konzept der *attentio* immer schon angelegt war. Gespannte Aufmerksamkeit ist auf etwas gerichtet, was *noch nicht* da ist. Vgl. dazu und zur Begriffsgeschichte auch Jennings, *Attending Mind*, S. 1.

men kontrollieren". In einer Herde zu leben heiße, „Faser eines riesigen sensorischen Geflechts zu werden". Es heiße über Augen zu verfügen, die in alle Richtungen sehen können, über Ohren und Nasen, die einen enorm weiten Raum sondieren.[7]

Galton gab damit den Anstoß zu einem Forschungsbereich, der heute unter dem Begriff der *animal vigilance* faszinierende Ergebnisse über die Wachsamkeitsstrategien aller möglichen Tierarten bereithält. Insofern gelungene Wachsamkeit arterhaltend ist, haben sich entsprechende Verhaltensmuster evolutionsgeschichtlich sehr früh und artspezifisch ausgebildet, so auch die Zeitmuster der Wachsamkeit, die hier interessieren. Die Forschungsergebnisse zeigen, dass eine sehr lange andauernde oder gar permanente Wachsamkeit ungünstig ist. Während ein Tier wacht, verliert es nämlich Energie. Es kann diese Energie weder regenerieren noch steigern, da es nicht gleichzeitig Wachen und Nahrung aufnehmen kann. Ein lange wachendes Tier ist also ein schwaches Tier. Es wird mit höherer Wahrscheinlichkeit Opfer eines Angriffs. Dieses im Ansatz schon von Galton beobachtete Problem wird in der Forschung als Zielkonflikt zwischen Wachsamkeit (*vigilance*) und Fressen (*foraging*) gefasst.

In unserem Zusammenhang ist Tiervigilanzforschung deshalb interessant, weil in diesem Bereich mittlerweile sehr genau untersucht wurde, wieviel Zeit verschiedene Arten in das Wachen optimalerweise investieren, und auch, wie sie den angesprochenen Zielkonflikt durch eine bestimmte Taktung zwischen Wachen und Nicht-Wachen sowie durch koordiniertes Gruppenverhalten ausbalancieren. Das Optimum des Zeiteinsatzes für Wachen wird dabei über die größte Überlebenswahrscheinlichkeit bestimmt. Man kann es sich als den höchsten Punkt einer Kurve vorstellen, die sich ergibt, wenn man auf der horizontalen Achse eines Koordinatensystems die Zeiteinheiten des Wachens aufsummiert, auf der vertikalen Achse die Überlebenswahrscheinlichkeit des Tieres. Erwartungsgemäß steigt die Überlebenswahrscheinlichkeit zunächst einmal an, wenn mehr Zeit auf das Wachen verwendet wird. Ab einem bestimmten Punkt sinkt die Kurve

---

[7] Vgl. Galton, *Gregariousness*, S. 355 f., wo es heißt: „cattle are obliged in their ordinary course of life to spend a considerable part of the day with their heads buried in the grass, where they can neither see nor smell what is about them. A still larger part of their time must be spent in placid rumination, during which they cannot possibly be on the alert. But a herd of such animals, when considered as a whole, is always; at almost every moment some eyes, ears, and noses will command all approaches, and the start or cry of alarm of a single beast is a signal to all his companions. To live gregariously is to become a fibre in a vast sentient web overspreading many acres; it is to become the possessor of faculties always awake, of eyes that see in all directions, of ears and nostrils that explore a broad belt of air."

allerdings wieder, weil dann der negative Effekt des Energieverlustes überwiegt und das Tier die Fitness verliert, die es im Falle eines Angriffs benötigt.[8]

Wie schon Galton erkannte, wenngleich er ganz andere Schlüsse zog, besitzen Herdentiere hierbei einen spezifischen Überlebensvorteil. Sie können nämlich den individuellen Aufwand an Wachsamkeit reduzieren, wenn die Aufgabe in der Herde alterniert, also abwechselnd je einzelne Tiere wachsam sind.[9] Dieser Vorteil wächst mit der Gruppengröße an.[10] Insofern dabei jeweils Einzelne für die Gruppe wachsam sind, wird von *social vigilance* gesprochen. Die Aufgabe des Wachsam-Seins rotiert also durch die Gruppe, ohne dass es eine Spezialisierung der Aufgabe, zu wachen, gäbe. Im Gegenteil: Es ist nicht möglich, in einer Herde Wächtertiere von Nicht-Wächtern zu unterscheiden.[11]

Artspezifisch gut bestimmbar ist das temporale Muster eines Wechsels zwischen dem kurzen prüfenden Beobachten der Umgebung, dem sogenannten *scanning*, und den dazwischenliegenden, längeren Intervallen, in denen das Tier Nahrung aufnimmt oder ruht. Ein wichtiges Ergebnis der jüngeren Tierverhaltensforschung ist, dass das *scanning* auf zwei unterscheidbare Bedrohungen fokussiert. Es richtet sich einerseits nach außen, also gegen Raubtiere (*predator risk*), und andererseits nach innen, gegen die Artgenossen (*social risk*), denn auch von diesen gehen bestimmte Risiken aus.[12]

All dies besäße hier allenfalls anekdotische Relevanz, würden nicht ähnliche Muster eines zeitlich getakteten Wechsels zwischen Wachen und Nicht-Wachen und einer den Gesamtaufwand reduzierenden sozialen Vigilanz auch beim Menschen beobachtbar sein. Doch genau dies ist der Fall.

So wurde beispielsweise nachgewiesen, dass Student:innen, die gemeinsam in einer Mensa essen, seltener und weniger lange vom Essen aufblicken,

---

8 Beauchamp, *Animal Vigilance*, S. 45.
9 Die Frage, ob ein koordiniertes oder ein unkoordiniertes, spontanes Alternieren vorteilhaft ist, wird weiter diskutiert, vgl. hierzu: Rodriguez-Girone/Vásquez, *Evolutionary Stability*.
10 Man spricht hierbei verkürzend vom *many-eyes* Effekt, obwohl mehrere Sinne daran mitwirken.
11 Eine Ausnahme wurde für den sogenannten Dschungeldrossling (*turdoides striatus*) festgestellt. Bei dieser Vogelart werden bestimmte Vögel als Wächter eingeteilt. Sie sitzen dann höher als der Rest der Gruppe und werden nach einer je nach Tageszeit und Lichtverhältnissen variierenden Zeit von zwischen vier und zwölf Minuten wieder abgelöst. Vgl. Gaston, *Social Behaviour*, S. 828–848, zum *sentinel behaviour* und den Zeitverläufen hier S. 838–843. In der älteren völkischen Literatur stößt man auf die fälschliche Annahme, dass es in Herden neben den Leittieren auch ‚Aufpasser' gäbe. Vgl. hierzu: Haberlandt, *Völkerkunde*, S. 28.
12 Dazu zählen der Ausschluss von der Reproduktion, die Benachteiligung in der Nahrungsaufnahme oder eine bedrohlich werdende körperliche Nähe von Artgenossen. Vgl.: Beauchamp, *Animal Vigilance*, S. 81–116.

wenn die Gruppenstärke wächst.[13] Ihr Verhalten entspricht der in der Tiervigilanzforschung etablierten Annahme, dass wachsende Gruppenstärken geringere individuelle *scanning*-Leistungen erfordern. Auch lässt sich zeigen, dass das *scanning* der Umgebung durch einzelne Gruppenmitglieder spontan und unkoordiniert erfolgt, so wie es bei Tiergattungen beobachtbar ist, die in anonymen Verbänden leben. Bemerkenswert ist, dass relativ viel Zeit für die Beobachtung anderer Gruppenmitglieder aufgewendet wird, nämlich zwischen 25% und 75%.[14] Gerade für dieses *social risk scanning* sind erwartungsgemäß soziale Beziehungen und bestimmte Situationen prägend: Eine besondere Situation, wie sie beispielsweise in einem innerstädtischen Park gegeben ist, bringt insofern auch ein spezifisches *scanning*-Verhalten und besondere Blickregime mit sich. Auch bringen soziale Relationen, so zum Beispiel Fremdheit, unterscheidbare *scanning*-Sequenzen hervor.[15] Gehen zwei Fremde aufeinander zu, so folgt auf einen kurzen offenen Blick aus der Distanz ein Absenken des Blicks bis hin zum Moment des Passierens, in dem der Blick dann wieder kurz gehoben wird. Den Umstand, dass dabei sowohl das Signal eines Sich-Erkennens vermieden wird wie auch dasjenige, der anderen Person zu misstrauen oder sie gar zu hassen, wurde von Erwing Goffman als *civil inattention* beschrieben. Es ist ein Verhaltensmuster, das Nichtbeachtung anzeigt, ohne Missachtung zu signalisieren.[16] Dieses Verhaltensmuster demonstriert, dass es Gründe gibt, in bestimmten Situationen die Zeit der Wachsamkeit gering zu halten, obwohl man Unbekannten begegnet und damit eine potentielle Gefahr besteht. Es erfolgt dann ein nur sehr kurzes *scanning*, um zu vermeiden, dass der Blick kommunikativ wird und Interesse oder Geringschätzung zum Ausdruck kommt. Dies würde auslösen, was Passanten im Regelfall vermeiden möchten, nämlich Bindungen oder Konflikte. Wieder ist es ein moderates Maß an Wachsamkeit, das sich als optimal erweist: Kurze, wachsame Blicke zwischen langen Intervallen demonstrativer Gelassenheit.

Das Beispiel zeigt noch einmal, dass die zeitliche Taktung humaner Wachsamkeit zwar auf biologisch relativ weit verbreiteten und evolutionshistorisch tief veranlagten Mustern aufbaut, aber durch sie nicht vollständig determiniert ist und sein kann. Das liegt nicht einfach daran, dass menschliche Interaktion irgendwie komplexer ist, sondern an Methodenproblemen des Ansatzes. Sie bestehen zum einen darin, dass sich Wachsamkeit nicht eindeutig isolieren lässt: Es

---

13 Wirtz/Wawra, *Vigilance and group size*.
14 Wawra, *Vigilance patterns*, S. 67 f.
15 Zur Situation in öffentlichen Parks: Dunbar u. a., *Vigilance in Human Groups*, sowie den Beitrag von Eveline Dürr in diesem Band.
16 Goffman, *Behavior in Public Places*, S. 84 f.

handelt sich nicht um eine einzelne und monofunktionale kognitive Leistung.[17] Wie das Beispiel der *civil inattention* zeigte, ist dies schon deshalb nicht der Fall, weil der Einsatz der Sinne von anderen beobachtbar ist. Man kann kaum je wachen, ohne damit selbst etwas zu kommunizieren: ein Blick, ein zugewendetes Ohr, eine ausgestreckte Hand: alles Signale auf einem breiten Spektrum sozialer Bedeutungen. Zum anderen aber ist menschliche Wachsamkeit insofern tatsächlich komplexer, als sie sich einer enormen Pluralität zu detektierender Gefahren zuwendet. Humane Vigilanz richtet sich auf viel mehr als auf die Sichtung eines Raubtiers oder Feindes und hat sich zudem historisch vielfach anpassen müssen. Gut kann man dies an der Geschichte der eigentlichen psychologischen Vigilanzforschung demonstrieren.

Daueraufmerksamkeit. Die psychologische Vigilanzforschung

In der psychologischen Vigilanzforschung ist der Mensch ein Mangelwesen. „Man is a poor monitor" hieß es auf einem Symposium von 1963, und die Fragen der Ermüdung und des Aufmerksamkeitsabfalls haben diesen Forschungszweig begründet.[18] Bemerkenswert ist jedoch, dass in der psychologischen Forschung überhaupt zeitstabile Aufmerksamkeit idealisiert und jede Abweichung davon gemessen und als Mangel verzeichnet wird. In einer natürlichen Umgebung würden sich Bedrohungslagen dauernd ändern, sodass eine schwankende Aufmerksamkeitsleistung dort durchaus angemessen sein kann. Auch würden dort, wie wir gesehen haben, kognitive Aufgaben in der Gruppe alternieren und kurze individuelle Aufmerksamkeiten optimal sein.

Die psychologische Vigilanzforschung entstand jedoch, als nicht-natürliche Umgebungen zu entscheidenden Herausforderungen für humane Aufmerksamkeit geworden waren. Dies war zuerst in der industriellen Produktionsweise der Fall und dann in der modernen Kriegsführung. Die industrielle Produktion brachte das Problem mit sich, dass menschliche Aufmerksamkeit dauerhaft hoch und stabil gehalten werden sollte, um zum Beispiel Warenfehler in der Fließbandproduktion zu reduzieren. Dieses Problem war also erst in einer Interaktionsumgebung mit aller Schärfe hervorgetreten, in der maschinell gleichförmige Arbeit eine ebenso gleichförmige Beobachtung erforderlich machte. Wie schon Max Weber festhielt, veränderte die industrielle Produktionsweise eben auch die

---

[17] Cohen, *Neuropsychology*, S. 278.
[18] McGrath, *Irrelevant stimulation*, S. 3.

„an den psychophysischen Apparat des Arbeitenden gestellten Ansprüche".[19] Zum anderen war es die moderne Kriegsführung, konkret der Zweite Weltkrieg, welche eine strukturell ähnliche Herausforderung mit sich brachte. Im Krieg war es die Beobachtung feindlicher Bedrohung über Radarbildschirme, welche das eingesetzte Personal vor die Aufgabe stellte, auf das immer gleiche, körnige Bild zu blicken und doch das mögliche Auftreten eines winzigen Lichtpunktsignals nicht zu übersehen, der für ein feindliches U-Boot stehen konnte.

Um die Aufmerksamkeitsleistung von Radarpersonal zu testen und alle Möglichkeiten der Leistungsoptimierung auszuschöpfen, engagierte die Royal Air Force den Neurologen und Psychologen Norman H. Mackworth. Er entwickelte eine mittlerweile klassische Versuchsanordnung, den *clock test*, um über ein standardisiertes Verfahren zur Messung humaner Aufmerksamkeitsleistungen und ihrer Schwankungen im Zeitverlauf zu verfügen. Die Aufgabe des *clock tests* bestand darin, im Rahmen einer monotonen zweistündigen Aufgabe zu merken, wann der Zeiger um eine doppelt so lange wie gewöhnliche Distanz vorwärtsspringt.[20] Mackworth konnte zeigen, dass die Fähigkeit, diese kleine Alteration wahrzunehmen, während der zweistündigen ‚Wache' signifikant abnahm und nach der ersten halben Stunde ihren Tiefpunkt erreichte. Dieser Leistungsabfall wurde als *vigilance decrement* beschrieben und in verschiedenen Varianten des Experiments getestet, ob und wie man die Leistung möglichst lange stabil halten konnte. Das Ziel war Daueraufmerksamkeit: *sustained attention*.[21]

Wie ging man dabei vor? Mackworth testete zwölf verschiedene Varianten in seinem ansonsten immer gleich ablaufenden Test. So erhielten die Probanden, allesamt Air Force Kadetten, zum Beispiel kurz vor Beginn der dritten halben Stunde einen Anruf, in dem sie aufgefordert wurden, sich noch besser zu konzentrieren (*clock test* 5), was tatsächlich die Leistung wieder hob. Ähnlich positiv wirkten sich das sprachliche Feedback auf gelungenes oder misslungenes Erkennen des Zeigersprungs aus (*clock test* 7). Als aufmerksamkeitsstabilisierend erwiesen sich auch eine konstante Raumtemperatur von 26 Grad Celsius (*clock test* 12) und angemessene Erholungszeiten zwischen den Ereignissen des Zeigersprungs (*clock test* 9), also zeitlich nicht zu hoch getaktete Ereignisfolgen. Die mit Abstand beste Aufmerksamkeitsstabilitätsleistung wurde indes von jenen 25 Kadetten erreicht, die eine Stunde vor dem Test das Medikament Benzedrin eingenommen hatten, ein das Nervensystem stimulierendes Amphetamin-Präparat (*clock test* 8).[22]

---

19 Blayney, *Industrial Fatigue*; Weber, *Psychophysik*, S. 62.
20 Mackworth, *Researches*, S. 13.
21 Grundlegend hierzu: Warm, *Sustained attention*.
22 Mackworth, *Researches*, S. 13–38.

Tests mit vergleichbarer Fragestellung sind inzwischen in kaum mehr überschaubarer Vielfalt wiederholt worden.[23] Sie stellen dann fest, ob etwa Kaugummikauen oder Kaffeetrinken die Aufmerksamkeitsleistung stabilisiert.[24] Sie zeigen, dass es möglich ist, den Zeitverlauf von Wachsamkeit zu manipulieren, wenngleich in überschaubarem Rahmen. Sie zeigen nämlich auch, dass der Mensch unter fast allen Umständen ein *poor monitor* bleibt. Daueraufmerksamkeit ist unerreichbar.[25] Während in unserem Kontext die meisten Details der psychologischen Wachsamkeitsforschung irrelevant sind, erweisen sich die Geschichte dieser Tests und der methodische Bias einer solchen Herangehensweise als höchst aufschlussreich.

Die Geschichte dieses Forschungsbereichs zeigt zunächst einmal sehr deutlich, dass sich die Ansprüche an menschliche Vigilanz historisch stark wandeln. Dies ist der Fall, weil sich die Funktionen humaner Aufmerksamkeit in dem jeweiligen Arrangement veränderten. Schon um 1970 galt beispielsweise die dem *clock test* zugrundeliegende Form der Mensch-Maschine-Interaktion – das klassische *sit and stare* vor einem Monitor – als technisch überholt. Die Zeit, über die man sagen konnte, dass die gesamte Verteidigung der USA gegen nukleare Angriffe von „der Wachsamkeit von Männern" abhing, „welche auf die Bildschirme in unseren Frühwarnstationen blicken",[26] war vergangen. Obschon die nukleare Bedrohung fortbestand, hatte sich doch das Monitoring hin zu computergestützten Warnsystemen weiterentwickelt, welche immer größere Teile der Kognition den Maschinen überließ. Generationen von Ingenieuren arbeiteten nun an Systemen, welche Gefahren immer besser und immer schneller selbst erkannten, während die psychologische und vor allem auch die neurowissenschaftliche Kognitionsforschung eine neue, präziser gefasste Taxonomie der Aufmerksamkeit hervorbrachte.

In dieser jüngeren Forschung wurde Aufmerksamkeit dabei zunehmend in Hinsicht auf zwei Dimensionen untersucht, nämlich auf Intensität und Selektivität. Die Forschung zur Intensität ist für die Frage nach Zeitlichkeit in Hinblick auf einige dort übliche Konzepte interessant: So fasst man unter dem Begriff der Tenazität (*tenacity*) die Fähigkeit, sich für eine längere Zeit auf ein Objekt zu konzentrieren (*ability to focus*). Diese wird von Wachheit (*alertness*) unterschieden. Bei Wachheit (*alertness*) wird wiederum zwischen einer tonischen und einer phasischen Wachheit differenziert. Die tonische *alertness* passt sich in langen

---

23 Für einen relativ aktuellen Überblick vgl. Al-Shargie u. a., *Vigilance Decrement*.
24 Morgan/Johnson/Miles, *Chewing gum*.
25 Casner/Schooler, *Vigilance impossible*.
26 Buckner/McGrath, *Comparison of Performance*.

Wellen z. B. dem Tages- und Nachtrhythmus an, die phasische reagiert schneller auf unmittelbare Gefahr, konkret: durch die Ausschüttung des Neurotransmitters Noradrenalin, welcher die Aufmerksamkeit blitzartig aktiviert.[27] Erwartungsgemäß zeigen Studien, dass es nicht gelingt, eine phasische *alertness* in eine tonische zu überführen, also körperliche Wachheit über die Zeit hinweg zu stabilisieren.

Die Forschung zur Selektivität von Aufmerksamkeit wendet sich stärker als in der klassischen Vigilanzforschung dynamischen Situationen zu. Sie untersucht beispielsweise den Wechsel von Aufmerksamkeit von einem Reiz zu einem anderen. Sie konnte zeigen, dass Aufmerksamkeit keineswegs beliebig schnell von einem Objekt auf ein anderes wechseln kann, es also auch eine zeitliche Untergrenze der Aufmerksamkeitsleistung gibt. Sie ergibt sich aus dem Umstand, dass während der kognitiven Verarbeitung eines Reizes, die etwa eine Zehntel bis halbe Sekunde in Anspruch nimmt, keine weiteren Reize verarbeitet werden können. Dieses als *attentional blink* bezeichnete Phänomen ist allerdings nur relevant, wenn sehr viele Umweltereignisse rasch verarbeitet werden sollen, also zum Beispiel in dichtem und schnellem Verkehr.[28] Für unsere Fragestellung ist jedoch ein in diesem Forschungszusammenhang gebräuchliches Modell nützlich: Es konzipiert die Neuausrichtung von Aufmerksamkeit als Sequenz von *disengagement*, *shifting* und neuem *engagement*.[29] Häufig wird dies zur Analyse psychischer Probleme herangezogen. Ängstliche Persönlichkeiten (*trait-anxious individuals*) haben beispielsweise Schwierigkeiten, ihre Aufmerksamkeit von bedrohlichen Reizen abzuwenden. Sie haben ein messbares *delayed disengagement*.[30]

Das Modell dient aber auch dazu, Aufmerksamkeitswechsel in komplexeren Umgebungen beschreiben und optimieren zu können und berührt sich hier mit der performanzorientierten Erforschung optimaler technischer Designs. Die zunehmende Automatisierung wirft die Frage auf, was der Mensch denn tun sollte, wenn die Rolle des eigentlichen Wächters, also der Beobachtung von Gefahren, von Automaten übernommen wird. So unterschiedlich die technischen Designs dabei auch sein mögen, am Ende findet sich der menschliche Part des Systems in einer stark zurückversetzten Wachfunktion, in der nur noch mittelbare Gefahren, wie zum Beispiel der Ausfall des Wachsystems, beobachtet werden oder Rest-

---

27 Jäncke, *Lehrbuch*, S. 370.
28 Cohen, *Neuropsychology*, S. 58 f.
29 Vgl. hierzu u. a.: Cheyne u. a., *Anatomy of an error*.
30 Posner, *Attention*, S. 131; Georgiou u. a., *Focusing on fear*; zu weiteren Differenzierungen: Richards u. a., *Exploring the function*.

entscheidungen zu treffen sind, die schwer automatisierbar sind, etwa solche ethischer Natur.[31]

Die Frage der möglichst effizienten Einbindung menschlicher Aufmerksamkeit in das Design ist damit keineswegs erledigt. Denn das bloße Absenken von Verantwortung verbessert die kognitive Performanz nicht. Im Gegenteil, es verschlechtert sie tendenziell, werden doch weniger wichtige Aufgaben üblicherweise auch mit geringerer Aufmerksamkeit verfolgt. Freiwerdende psychische Ressourcen tendieren dazu, sich zu verselbstständigen und somit die Bindung an die Aufgabe zu verringern. Sie begünstigen *disengagement*. Was also tun? Die Forschung zum Systemdesign hat alles probiert. Sie zeigt, dass selbst bei visuell attraktivem videospielartigen Design nach einigen Stunden Leistungs- und Motivationsabfälle beobachtbar sind. Der Reiz einer optisch noch so gelungenen Oberfläche und eines spielerischen Ablaufs nutzt sich eben ab. Es wurde daher an *motivational* oder *eudaimonic designs* gearbeitet, welche längere und festere Bindungen an Aufgaben ermöglichen sollen. Darin wird die Bedeutung des eigenen Tuns hervorgekehrt und werden persönliche Ziele der Beteiligten berücksichtigt.[32] Aus der Perspektive unserer Fragestellung heraus ist nicht nur interessant zu sehen, wie stark sich die psychologische Vigilanzforschung mittlerweile für den kulturellen Rahmen von Aufmerksamkeit interessiert, denn eine *meaningful motivation* muss zwangsläufig Bedeutungen klären und sie einsetzen. Es ist vor allem bemerkenswert, dass die Verlängerung von Aufmerksamkeitsleistungen nicht durch eine gewissermaßen lineare Streckung der Zeitspanne erreicht werden soll, sondern durch ein Systemdesign, in dem es mehrere und markant verschiedene Gründe gibt, aufmerksam zu sein: eine interessante Graphik, eine verantwortungsvolle Aufgabe, positive Feedbacks und so weiter. Solche Designs laufen darauf hinaus, dass Aufmerksamkeit gerade durch den Wechsel erhalten bleibt. Sie sind damit bemerkenswerterweise näher an natürlichen Situationen als es ein *clock test* je war. Sie imitieren im technischen Design die Heterogenität und Vieltönigkeit, die in älteren Kulturtechniken, wie der Wachsamkeit der Hirten, ohnehin gegeben war.

Nebenbei werfen solche Ansätze die Modellannahmen der älteren psychologischen Vigilanzforschung über den Haufen. Deren *mono-task*-Modelle brachten nämlich, egal worin auch immer die Aufgabe bestand, schon eine in der Versuchsanlage steckende Monotonie mit sich. In der Folge kann der Befund, wonach die Aufmerksamkeit der Probanden mit der Zeit schwindet, unbefriedigender Weise mit zwei sich widersprechenden Hypothesen erklärt werden: Ent-

---

31 Hancock, *Nature*, S. 40.
32 Szalma, *Application*.

weder ist davon auszugehen, dass die Aufgabe das Reservoir verfügbarer Aufmerksamkeit gleichsam erschöpft (*overload*). Oder es war davon auszugehen, dass der monotone Versuchsverlauf zu einer mit jeder Reizwiederholung zunehmenden Unter-Stimulierung der Probanden führt. Ihr *disengagement* wäre dann Resultat einer kognitiven Unterforderung (*underload*).[33] In der Konsequenz dieses Interpretationsdilemmas wird nun verstärkt die Frage verfolgt, ob es nicht effiziente Strukturen der Varianz gibt, welche – trivial gesagt – weder kognitiv erschöpfen noch langweilen. Sie wären dann in der Lage, gerade über den Wechsel der Aufmerksamkeit zwischen zwei oder mehr Komponenten einer Aufgabe, eine in der Summe lange Fixierung auf diese Aufgabe zu leisten. Sie ließen also ein *shifting* zu, um Tenazität zu gewährleisten. Eine solche dynamische Struktur müsste dann allerdings aus Komponenten bestehen, die aufeinander verweisen. Sie würde Bahnen bereitstellen, welche es wahrscheinlich machen, dass sich Aufmerksamkeit in ihnen bewegt und nicht daraus ausbricht. Weiter unten werden sie als dynamisch-bindende Strukturen diskutiert.

Solche Überlegungen führen allerdings monodisziplinäre Forschung an ihre Grenzen, oft aus relativ banalen Gründen. Komplexe Arrangements mit vielen heterogenen Faktoren sind beispielsweise im Rahmen psychologischer Forschung schwer modellierbar, ohne methodische Standards zu gefährden.[34] Um in klinischen Testverfahren einzelne Faktoren zu isolieren und Versuchsanordnungen replizierbar zu halten, wird beispielsweise so etwas komplexes wie ‚Gefahr' auf einen einfachen Stimulus reduziert, zum Beispiel auf ein Lichtsignal oder das Bild einer Spinne.

Interdisziplinäre Forschung, wie sie im Münchner Sonderforschungsbereich Vigilanzkulturen betrieben wird, ist hier gefragt. Komplex strukturierte Ausgangslagen, die Berücksichtigung von Semantik oder die Beobachtung komplexer Gefahren sind dabei keine Ausnahme, sondern der eigentliche Standard. Dieser letzte Abschnitt soll dazu genutzt werden, den Blick zu wenden und die Frage der Zeitlichkeit von Wachsamkeit in diesem anderen Rahmen zu stellen.

---

[33] Ralph u.a., *Disrupting monotony*.
[34] Posner, *Attention*, S. XI. Ironischerweise lassen sich auch extrem seltene, aber entscheidende Ereignisse, nicht in empirische Tests der medizinischen oder psychologischen Disziplin modellieren. Insofern sie aus methodischen Gründen auf Wiederholungen angewiesen sind, dominieren Ereignisse geringer Relevanz.

Komplexe Arrangements und dynamisch bindende Strukturen: Geistes-, kultur- und sozialwissenschaftliche Ansätze und Überlegungen zur Zeitstruktur

Wo psychologische und technologische Vigilanzforschung komplexe, lebensnahe Zusammenhänge nachmodelliert, hat sie das hermeneutische Problem zu berücksichtigen, dass Kognition nicht ohne Unterscheidungen abläuft, die kulturell verhandelt werden.[35] Sie berühren sich dann mit dem Ansatz der Vigilanzkulturen, wie er der Arbeit des Münchner Sonderforschungsbereichs 1369 zugrunde liegt. Blicken wir also abschließend auf Möglichkeiten, die temporale Struktur von Wachsamkeit mit einem interdisziplinären, geistes-, sozial- und kulturwissenschaftliche Methoden aufgreifenden Ansatz zu beschreiben, wie ihn der Sonderforschungsbereich Vigilanzkulturen zur Verfügung stellt. Das Ziel ist es dabei, anhand einiger Beispiele zu zeigen, wie Aufmerksamkeit in komplexen Arrangements mit effizienter Varianz geschaffen und über möglichst lange Zeit hinweg aufrechterhalten wird. Wie also wird eine solche lange Zeit der Wachsamkeit innerhalb von Gesellschaften erzeugt? Um diese Frage zu beantworten, schlage ich vor, schrittweise vorzugehen und sich zunächst der Idealisierung und anschließend der Realisierung von Dauerwachsamkeit zuzuwenden. Diese analytische Trennung erleichtert es, Widersprüche kenntlich zu machen, die bei der Beschreibung von Vigilanz Verwirrung stiften, obwohl sie häufig keineswegs bloße Störungen des Bildes sind, sondern ein konstitutiver Bestandteil desselben.

Dauerwachsamkeit idealisieren: Der stabilisierende Widerspruch

Die Herabsetzung des Schlafes gegenüber der Wachheit hat in Zeiten kapitalistischer Leistungsoptimierung einen neuen Höhepunkt erreicht.[36] Sie besitzt jedoch eine sehr lange Tradition der religiösen und politischen Aufrufe zu andau-

---

35 Siéroff, *L'attention*.
36 „Sleep is for Sissies" heißt ein Kapitel in einer kürzlich erschienenen Studie zu amerikanischen Arbeitern und zum Kult männlicher Wachheit. Im Buch wird die Linie gezogen von Benjamin Franklin, über Thomas Edison, Charles Lindbergh bis zu Mark Zuckerberg. Es werden auch Frauen genannt, die Erfolg aus Schlafverzicht begründen, so Oprah Winfrey und Martha Stewart. Vgl. Derickson, *Dangerously Sleepy*. Siehe dazu auch: Crary, *24/7.*

ernder Wachheit und Wachsamkeit. Weshalb die Postulate von Dauerwachsamkeit über eine so lange und nicht enden wollende Geschichte verfügen, obwohl de facto niemand dauerhaft wachsam sein kann, ist erklärungsbedürftig: Warum ist das so? Meine These ist, dass dies deshalb so ist, weil diese Postulate stabilisierende Wirkung haben. Dauerwachsamkeitspostulate stabilisieren bestimmte, historisch sehr erfolgreiche Formationen des Verhältnisses von Institution und Gesellschaft. Die These beruht auf der Annahme, dass sich aus Wachsamkeitsleistungen sozialer Gewinn erzielen lässt. Wer wacht oder behauptet zu wachen, kann für sich in Anspruch nehmen, dies für andere zu tun. Er oder sie kann in die hoch angesehene Rolle des Schützenden eintreten. Solche Formen des Prestigegewinns finden sich in kleiner Münze vielfach in gewöhnlichen sozialen Beziehungen, etwa auch in familiären Alltagssituationen. Im größeren sozialen und auch historischen Rahmen wirft dies die Frage auf, ob sich ein solcher sozialer Gewinn auf Dauer stellen lässt, ob es also bestimmten Akteuren oder Akteursgruppen gelingt, immer als die Schützenden zu gelten und daraus dauerhafte Vorteile abzuleiten. Man kann das bejahen, denn es lassen sich verschiedene Ausdifferenzierungen von quasi-institutioneller Wachsamkeit beobachten. Setzt man früh an, so ist auf die platonische Idee eines Wächterstandes einerseits und das historische Auftreten des Adels und Klerus andererseits zu verweisen, welche ihre Legitimation als privilegierte Stände wesentlich aus dem Postulat einer militärischen oder spirituellen Gefahrenabwehr schöpfen. Aus dem Blickwinkel der Geschichte der Herausbildung von stabilen gesellschaftlichen Ordnungen mit spezialisierten Ständen und Institutionen ist es also plausibel, dass nur eine auf Dauer gestellte Bedrohungs- und Wachsamkeitskommunikation in der Lage ist, auch die daraus resultierenden sozialen Vorteile über die Zeit hinweg stabil zu halten. Nur so lässt sich eine dauerhafte Ressourcenabschöpfung und -allokation für eine Bedrohung plausibilisieren, die selten auftritt und über deren Eintreten und Eintrittszeitpunkt Unsicherheit besteht. Kontinuierliche Kommunikation über Gefahr begründet Institutionen, soweit diese glaubhaft machen können, ebenso kontinuierlich wachsam zu sein.

Die überzogene Behauptung dauernder Wachsamkeit hat also eine stabilisierende Wirkung. Und sie wird häufig von dem ebenso übertriebenen Postulat der Vollständigkeit dieser Wachsamkeitsleistungen begleitet. Es wird dann suggeriert, dass Funktionen, wie jene der wachsamen Abwehr von Bedrohungen, ganz auf Institutionen übertragen werden, die wachen, während sich die Gesellschaft, von diesem Dienst entlastet, ihren privaten Interessen und Geschäften zuwenden kann. Historisch lässt sich ein solcher Punkt der gänzlichen funktionalen Ausdifferenzierung jedoch nicht bestimmen, zumindest nicht was Wachsamkeit betrifft. Denn auch hochgradig spezialisierte Institutionen der Wachsamkeit und Gefahrenabwehr greifen partiell auf Teilleistungen und Informationen aus der Bevölkerung zurück. Für diesen für die Geschichte der Vigilanz so entscheidenden Umstand gibt es eine Reihe von Gründen. Der vielleicht wichtigste ist der, dass es bislang keiner institutionellen Form von Wachsamkeit gelungen ist, über ein auch nur annähernd gleichstarkes Potential an im Raum verteilter, vielsinniger Kognition zu verfügen, wie es die Bevölkerung bereithält. Aus der Perspektive effizienter Arrangements ist es daher nur schlüssig, dass Institutionen, seien es solche der Religion, der Justiz, der öffentlichen Gesundheit oder Sicherheit, immer wieder auf Wahrnehmungen und Meldungen zurückgreifen, die aus der Bevölkerung stammen. Sie sind im Austausch mit dem „riesigen sensorischen Geflecht" der Herde, um es noch einmal mit den Worten Francis Galtons zu sagen. Sie greifen auf Kognition zurück, die ohnehin vorhanden ist, und zwar gratis, weit gestreut, technologiearm und unabschaltbar.

Dies ist hier insofern relevant, als solche – die Wahrnehmungen Vieler einbeziehenden –Arrangements nur effizient sind, wenn auch Laien klar ist, worauf zu achten ist und Anreize bestehen, bestimmte Wahrnehmungen zu kommunizieren. An diesem Punkt wird verständlich, dass es neben den institutionslegitimierenden Postulaten der speziellen Wachsamkeit eine ihre praktische Effizienz gewährleistende Kultivierung der generellen Vigilanz geben muss. Sie sorgt für die Orientierung der Aufmerksamkeiten einer möglichst großen Zahl an Akteuren und auch für ein mindestens potentielles Maß an Engagement. Kultiviert wird somit auch eine mindestens subsidiär fortbestehende Verantwortung. Was sich scheinbar ausschließt, nämlich Ausdifferenzierung einerseits und generalisierte Funktionserwartungen andererseits, bedingt sich in der Praxis. Um dies zu sehen, muss man von der Logik trennscharfer Zuständigkeiten ablassen und auf die Effizienz gut eingespielter Arrangements blicken, welche mindestens zum Teil darauf angewiesen sind, dass Unschärfen fortbestehen. Gut eingespielte Arrangements gewährleisten über solche Unschärfen ein hohes Maß an Flexibilität. Sie tun es, indem sie in der Schwebe lassen, wer, wann in welchem Maße zuständig ist.

Es wird deutlich, dass wachsame Arrangements durch einen Widerspruch stabilisiert werden. Er besteht darin, dass einerseits die Dauerhaftigkeit und Vollständigkeit der institutionell erbrachten Wachsamkeit betont, ja übertrieben wird: „Die Stadt hat alle Augen zugemacht. Und nur im Kreml drüben ist noch Licht" heißt es dann zum Beispiel in einem sozialistischen Propagandagedicht von 1950, ganz so als würde Stalin permanent wachen und dem Land damit vollständige Ruhe gönnen. Andererseits bedarf die Realisierung dieser Wachsamkeit paradoxerweise zugleich eines Aufrufs zur generellen Wachsamkeit: „Wenn Du die Augen schließt, und jedes Glied und jede Faser deines Leibes ruht –

dein Herz bleibt wach; dein Herz wird niemals müd" adressiert dasselbe Lied Erich Weinerts auch die Leser – und damit uns alle.[37]

Historisch sehr erfolgreiche Formationen des Verhältnisses von Institution und Gesellschaft sind also auf die Idealisierung einer doppelten, einerseits institutionell ausdifferenzierten, andererseits generalisierten Dauerwachsamkeit angewiesen. Sie tun dies in einer die konkreten Zuständigkeiten letztlich verunschärfenden und Wachsamkeit deontologisch überhöhenden Weise sowie mit zeitlich entgrenzten Aufmerksamkeitspostulaten. Sie behaupten und fordern *constant vigilance*, obwohl Institutionen damit funktional und Personen psychologisch überfordert wären. Besonders drastisch tritt die Doppelung in religiös-christlicher Wachsamkeitssemantik auf, wonach sowohl die Figur des pastoralen Kopfes (Papst, Bischof, Priester) wacht als auch die einzelnen Gläubigen zu hoher und fortwährender *attentio* und *custodia* aufgefordert sind.[38]

Auch hier gewinnt Wachsamkeit, nebenbei bemerkt, ihre Brisanz aus dem Verhältnis zwischen der extrem hohen Relevanz des bevorstehenden Ereignisses und seiner zeitlichen Unbestimmbarkeit. Wenn es, um nur das bekannteste Beispiel anzuführen, bei Matthäus 24 heißt, „sei, wachsam, denn der Herr kommt wie ein Dieb in der Nacht", so ist das angekündigte Ereignis punktuell, unbestimmt, aber scheinbar nah. Das dazugehörige Verhalten soll aber genau umgedreht, linear, ausgedehnt und fortwährend sein. Man kann dies als einen Versuch verstehen, einen temporalen Impuls in eine zeitlose Haltung zu verwandeln, also Wachsamkeit zu habitualisieren. Dass solche Habitualisierungen hochgradig politisch sind, weil codiert werden kann, worauf zu achten ist, sei hier nur angemerkt.

---

37 Vgl. Weinert, *Gedichte 1933–1941*, S. 473. Weinert nutzt hier das Motiv „ich schlafe, aber mein Herz wacht" aus Hohelied 5, Vers 2.
38 Zumindest ist dies für die mittelalterliche Lehre und Semantik gut nachweisbar, siehe dazu: Moos, *Attentio est quaedam sollicitudo*. Der Hirte scheint im rhetorischen Gebrauch der Pastoralsemantik geradezu das Gegenstück zur Herde zu sein: eine die harmlos grasenden Tiere überwachende Figur. Warum ist das so? Warum wird nicht die Praxis eines komplexen kognitiven Arrangements beschrieben, in dem der Hirte nur ein Teil ist? Weil Wachsamkeitsdiskurse gemäß der hier verfolgten These eine das herrschende Arrangement legitimierende und ihre institutionelle privilegierende stabilisierende Aufgabe erfüllen. In diesem Fall wird die Herde-Hirte-Beziehung deshalb so holzschnittartig vereinfacht, damit sie eine eindeutige Hierarchie und Kompetenzverteilung begründen kann, die noch dazu scheinbar natürlich und somit zeitlos gegeben ist. Zu frühen Beispielen: Suchan, *Mahnen und Regieren*. Der Papst als Hirte wird eine in Arengen des 14. und 15. Jahrhunderts häufig auftretende Metapher, vgl. Brendecke, *Imperium und Empirie*, S. 41.

In jedem Fall idealisiert religiöse Rhetorik längere Phasen der Wachsamkeit als sie aufmerksamkeitspsychologisch überhaupt denkbar sind.[39] Das praktische Problem des Schwindens der Aufmerksamkeit im Zeitverlauf ist damit nicht gelöst. Es tritt im religiösen Bereich in vielfacher Gestalt immer wieder auf, etwa als Spezialproblem der frühen Eremiten, als Dauerthema mittelalterlicher und frühneuzeitlicher Traktate und nicht zuletzt auch in der klerikalen Alltagspraxis der Frühen Neuzeit.[40] Dort sind es die paränetischen Redeanteile der Predigten, also die wiederholten Mahnungen vor drohenden Gefahren, welche dem Abdriften der Aufmerksamkeiten, einem *disengagement*, entgegenwirken sollen.[41] Den „Schäfflein" müsse der Prediger, wie es ein Straßburger Priester 1619 treffend formulierte, eben „den Wolff zeigen, ihn nennen".[42]

Dauerwachsamkeit praktizieren: dynamisch-bindende Strukturen

Es ist bereits deutlich geworden, dass Dauerwachsamkeit auf individueller Ebene weder möglich noch effizient erscheint. Auf überindividueller Ebene unterliegt die Realisierung von Dauerwachsamkeit einer anderen Logik: Wachsame Arrangements erbringen eine zeitlich lang gestreckte Aufmerksamkeitsleistung durch die Summe sich überlappender Einzelleistungen. Da die Zuständigkeiten, der Zeitpunkt und die Dauer der Beteiligung von Akteuren unterbestimmt sind, muss ein effizientes wachsames Arrangement darauf setzen, möglichst viele möglichst lange zu involvieren, sodass die Überlappungen mit hoher Wahrscheinlichkeit ausreichen. Die Aufmerksamkeiten dieser Vielen müssen auf das Gleiche ausgerichtet und lange daran gebunden sein. Wie ist das zu leisten? Wie schafft man es, dass sich viele engagieren und auch, dass sie möglichst lange bei der Sache bleiben?

---

39 Ob diese Überforderung dazu beiträgt, die Gläubigen mit einer wenigstens geringfügig länger währenden, höheren tonischen Aufmerksamkeit auszustatten oder ihnen nur die Zerknirschung permanenten Scheiterns beschert, ist hier nicht zu klären. In beiden Fällen erzeugt die temporale Doppelstruktur eine Spannung, welche Religion legitimiert und insofern in ihrer systemischen Relevanz stabilisiert. Insofern könnte man sagen, dass das komplexe Arrangement der Religion nicht am Widerspruch zwischen Endlosaufmerksamkeitserfordernissen und den praktischen Erfahrungen ihrer Fragilität leidet, sondern davon lebt.
40 Vgl. u. a.: Graiver, *Asceticism of the Mind*; anregend auch: Marno, *Death Be Not Proud*.
41 Wachsamkeit ist so eine Grundforderung der Mahnrede. Vgl. Mussner, *Wachsamkeit, Wachen*.
42 Wartzembach, *Christliche Jubel und FrewdenPredigten*, G3a.

Zunächst einmal müssen, wie schon betont wurde, Gefahren gerade auch dann mental und kulturell präsent gehalten werden, wenn sie nicht akut sind. Insofern es aber für eine effiziente und dauerhafte Einbindung nicht ausreicht, bloß immer wieder ‚den Wolf zu zeigen', muss diese Gefahrenkommunikation kreativ erfolgen, abwechslungs- und variantenreich. Hier wird die These vertreten, dass effiziente wachsame Arrangements diese Varianz nicht einfach nur thematisch, sondern ganz wesentlich in einer strukturellen Weise bieten. Sie tun dies über Strukturen, die hier als dynamisch-bindende Strukturen bezeichnet werden. Sie bestehen, wie oben angesprochen, aus Komponenten, die aufeinander verweisen und es auf diese Weise wahrscheinlich halten, dass sich Aufmerksamkeit in dieser Struktur zwar dynamisch bewegt, aber dennoch gebunden bleibt. Eine solche Struktur könnte beispielsweise dadurch aufmerksamkeitsbindend sein, dass sie – ähnlich wie im Abschnitt zu optimalen Systemdesigns schon angesprochen – Menschen als kognitive und als soziale Wesen anspricht. Eine kognitiv interessante Aufgabe wäre dann mit einer sozial relevanten, das Individuum involvierenden Dimension verknüpft. Löst sich die Aufmerksamkeit von der kognitiven Aufgabe, macht es die soziale Dimension wahrscheinlich, dass sie zu dieser Aufgabe oder einer ähnlichen Aufgabe des gleichen Feldes zurückkehrt. Ein *shifting* würde also stattfinden, gegebenenfalls auch ein zwischenzeitliches *disengagement*. Es wäre dennoch eine Bindung geschaffen, welche sich über die dynamischen Wechsel auch intensivieren kann und damit eine Form von Tenazität stiftet, ein vergleichsweise zähes und lange währendes Bei-dieser-Sache-Bleiben.

Mit welchen Techniken das möglich ist, kann man an Erzählweisen und dramaturgischen Strategien illustrieren, wie sie in der Literatur, dem Theater und insbesondere im Film gebräuchlich sind. Als Beispiel sei eine Schlüsselszene aus Alfred Hitchcocks Film SABOTAGE von 1936 herausgegriffen. In einer elf Minuten dauernden Szene sieht man, wie ein kleiner Junge über mehrere Minuten hinweg ein Paket und zwei Filmrollen durch die Stadt trägt. Im Paket befindet sich, ohne dass der kleine Junge dies wüsste, eine Bombe. Ein Schnitt auf einen Zettel verrät den Zuschauern, wann sie explodieren wird: „Don't forget the birds will sing at 1:45". Alle dem Jungen begegnende Passanten und Personen übersehen die Gefahr. Er durchschreitet einen Jahrmarkt, bleibt immer wieder inmitten vieler Menschen stehen, sein Fortkommen wird geradezu grotesk verzögert, als ihm ein Marketender vor aller Augen die Zähne putzt und die Haare frisiert und schließlich ein Festzug den Weg blockiert. Dann will ihn ein Schaffner beinahe nicht in die Straßenbahn lassen, da Filmrollen entflammbar seien. Doch er drückt ein Auge zu. In der Straßenbahn setzt sich der Junge unter den misstrauischen Blicken einiger Frauen auf einen letzten freien Platz und beginnt, mit einem kleinen Hund zu spielen. Schnitte auf öffentliche Uhren zeigen, wie die Zeit abläuft und die Zeiger schließlich auf 1 Uhr 45 stehen. Als der Minutenzeiger weiterspringt, explodiert die Bombe.

Der Film lässt sein Publikum beobachten, wie die Vigilanz der Akteure des Films versagt. Er macht ein Drama eigener Natur beobachtbar. Es ist ein Drama offensichtlicher Sorglosigkeit und verfehlter Wahrnehmungschancen. Hätte nicht der Schaffner den Jungen doch zurückweisen sollen, die Passagiere noch protestieren können? Aber niemand tut es, und selbst dem Hund entging die Fährte. Die ganze Zeit weiß das Publikum etwas, was die Akteure nicht wissen. Es sieht das Paket und denkt an die Bombe. Sie ist für das Publikum da, aber den Betroffenen verborgen.

Hitchcock arbeitet hier mit dem schon bei Shakespeare erkennbaren, von Bertrand Evans herausgearbeiteten Bauprinzip der *discrepant awareness*. Es liegt nämlich zwischen „dem Wissen, das uns erfüllt, und der Unwissenheit, von der die Teilnehmer befallen werden, [...] ein entscheidender – und höchst ergiebiger – Gegensatz".[43] Ergiebig ist dieser Gegensatz, insofern er unsere Aufmerksamkeit nicht nur auf die verborgene Gefahr lenkt, auf die Bombe im Paket, sondern immer wieder auch auf die dem Jungen begegnenden Akteure, welche die Gefahr entdecken und den Jungen retten könnten. Das Publikum weiß also auch etwas nicht, und dieser Mangel an Wissen über den Ausgang der Szene lässt seine Aufmerksamkeit zwischen der Gefahr und den Gelegenheiten ihrer Entschärfung oszillieren.[44] Erst ganz am Ende erfährt es, dass der Testlauf gesellschaftlicher Wachsamkeit kläglich scheitert. Sabotage stellt dieses Scheitern aus, ohne in das Komödienhafte zu verfallen, denn zugleich macht es die Impotenz des Publikums spürbar: seine Unfähigkeit zu warnen. Es ist eine Lage, in der die Unwissenden die Gefahr übersehen und die Wissenden nicht warnen können. Die einen blind, die anderen stumm. Die Sequenz der Vigilanz ist zweifach gestört, kognitiv und kommunikativ. In tragischer Ironie stirbt der Junge und mit ihm viele andere.[45]

Der Film verwickelt unsere Aufmerksamkeit in eine Struktur, in der eine Art soziale Dimension feststellbar ist. Sie besteht darin, dass beobachtbar gemacht wird, wie Vigilanz gelingen oder missglücken kann. Das Publikum erhält diesbezüglich eine Lektion. Es sieht, dass es besser gewesen wäre, wenn jemand die Gefahr entdeckt hätte und empfindet einen Impuls, selbst zu intervenieren und zu

---

43 „Between the awareness that packs our minds and the ignorance that afflicts the participants lies a crucial – and highly exploitable difference." Vgl. Evans, *Shakespeare's comedies*, S. vii.
44 Ohler/Nieding, *Cognitive Modeling*, S. 134–136.
45 Hitchcock hat die Explosionsszene später als „schlimmen Fehler" bezeichnet, da das Publikum während des langen Weges mit der Figur des Jungen so viel Sympathie aufbaut, dass dessen Tod schockiert. Vgl. Truffaut, *Mr. Hitchcock*, S. 95.

warnen.⁴⁶ Es ist zugleich eine kognitiv interessante Aufgabe gestellt, und zwar wesentlich über den Einsatz von Latenzen. Denn die Gefahr wird gerade nicht sichtbar gehalten, sondern im Paket versteckt. Weil das Paket und die Filmrollen für alle sichtbar bleiben, bestehen Zeichen fort, die jemand lesen könnte. Es bestehen Enthüllungschancen, sodass alle Akteure unter der Erwartung beobachtet werden, ob sie die notwendige Aufmerksamkeit aufbringen und die Gefahr entdecken werden. Anstatt also die Aufmerksamkeit der Zuschauer einfach auf eine Komponente, also zum Beispiel die Gefahr zu richten, bindet die Filmszene Aufmerksamkeit gerade dadurch, dass sie diese zwischen verschiedenen Komponenten in Bewegung hält. Sicht- und Unsichtbares, Geschehendes und zu Erwartendes sind dabei andauernd in Bezüge gesetzt, über welche die Aufmerksamkeit des Publikums hin- und herpendeln kann.

Man kann abschließend festhalten, dass der Trick der effizienten Streckung von Wachsamkeit über längere Zeit nicht einfach in der Schaffung eines Arrangements besteht, in dem der kognitive Aufwand der Beteiligten reduziert wird. Wachsame Konstellationen sind gerade nicht einfach Schäferszenen, in denen alle auf ihrem Posten sind und alternierend wachen. Das liegt schon daran, dass wir keine Hirten sind, sondern, von Ausnahmefällen abgesehen, in einem unterbestimmten Verhältnis zur Aufgabe stehen. Es ist unterbestimmt in Hinsicht auf die Sache, unsere Rolle und jene der anderen. Paradoxerweise scheint dieser mehrfache Wissensmangel produktiv zu sein, und zwar nicht nur, weil er eine gewisse Flexibilität erlaubt, sondern auch, weil er spannend ist. Wir wissen nicht wann, wir wissen nicht was, wir wissen nicht wer. Gerade dadurch aber ist alles mit Potentialen besetzt. Über Latenz ist zudem immer da, was selten auftritt. Über sie kann auch das Spiel der Enthüllungen am Laufen gehalten werden, in dem sich permanent die Frage nach dem Was stellt wie auch die sozial relevante Frage, wem die Enthüllung gelingt oder wer etwas zu verbergen hat. Nimmt man letzteres hinzu, so hat auch die sprichwörtliche Suche nach dem ‚Wolf im Schafspelz' ihren Platz. Wie bei Tiergruppen gezeigt, wechselt die Aufmerksamkeit dann zwischen einer äußeren und einer inneren Gefahr. Nicht nur was relevant ist, bleibt offen, sondern auch, wer sich als zuständig oder als involviert erweist. Es pulsiert auf beiden Seiten, als Rätsel der Sache und Rätsel der Gruppe.

---

46 „It is possible to build up almost unbearable tension in a play or film in which the audience knows who the murderer is all the time, and from the very start they want to scream out to all the other characters in the plot, ‚Watch out for So-and-So!' [...] For that reason I believe in giving the audience all the facts as early as possible." Zit. nach: Chatman, *Story and Discourse*, S. 59f.

Literaturverzeichnis

Al-Shargie, Fares/Tariq, Usman/Mir, Hasan/Alawar, Hamad/Babiloni, Fabio/Al-Nashash, Hasan: Vigilance Decrement and Enhancement Techniques: A Review. In: *Brain Sciences* 9/8 (2019), S. 1–36.
Bakan, Paul: *Vigilance Decrement. A Critical Review of the Literature and an Experimental Program. Memorandum Report B-1, Task B.* University of Illinois, May 24th, 1952.
Beauchamp, Guy: *Animal Vigilance. Monitoring Predators and Competitors.* London u. a. 2015.
Blayney, Steffan: Industrial Fatigue and the Productive Body: the Science of Work in Britain, c. 1900–1918. In: *Social History of Medicine* 32/2 (2019), S. 310–328.
Brendecke, Arndt: *Imperium und Empirie. Funktionen des Wissens in der spanischen Kolonialherrschaft.* Köln/Weimar/Wien 2009.
Buckner, Donald N./McGrath, James J.: A Comparison of Performance on Single and Dual Sensory Mode Vigilance Tasks. In: Dies. (Hrsg.): *Vigilance. A Symposium.* London 1963, S. 53–68.
Casner, Stephen M./Schooler, Jonathan W.: Vigilance impossible. Diligence, distraction, and daydreaming all lead to failures in a practical monitoring task. In: *Consciousness and Cognition. An International Journal* 35 (2015), S. 33–41.
Chatman, Seymour: *Story and Discourse. Narrative Structure in Fiction and Film.* Ithaca/London 1980.
Cheyne, J. Allan/Solman, Grayden J.F./Carriere, Jonathan S.A./Smilek, Daniel: Anatomy of an error. A bidirectional state model of task engagement/disengagement and attention-related errors. In: *Cognition. International Journal of Cognitive Science* 111 (2009), S. 98–113.
Cohen, Ronald A.: *The Neuropsychology of Attention. Second Edition.* New York 2014.
Crary, Jonathan: *24/7. Late capitalism and the ends of sleep.* London/New York 2014.
Daubenton, Louis Jean Marie: *Instruction pour les bergers et pour les propriétaires de troupeaux.* Paris 1782.
Derickson, Alan: *Dangerously Sleepy. Overworked Americans and the Cult of Manly Wakefulness.* Philadelphia 2014.
Dunbar, Robin I.M./Cornah, L./Daly, F.J./Bowyer, K.M.: Vigilance in Human Groups: A Test of Alternative Hypotheses. In: *Behaviour* 139/5 (2002), S. 695–711.
Evans, Bertrand: *Shakespeare's comedies.* Oxford 1960.
Galton, Francis: Gregariousness in Cattle and in Men. In: *Macmillan's Magazine* 23 (1870), S. 353–357.
Gaston, Anthony J.: Social Behaviour within groups of Jungle Babblers (*Turdoides striatus*). In: *Animal Behaviour* 25 (1977), S. 828–848.
Georgiou, George A./Bleakley, Cheryl/Hayward, James/Russo, Ricardo/Dutton, Kevin/Eltiti, Stacey/Fox, Elaine: Focusing on fear. Attentional disengagement from emotional faces. In: *Visual Cognition* 12 (2005), S. 145–158.
Gerhards, Simone: *Konzepte von Müdigkeit und Schlaf im alten Ägypten.* Hamburg 2021.
Goffman, Erving: *Behavior in Public Places. Notes on the Social Organization of Gathering.* New York 1963.
Graiver, Inbar: *Asceticism of the Mind. Forms of Attention and Self-Transformation in Late Antique Monasticism.* Toronto 2018.
Haberlandt, Michael: *Völkerkunde.* Leipzig ²1906.

Hancock, Peter A.: On the Nature of Vigilance. In: *Human Factors* 59/1 (2017), S. 35–43.
Hänecke, Kerstin: *Antwortverhalten als Ergebnis einer aktiven Auseinandersetzung mit der zeitlichen Verteilung von Ereignissen. Analysen des Antwortverhaltens bei Vigilanzaufgaben.* Frankfurt am Main/Berlin/Bern u. a. 1995.
Jäncke, Lutz: *Lehrbuch kognitive Neurowissenschaften.* Bern 2013.
Jennings, Carolyn Dicey: *The Attending Mind.* Cambridge 2020.
Lakoff, Andrew: *Unprepared: global health in a time of emergency.* Oakland 2017.
Mackworth, Norman H.: *Researches on the Measurement of Human Performance.* (Medical Research Council. Special Report Series, 268) London 1950.
McGrath, James J.: Irrelevant stimulation and vigilance performance. In: Buckner, Donald N./McGrath, James J. (Hrsg.): *Vigilance. A Symposium.* New York 1963, S. 2–21.
Marno, David: *Death Be Not Proud. The Art of Holy Attention.* Chicago/London 2016.
Moos, Peter von: Attentio est quaedam sollicitudo. Die religiöse, ethische und politische Dimension der Aufmerksamkeit im Mittelalter. In: Ders.: *Rhetorik, Kommunikation und Medialität. Gesammelte Studien zum Mittelalter.* Hrsg. von Gert Melville. Bd. 2. Berlin 2006, S. 265–306.
Morgan, Kate/Johnson, Andrew L./Miles, Christopher: Chewing gum moderates the vigilance decrement. In: *British Journal of Psychology* 105 (2014), S. 214–225.
Mussner, Franz: Wachsamkeit, Wachen. In: *Lexikon für Theologie und Kirche.* Bd. 10. Freiburg im Breisgau ²1965, Sp. 905–906.
Ohler, Peter/Nieding, Gerhild: Cognitive Modeling of Suspense-Inducing Structures in Narrative Films. In: Vorderer, Peter/Wulff, Hans Jürgen/Friedrichsen, Mike (Hrsg.): *Suspense: Conceptualizations, Theoretical Analyses, and Empirical Explorations.* Mahwah/New Jersey 1996, S. 129–147.
Posner, Michael I.: *Attention in a Social World.* Oxford/New York 2012.
Ralph, Brandon C.W./Onderwater, Chris/Thomson, David R./Smilek, Daniel: Disrupting monotony while increasing demand: benefits of rest and intervening tasks on vigilance. In: *Psychological Research* 81 (2017), S. 432–444.
Richards, Helen J./Benson, Valery/Donnelly, Nick/Hadwin, Julie A.: Exploring the function of selective attention and hypervigilance for threat in anxiety. In: *Clinical Psychology Review* 34 (2014), S. 1–13.
Rodriguez-Girone, Miguel A./Vásquez, Rodrigo A.: Evolutionary Stability of Vigilance Coordination among Social Foragers. In: *Proceedings: Biological Sciences* 269 (2002), S. 1803–1810.
Siéroff, Éric: L'attention préparatoire. In: Siéroff, Éric/ Drozda-Senkowska, Ewa/ Ergis, Anne-Marie/Moutier, Sylvain (Hrsg.): *Psychologie de l'anticipation.* Paris 2014, S. 95–119.
Suchan, Monika: *Mahnen und Regieren. Die Metapher des Hirten im früheren Mittelalter.* Berlin/München/Boston 2015.
Szalma, James L.: On the Application of Motivation Theory to Human Factors/Ergonomics. Motivational Design Principles for Human-Technology Interaction. In: *Human Factors* 56 (2014), S. 1453–1471.
Truffaut, François: *Mr. Hitchcock, wie haben Sie das gemacht?* München 1975.
Warm, Joel S.: *Sustained Attention in Human Performance.* Chichester/New York/Brisbane/Toronto/Singapure 1984.
Wartzembach, Christoph: *Christliche Jubel und FrewdenPredigten An den angestelten Feyertagen deß gehaltenen Jubelfests / daran die Kirchen / so auß dem Römischen*

Babstumb durch Gottes gnad / durch den trewen Dienst Herrn D. Martini Lutheri seligen / zu der Warheit deß Evangelii kommen sind / ihre Danckopffer dem Herrn geleistet haben. Gehalten zu Speyer. Straßburg 1619.

Wawra, Monika: Vigilance patterns in humans. In: *Behaviour* 107/1–2 (1988), S. 61–71.

Weber, Max: Zur Psychophysik der industriellen Arbeit (1908–09). In: Ders.: *Gesammelte Aufsätze zur Soziologie und Sozialpolitik*. Hrsg. von Marianne Weber. Tübingen ²1988, S. 61–255.

Weinert, Erich: *Gedichte 1933–1941*. (Gesammelte Gedichte 5) Berlin/Weimar 1975.

Wirtz, Peter/Wawra, Monika: Vigilance and group size in Homo sapiens. In: *Ethology. International Journal of Behavioural Biology* 71/4 (1986), S. 283–286.

Susanne Reichlin
Wachen und Warten. Erwartungsstrukturen in der Oberaltaicher Adventspredigt Nr. 5

In der Weihnachtsansprache des President-elect vom 22. Dezember 2020 rechnete Joe Biden aus, wie viele Tote die USA in den folgenden Monaten zu beklagen haben werde. Er forderte sein Publikum auf, „to remain vigilant", das meinte: Masken zu tragen und Distanz zu üben.[1] Dann zitierte er den Jesuitenpater Alfred Delp:

> I'm reminded of a quote, [...] from a Jesuit Priest named Alfred Delp. He wrote: ‚Advent is a time for rousing'. Delp believed, at first, we are shaken to our depths, and then we're ready for a season of hope. As a nation, we've certainly been shaken to our depths this year. Now it's time to wake, to get moving, a time for hope [...].[2]

Delp war Mitglied des Kreisauer Kreises und schrieb die zitierten Sätze 1944 in der Haftanstalt Berlin-Tegel, als er auf seine Hinrichtung wartete.[3] Im Original klingt das folgendermaßen:

> Advent ist Zeit der Verheißung, noch nicht der Erfüllung. Noch stehen wir mitten im Ganzen und in der logischen Unerbittlichkeit und Unabweisbarkeit des Schicksals. Noch sieht es [...] so aus, als ob die endgültigen Würfel doch da unten in diesen Tälern, auf diesen Kriegsfeldern, in diesen Lagern und Kerkern und Kellern geworfen würden. Der Wache spürt die anderen Kräfte am Werk und er kann ihre Stunde erwarten.[4]

---

[1] Biden, Joe: *Speech Transcript Before Holidays* (22.12. 2020) https://www.rev.com/blog/transcripts/joe-biden-delivers-remarks-before-christmas-holiday-transcript-december-22, Min. 03:29: „So we'll still have to remain vigilant. We need everyone to mask up, stay socially distanced, avoid large gatherings, particularly inside" [letzter Zugriff: 22.09.2021].

[2] Ebd., Min. 11:06–13:15.

[3] Nach dem Scheitern des Attentats am 20. Juli wurde Alfred Delp am 28.07.1944 in München verhaftet. (Ob er von den Attentatsplänen gewusst hat, ist unklar.) Anfang August wurde er nach Berlin transportiert. Nach Verhören im Gestapogefängnis war er ab September in der Haftanstalt Berlin-Tegel inhaftiert. Am 02.02.1945 wurde er in Berlin-Plötzensee hingerichtet; Delp, *Aufzeichnungen*, S. 9; Feldmann, *Alfred Delp*, S. 70–86.

[4] Delp, *Aufzeichnungen*, S. 155. Die vom Herausgeber als „Meditationen" überschriebenen Texte wurden in der Haftanstalt Berlin-Tegel wohl mehrheitlich mit gefesselten Händen geschrieben (ebd., S. 11). Vgl. auch: „Dies ist heute. Und morgen werden die Engel laut und jubelnd erzählen, was geschehen ist und wir [...] werden selig sein, wenn wir dem Advent geglaubt und getraut haben." (ebd., S. 55).

Open Access. © 2022 bei den Autorinnen und Autoren, publiziert von De Gruyter. Dieses Werk ist lizenziert unter einer Creative Commons Namensnennung 4.0 International Lizenz.
https://doi.org/10.1515/9783110765137-003

Delp deutet den Advent als Zeit der Erschütterung, in der man bereits die Zeichen einer ganz anderen Zeit herannahen sieht. Mit der „erwarteten Stunde" wird die zweite Lesung des ersten Adventssonntags (Röm 13,11) aufgerufen und auf das Ende irdischer Zeit angespielt. Auch wenn Delps Formulierungen in erster Linie auf eine endzeitliche Verheißung zielen, so sind sie doch auch als politisch-irdische Verheißungen lesbar: als Erwartung des Endes des Krieges und der politischen Neuordnung.[5] Der Katholik Biden überträgt diese Adventsdeutung auf die amerikanische Nation, ihren Umgang mit der Pandemie und – ganz unbescheiden – auf den anstehenden Präsidentschaftswechsel. Damit gehen Umbesetzungen einher: Bei Delp ist die Verheißung eine endzeitliche, die immer auch als politisch-immanente lesbar bleibt. Bei Biden dagegen geht es um eine primär innerweltliche Verheißung, die jedoch einem Politikdiskurs entstammt, der die Nation gerne sakralisiert.[6] Während es bei Delp darum geht, das Kommende ‚wach' zu erwarten, macht Biden daraus den Aufruf, aufzuwachen und zu handeln: „Now it's time to wake, to get moving."

Biden gibt so der politischen Pandemie-Rhetorik, die gewöhnlich zwischen der Beschwörung der aktuellen Gefahr und dem Versprechen einer besseren Zukunft changiert, eine eigene zeitliche Dramaturgie.[7] Dies wird nicht zuletzt durch das Problem motiviert: Wie lässt sich Wachsamkeit über kurzfristige Aufmerksamkeitsspannen hinaus ausdehnen? Da das alleinige Beschwören der Gefahr auf Dauer seine Wirkung verliert, braucht es umfassendere Maßnahmen.

Biden ruft dazu eine christliche Zeit- und Wachsamkeitsmodellierung auf, die ich im Folgenden in einer mittelalterlichen Variante, einer Adventspredigt aus der Zeit um 1200, genauer analysieren möchte. Prägt die Frage, mit welchen Mitteln Wachsamkeit über längere Zeit hinweg strukturiert und perpetuiert wird, den gesamten Beitrag, so ist im Detail zu beobachten, wie Gewissheit und Ungewissheit des Erwarteten verschränkt werden (Abschnitt II) und wie dem Einzelnen Wachsamkeitsverantwortung übertragen wird (Abschnitt III). Die sich überlagernden Zeitstrukturen sind zu analysieren (Abschnitt IV) und es ist zu fragen, wie habituelle Wachsamkeitspraktiken und instantane Wachsamkeitshandlungen aufeinander bezogen werden (Abschnitt V). Bevor jedoch die ausgewählte Predigt analysiert werden kann, ist der größere Rahmen, also Ad-

---

5 Dazu Feldmann, *Alfred Delp*, S. 50–66.
6 Vgl. mit weiterer Literatur: Rodgers, *As a City on a Hill*.
7 Biden, Joe: *Speech Transcript Before Holidays* (22.12.2020) https://www.rev.com/blog/transcripts/joe-biden-delivers-remarks-before-christmas-holiday-transcript-december-22, Min. 06:06: „Our darkest days in the battle against COVID are ahead of us, not behind us" [letzter Zugriff: 22.09.2021].

ventspredigttraditionen um 1200, abzustecken (Abschnitt I).[8] Der Beitrag zielt darauf, zeitlich-logische Strukturen der Erwartung und Wachsamkeitsmodellierung herauszuarbeiten, die auch andere volkssprachliche Gattungen wie das geistliche Tagelied prägen, die dort aber stärker im Impliziten verbleiben.[9]

I Das dreifache Kommen des Herrn

Ab dem 7. Jahrhundert bildete sich im Westen eine Adventsliturgie aus, die die Erwartung des Geburtsfestes mit der Erwartung der Parusie verknüpfte.[10] Diese doppelte Erwartung von Geburt und Wiederkunft wird an den Adventsperikopen sichtbar, die sich auf die Wiederkunft des Menschensohnes beziehen.[11] Früh bezeugt ist insbesondere die von Delp aufgerufene Römerbriefstelle (13,11), die in den Predigten um 1200 am ersten Adventssonntag gelesen worden ist:[12] „et hoc scientes tempus quia hora est iam nos de somno surgere nunc enim propior est nostra salus quam cum credidimus".[13]

Paulus beschwört die baldige Wiederkunft des Herrn und mahnt seine Rezipierenden zur Umkehr. Wird diese Stelle am ersten Adventssonntag gelesen, so wird das von Paulus verkündete Nahen der Wiederkunft auf das Nahen des Festes der Geburt bezogen. In der Folge prägte sich die Rede vom zweifachen *adventus* des Herrn aus: Im Rahmen der Einteilung der Weltalter sprach bereits

---

8 Die Predigtforschung hat sich bisher vor allem den komplexen Überlieferungsverhältnissen, der Gattungsentwicklung sowie übergreifenden Themen der Predigten um 1200 gewidmet. Vgl. Mertens, *Priester Konrad*; Mertens, Leipziger Predigten; Schiewer, *Predigt*.
9 Reichlin, Geistliches Wecklied, S. 108–115; vgl. allg.: Schnyder, *Das geistliche Tagelied*. Den geistlichen Tageliedern ist u. a. auch das von Beate Kellner und der Verf. geleitete Teilprojekt C01 des SFB 1369 „Vigilanzkulturen" gewidmet; vgl. dazu die künftige Arbeit von Agnes Rugel.
10 Zur Entwicklung der Adventsliturgie: Croce, Adventsliturgie; Baumstark, Advent, Sp. 119–125; Caspari, Advent, S. 188–190. Die Anzahl der Adventssonntage und die Dauer der Fastenzeit sind bis ins Hochmittelalter variabel. Maur, *Feiern*, S. 179–184. In den volkssprachlichen Adventspredigten von um 1200 variieren deshalb insbesondere die Perikopen für den dritten und vierten Adventssonntag; Schiewer, *Predigt*, S. 102, 117, 121.
11 Darunter z. B. Lk 21,25–33; vgl. Klauser, *Capitulare*, Typus II, Nr. 239, S. 43; sowie allg.: Maur, *Feiern*, S. 182 f.; Caspari, Advent, S. 189; Baumstark, Advent, Sp. 123 f.
12 Vgl. die Würzburger Epistelliste (8. Jahrhundert), die Röm 13,11 am ersten Adventssonntag anführt, der hier allerdings noch am Ende des Kirchenjahres steht; Morin, Comes, Nr. CLXX, S. 64. Für die Zeit um 1200 vgl. Schiewer, *Predigt*, S. 101 f.
13 „Und das tut, weil ihr die Zeit erkennt, nämlich dass die Stunde da ist, aufzustehen vom Schlaf, denn unser Heil ist jetzt näher als zu der Zeit, da wir gläubig wurden."; Vulgata hier und im Folgenden zit. nach: Gryson/Weber, *Biblia sacra*; deutscher Text nach der Lutherbibel von 1984, zit. nach: https://www.bibelwissenschaft.de/online-bibeln [letzter Zugriff: 30.09.2021].

Haymo von Halberstadt im 9. Jahrhundert vom „adventu[s] Christi in carne" und vom „secundu[s] ejus adventu[s], quo venturus est mundum judicare".[14] In der Folge wurde das Schema auch zu einem drei-, vier- oder gar sechsfachen *adventus* ausgebaut:[15] So unterschied Bernhard von Clairvaux im 12. Jahrhundert zwischen einem „adventus ad homines" (Inkarnation), „in homines" (im Gläubigen), „contra homines" (Gericht).[16] Etwas später differenziert die *Legenda aurea* (13. Jahrhundert) – die bestehende Diskussion wie meist prägnant zusammenfassend – zwischen einem *adventus* „in carnem, in mentem, in mortem et ad iudicum" und betont, dass im Gottesdienst („officium") nur zwei Ankünfte thematisiert werden: Geburt und Wiederkunft.[17]

Auch die mittelhochdeutschen Adventspredigten um 1200 setzten das zweifache Kommen des Herrn als bekannt voraus:[18]

---

14 Haymo von Halberstadt, *Opera omnia*, Homilia VIII, PL 118, 131B; („seine zweite Ankunft, bei der er kommen wird, um die Welt zu richten."). Die Spielarten der Parallelisierung und Entgegensetzung sind mannigfach. Vgl. z. B. *Sermo VII* von Ivo von Chartres, *Opera omina*, PL 162, 567D: „Primo adventu venit impios justificare, secundo venturus est impios condemnare. Primo venit aversos revocare, secundo conversos glorificare. Primo adventu Christus pro impiis indebitæ morti traditus est, secundo impios debitæ morti traditurus est." („Bei der ersten Ankunft ist Christus gekommen, um die Frevler zu rechtfertigen, bei der zweiten wird er kommen, um sie zu verurteilen. Bei der ersten ist er gekommen, um die Abgeneigten zurückzurufen, bei der zweiten, um die Bekehrten zu verherrlichen. Bei der ersten Ankunft ist Christus für die Sünder dem unverdienten Tod übergeben worden, beim zweiten Kommen werden die Sünder dem verdienten Tod übergeben werden").
15 Der sechsfache Advent findet sich in einer Adventspredigt von Hildebert von Lavardin, *Opera omnia*, PL 171, 351D. Vgl. zudem die Zusammenstellung von weiteren Belegstellen zur mehrfachen Ankunft bei Huber, *Aufnahme*, S. 215; Croce, *Adventsliturgie*, S. 257 f.; Marti, *Gottes Zukunft*, S. 69 f.; Schönbach, *Predigten*. Bd. III, S. 380.
16 Bernhard von Clairvaux, *Sämtliche Werke*, S. 90 f. *In Adventu Sermo* 3,4: „Triplicem enim eius adventus adventum novimus: ad homines, in homines, contra homines." (Übersetzung ebd.: „Wir kennen nämliche eine dreifache Ankunft Gottes: zu den Menschen, in die Menschen und wider die Menschen.") Typischerweise konzentriert sich Bernhard dann auf die zweite Ankunft Gottes im Menschen bzw. Herzen.
17 Häuptli, *Legenda aurea*, S. 76. Vgl. für die Volkssprache das wohl Ende des 13. Jahrhunderts entstandene Reimpaargedicht *Von der Zukunft Gottes,* das eine recht genaue Übersetzung des ersten Kapitels der *Legenda aurea* bietet: Schwab, *Von der Zukunft Gottes*; dazu Eis, *Adventgedicht*.
18 Über die Predigten hinaus vgl. in der Volkssprache: Heinrich von Neustadt, *Gottes Zukunft*, V. 4992–5017 sowie V. 8121–8128. Vgl. dazu Huber, *Aufnahme*, S. 214–217 sowie künftig: Butz, *Heinrich von Neustadt*, S. 55–58; sowie allgemein zu volkssprachlichen Belegen: Hörner, *Jüngstes Gericht*, S. 11–17.

> Alle die christen sint die gelaubent und begent vil vlizzichlich zwů chunft unsers herren [...]. der ist eineu fůr, daz diu ander noch chůnftich ist daz gelaub wir gwislichen.¹⁹

Dieses zweifache Kommen diente häufig (wie bei Haymo) dazu, die Heilsgeschichte zu strukturieren und die heilsgeschichtliche Bedeutung der Geburt Christi als Teil des Erlösungsgeschehens auszuweisen:

> nu hab wir wol vernomen wie getane genade uns der almæhtige got mit siner chunft bracht hat. wie grozze genode, wie grozze ere uns zů der siner anderen zůchunft geteilet werde [...] daz sait uns sant Paulus [...].²⁰

Die beiden *adventus* konnten jedoch auch enger aufeinander bezogen werden, um ausgehend von der zweiten Ankunft, dem drohenden Jüngsten Gericht, ein bestimmtes Verhalten in der Adventszeit zu fordern:

> nu entphach wir in in diseme advente also, swane er zum andern advente cůme, daz ist zume jůngesten urteile, viel vreislich, daz wir in danne sicherliche und vroliche entphan.²¹

Angemahnt wird, wie andere Predigten verdeutlichen, Buße, Fasten und gute Werke.²² Wird das zweifache Kommen zu einem Dreierschema ausgebaut, so kommt die Ankunft des Herrn beim individuellen Tod oder die Ankunft im Herzen des Gläubigen dazu.²³ So beispielsweise in der Predigt Nr. 75 des Priesters Konrad, die leicht memorierbar aufführt:

---

19 Schönbach, *Predigten*. Bd. II [Oberaltaicher Sammlung, Nr. 4], S. 12,24–26. („Alle, die Christen sind, die glauben und feiern eifrig zwei Ankünfte unseres Herrn. Eine davon ist vorbei, dass die andere noch aussteht, das glauben wir gewissenhaft").
20 Schönbach, *Predigten*. Bd. II [Oberaltaicher Sammlung, Nr. 1], S. 6,21–25. („Nun haben wir wohl gehört, welcher Art Gnade uns der Herr mit seinem Kommen bereitet hat. Wie große Gnade, wie große Ehre uns durch sein zweites Kommen zuteilwird, das sagt uns der heilige Paulus [...]").
21 Schönbach, *Predigten*. Bd. I [Leipziger Predigt, Nr. 74], S. 147,39–148,1. („Nun empfangen wir ihn in diesem Advent so, dass, wann auch immer er zum zweiten Advent, das ist zum Jüngsten Gericht, Schrecken erregend kommt, wir ihn dann unbesorgt und fröhlich empfangen können").
22 Vgl. auch Schönbach, *Predigten*. Bd. I [Leipziger Predigt, Nr. 91], S. 181,19–182,3: „Dise andere zukunft unsers herrin die wirt harte engistlich, als ich uch nu habe gesagt, zu der sult ir uch bereiten mit den besten werken daz ir kůnnet und můgt die wile daz ir lebt, mit vastene, mit wachene, mit kirchgange, mit gebete, mit opphere, mit almusen [...]." („Diese zweite Ankunft unseres Herrn, die wird sehr furchteinflößend, so wie ich Euch gerade gesagt habe; auf die sollt ihr Euch vorbereiten mit den besten Werken, die ihr kennt und zu denen ihr in der Lage seid, während ihr lebt, mit Fasten, Wachen, mit Gottesdienst, mit Gebet, Opfer, Almosen [...]"). Vgl. die ähnliche Formulierung in Schönbach, *Predigten*. Bd. II [Oberaltaicher Sammlung, Nr. 5], S. 16,27 f.
23 Um ein dreifaches Kommen geht es auch in einem weiteren oberdeutschen Predigtfragment (BSB, Cgm 5250/6d): Strauch, Predigtliteratur, hier A1ᵇ, S. 365; vgl. zudem Morvay/Grube,

> der [heilige Christ; SR] hat dri zuchunfte. die ain zuchunfte diu ist, also wir nu begen, also er vil lieber herre an diese welt chom unde geborn wart [...]. die ander zuochunfte diu ist, swenne er an dem jungesten tage her weder chumt an sin gerihte [...]. sin drittiu zuochunfte diu ist, swenne ain ieslich menneske disen lip verwandeln sol.[24]

Das Dreierschema dient hier nicht nur der Gliederung der Heilsgeschichte, sondern es wird auch auf den Standpunkt der Rezipierenden bezogen und von diesem ausgehend perspektiviert: Der Rezipient wartet auf die Feier der ersten Ankunft des Herrn an Weihnachten bei der Kommunion.[25]

Die damit einhergehende Differenzierung zwischen der einstigen Menschwerdung bei der Geburt Christi einerseits und der Vergegenwärtigung derselben bei der Weihnachtsfeier andererseits wird in der Millstätter Predigt zum vierten Advent explizit gemacht. Dabei wird nun auch das grammatische Tempus stärker variiert und so erneut der Standpunkt der Rezipierenden einbezogen:

> [...] diu kumft unsers herren diu ist in drin ente: Er kom in dise werlt, do er geborn wart. Er wirt ouch geborn ze disen wihennahten den seligen ze troste unde ze heile alle, die sine geburt begent mit der minne des heiligen geistes. Er komt ouch an deme jungestem tage, wenne die heiligen engele daz horn blasent [...].[26]

Das erste Kommen wird von den Rezipierenden ausgehend als vergangen, das zweite als kommemorierend und das dritte als künftig dargestellt.

Bibliographie, T41, S. 32. Als dritte Ankunft wird der Tod bezeichnet, zum zweiten Kommen (das nur ansatzweise noch lesbar ist) gehört auch das Kommen zum einzelnen Gläubigen. Auch Ende des 13. Jahrhunderts ist das Schema weiterhin beliebt. So wird in den sogenannten *Schwarzwälder Predigten* (Predigt zum 3. Advent) zwischen einem vierfachen Kommen unterschieden: 1. Menschwerdung, 2. Ankunft im Herzen/Seele, 3. Hölle (Descensus), 4. Jüngstes Gericht. Es ist bezeichnend, dass der franziskanische Prediger die Ankunft in der Seele am ausführlichsten thematisiert. Schiewer, *Schwarzwälder Predigten*, S. 356–369.
24 Schönbach, *Predigten*. Bd. III [Priester Konrad, Nr. 75], S. 178,3–10. („Christus hat drei Ankünfte. Die erste Ankunft ist, als er, der liebe Herr, in diese Welt kam und geboren wurde, das feiern wir nun gerade. Die zweite Ankunft ist, wann immer auch er am Jüngsten Tag wieder hierher kommt zum Gericht; die dritte Ankunft ist, wann auch immer ein jeder Mensch sterben muss".) Vgl. dazu Mertens, *Priester Konrad*, S. 161 sowie Hörner, *Jüngstes Gericht*, S. 12, die die dritte Ankunft auf das Partikulargericht beziehen. Allerdings machen die Texte das nicht explizit.
25 Explizit von der „speis" ist in Predigt Nr. 5 der Oberaltaicher Sammlung die Rede; vgl. Schönbach, *Predigten*. Bd. II, S. 16,25.
26 Schiewer, *Millstätter Predigten*, S. 9; vgl. Barack, *Deutsche Predigten*, S. 472. („Die Ankunft unseres Herrn, die ist dreierlei: Er kam in diese Welt, als er geboren wurde. Er wird auch geboren in dieser Weihnacht allen Seligen zu Trost und Heil, die seine Geburt mit der Liebe des Heiligen Geistes feiern. Er kommt auch am Jüngsten Tag, wenn die heiligen Engel das Horn blasen").

Meist geht es in den Adventspredigten um die Strukturierung der Heilsgeschichte und damit um das mehrfache *Kommen* des Herrn.[27] Predigt Nr. 5 der Oberaltaicher Predigtsammlung, die nun genauer untersucht werden soll, konzentriert sich dagegen ganz auf das mehrfache *Erwarten* des Kommens des Herrn. Es geht nicht um die Differenzierung der verschiedenen Ankünfte, sondern um das Überblenden verschiedener Erwartungsstrukturen. Sie ist deshalb für die am Beginn skizzierten vigilanztheoretischen Fragen besonders aufschlussreich.

II Gewissheit und Ungewissheit des Erwarteten

Die Oberaltaicher Predigtsammlung (Cgm 74) versammelt nach dem Jahreskreis geordnete Sonn- und Festtagspredigten.[28] Die Handschrift vom Anfang des 14. Jahrhunderts gehört zu einer Reihe von textgenetisch miteinander verknüpften Predigten, die wohl um 1200 herum entstanden sind und aus denen im letzten Abschnitt bereits zitiert worden ist.[29] Für die überlieferten Textzeugen gibt es

---

27 Das Erwarten wird, wenn es überhaupt vorkommt, als vergangenes thematisiert: Beschrieben werden die Erwartungen der alttestamentlichen Propheten. Ihnen wurde die Ankunft des Herrn angekündigt und sie haben die damit einhergehende Erlösung sehnsuchtsvoll erwartet: So u. a. in: Schönbach, *Predigten*. Bd. I [Leipziger Predigt, Nr. 74], S. 146,17–21; in der Millstätter Predigt zum vierten Adventssonntag; Schiewer, *Millstätter Predigten*, S. 8; oder im Fragment A, transkribiert bei Strauch, Predigtliteratur, hier A1^a, S. 364.
28 München, Bayerische Staatsbibliothek, Cgm 74: https://www.digitale-sammlungen.de/de/view/bsb00092445?page=26,27 [letzter Zugriff: 06.10.2021]. Die Predigten und die roten Überschriften sind von einer Hand. Auf f. 1^r findet sich ein Besitzvermerk aus dem 15. Jahrhundert, zu dieser Zeit gehörte die Handschrift dem Kloster Oberaltaich. Für eine Entstehung der Handschrift in Oberaltaich gibt es jedoch keine Indizien. Vgl. Petzet, *Pergamenthandschriften*, S. 123 f.; Schneider, *Gotische Schriften*, S. 20 f.; Schönbach, *Predigten*. Bd. II [Oberaltaicher Sammlung], S. VI–VIII. Vgl. zur Predigtsammlung allg.: Mertens, Oberaltaicher Predigtsammlung, Sp. 1273 f.; Morvay/Grube, *Bibliographie*, T 23, S. 17 f.; Schiewer, *Predigt*, S. 43; Linsenmayer, *Geschichte*, S. 291–297; Cruel, *Predigt im Mittelalter*, S. 191.
29 Die Parallelüberlieferung der Oberaltaicher Predigtsammlung zum Überlieferungskomplex ‚Priester Konrad' listet Mertens, *Priester Konrad*, S. 35, auf; zur Rothschen Sammlung vgl. Morvay/Grube, *Bibliographie*, S. 18; auch ‚Hoffmanns Bruchstücke' bieten Parallelen zur Oberaltaicher Predigtsammlung (vgl. ebd.) sowie zur Rothschen Sammlung, die wiederum auch Predigten enthält, die dem Überlieferungskomplex ‚Priester Konrad' angehören. Einen Überblick über die komplizierten Überlieferungsverhältnisse, der auch die jüngsten Handschriftenfunde einbezieht, bietet: Schiewer, *Predigtfragmente*. Relevant für die hier besprochene Predigt Nr. 5 ist insbesondere das Bruchstück aus dem ersten Viertel des 13. Jahrhunderts, das Busch 2009 in der Bayerischen Staatsbibliothek gefunden hat. Es gehört zu Cgm 5256 (Rothsche Predigtsammlung) und bietet sehr genaue Parallelstellen zur Predigt Nr. 5 (Schönbach, *Predigten*. Bd. II [Oberaltaicher Sammlung, Nr. 5], S. 16,8–12; 16,23–27); Busch, *Bruchstück*, 1ra–1rb, S. 179.

keine direkten lateinischen Vorlagen, sondern sie sind das Ergebnis mehrschichtiger lateinischer und volkssprachlicher Kompilationsprozesse.[30] Aufgrund von Länge, Aufbau und Überschriften der Oberaltaicher Sammlung kann gefolgert werden, dass es sich um sogenannte Musterpredigten handelt, die der Predigtvorbereitung dienten.[31]

Die Sammlung beginnt dem Kirchenjahr entsprechend mit zwei Adventspredigten, die gemäß den roten Überschriften[32] dem ersten Adventssonntag gewidmet sind. Es folgt eine Predigt zum zweiten Adventssonntag (Nr. 3) sowie zwei weitere Adventspredigten, bei denen die Überschriften nur allgemeine Hinweise geben: „Item diu predig von unsers herren chunft" (Nr. 4) und „Item alius sermo de adventu" (Nr. 5, Abb. 1).[33] Diese Predigten konnten für verschiedene Sonntage im Advent verwendet werden.

Predigt Nr. 5 beginnt mit dem Verweis auf die Adventszeit und der uns bereits bekannten Römerbriefstelle (Röm 13,11):

> Die hilig tage die wir nu begen die sint uns dar zů gesetzet, daz wir mit der bichte, [...] mit wachen, mit stætigem gebet [...] unser hail suchen, wan uns sait der heilige apostolus: wir mugen hail und genade ze disen zeiten baz erwerwen und ez si uns næher dann ze an-

---

30 Schiewer, *Predigt*, S. 50 f.; Mertens, Oberaltaicher Predigtsammlung, Sp. 1273. Anders dagegen Heidenreich, *Übersetzungstechnik*; auch Schönbach, *Predigten*. Bd. II [Oberaltaicher Sammlung], gibt im Kommentar eine Reihe von möglichen Quellen an, die aber nicht als direkte Vorlage in Frage kommen, sondern stoffverwandtes Material bieten. Vgl. zu den entsprechenden methodischen Problemen: Mertens, *Priester Konrad*, S. 2.
31 Fromm, Zum Stil, S. 406; Schiewer, *Predigt*, S. 33–36. Die Oberaltaicher Sammlung zeichnet sich zudem dadurch aus, dass sich in den Schlusspassagen häufig und z. T. unverhofft eine Absage an den Teufel findet. Anders als in anderen Sammlungen fehlen lateinische Zitate oder Wendungen; vgl. Schiewer, *Predigt*, S. 43.
32 Neben den roten Überschriften finden sich daneben und darüber schwarze Überschriften (vgl. Abb. 1). Es handelt sich um Anweisungen von einer zweiten Hand (aus dem 14. Jahrhundert), die das Thema der Predigt angeben und z. T. weitere Hinweise geben, wann die Predigt zu lesen bzw. vorzutragen ist. Die schwarze Überschrift zu der hier besprochenen Predigt Nr. 5 lautet: „Von den vier alter. ze prime. ze none. ze vesper. ze awent" („Von den vier Lebensaltern. [Zu lesen] zur Prim, Non, Vesper [und] zum Advent"). Mertens, Oberaltaicher Predigtsammlung, Sp. 1274, vermutet, dass sich hieran der „Wandel" der Predigtsammlung „zum erbaulichen Lesebuch" abzeichnet. Schneider, *Gotische Schriften*, S. 21, datiert die beiden Schriften (anders als die frühere Forschung) als zeitgleich; vgl. Schönbach, *Predigten*. Bd. II [Oberaltaicher Sammlung], S. VI; Petzet, *Pergamenthandschriften*, S. 123.
33 Schönbach, *Predigten*. Bd. II [Oberaltaicher Sammlung, Nr. 5], S. 12, 14. Vgl. dazu Schiewer, *Predigt*, S. 102, „de adventu in generali".

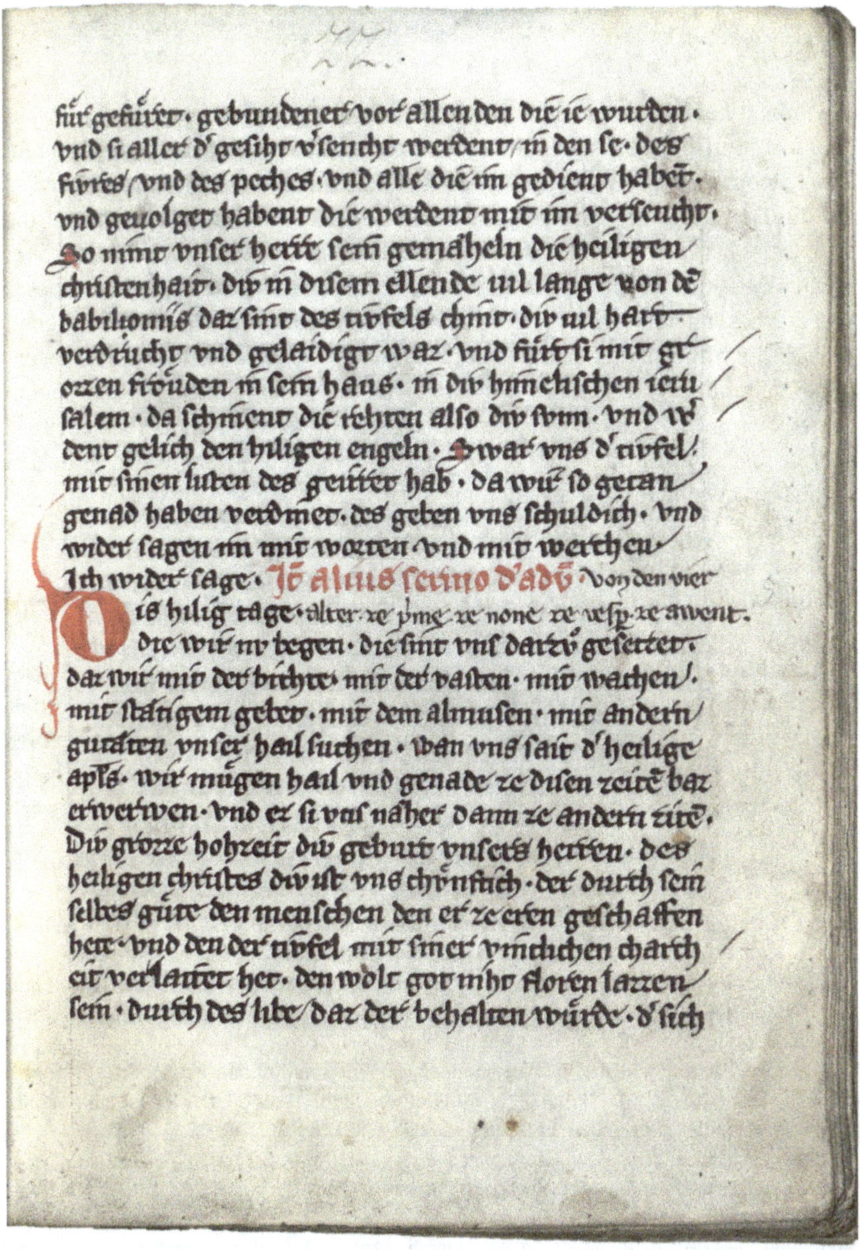

Abb. 1: *Oberaltaicher Predigtsammlung*, Anfang des 14. Jh., Bl. 12ʳ.

dern ziten. diu grozze hohzeit, diu geburt unsers herren, des heiligen Christes, die ist uns chůnftich, [...].³⁴

Die Predigt hebt damit an, dass die Zeit des Erwartens angebrochen sei, was mit dem „nu" und dem „ze disen zeiten" markiert wird. Dem „ze disen zeiten" kommt dabei eine mehrfache Verweiskraft zu. Es referiert zum einen als Römerbriefzitat auf die Erwartung der Parusie. Zum anderen bezieht es sich textintern auf die liturgische Zeit des Advents. Das deiktische Pronomen („nu") verweist darüber hinaus aber auch auf die Gegenwart der Rezipierenden. Diese Gegenwart ist eine Zeit der besonderen Heilschance, die es zu ergreifen gilt. Wie sie zu ergreifen ist, wird auch angedeutet, nämlich durch „wachen", Gebet, Beichte und Almosen. Dabei verbindet insbesondere das „wachen" die Römerbriefstelle („de somno surgere") mit den konkreten Adventspraktiken und kann so anders als „bichte" oder „gebet" sowohl literal (Wachen im Stundengebet beziehungsweise in den Vigilien vor Weihnachten) als auch metaphorisch (Wachsein als Gegensatz zum Sündenschlaf³⁵) verstanden werden. Im weiteren Verlauf der Predigt wird dieses Bildfeld weiter genutzt.

Die im Abschnitt I besprochenen Adventspredigten unterscheiden klar zwischen der „chunft", die schon stattgefunden hat, und der „ander[] zůchunft", die noch stattfinden wird.³⁶ In unserer Predigt dagegen fehlt genau diese Differenzierung. Sie wird erst im Schlussgebet sozusagen nachgereicht.³⁷ Stattdessen erhält das Erwartete im Verlauf der Predigt immer wieder andere Bedeutungen. Dies lässt sich bereits in der Eingangspassage beobachten. Nach einer kurzen heilsgeschichtlichen Erläuterung zum Kommen des Herrn bei der Geburt (der Mensch

---

34 Schönbach, *Predigten*. Bd. II [Oberaltaicher Sammlung, Nr. 5], S. 14,29–35. („Die heiligen Tage, die wir zurzeit feiern, sind uns dazu gegeben, dass wir mit der Beichte, mit Wachen, mit ständigem Gebet unser Heil suchen. Denn es sagt uns der heilige Apostel: Wir können Heil und Gnade zu diesen Zeiten besser erwerben und es ist uns näher als zu anderen Zeiten. Die hohe Feier, die Geburt unseres Herren, die steht uns bevor").
35 Auch Predigt Nr. 75 in der Predigtsammlung des Priesters Konrad; Schönbach, *Predigten*. Bd. III [Priester Konrad, Nr. 75], S. 177,31–178,1 deutet Röm 13,11 als Sündenschlaf, aus dem die Rezipierenden aufwachen sollen. In unserer Predigt siehe dazu Abschn. IV.
36 Schönbach, *Predigten*. Bd. II [*Oberaltaicher Sammlung*, Nr. 1], S. 6,22f.; vgl. auch ebd., Nr. 4, S. 12,24–26. Bezeichnenderweise übersieht Hörner, *Jüngstes Gericht*, S. 11f., die einen Überblick über Predigten zum zwei- und dreifachen Kommen gibt, Predigt Nr. 5 der Oberaltaicher Sammlung. Dies liegt sicherlich daran, dass hier die explizite Differenzierung zwischen den drei *adventus* fehlt bzw. erst ganz am Ende eine Differenzierung zwischen der Ankunft an Weihnachten und beim Jüngsten Gericht eingeführt wird; vgl. Schönbach, *Predigten*. Bd. II [*Oberaltaicher Sammlung*, Nr. 1], S. 16, 26–31.
37 Ebd., S. 16,27–31.

wurde durch den Teufel in die Irre geführt und durch die Menschwerdung erlöst) werden die Rezipierenden angesprochen:

> die nu salich sein die warn sich, daz sie in wirdichlich enpfahen, daz si die ewigen genade da mit verdinen. nu wir daz wissen daz er chumt und auch daz wizzen wie grozze genade wir verdinen, ob wir so rainichlichen *und* so wirdichlichen in enpfahen so wir schůln, und aver niht wizzen ze welher zeit er chôme ob er spæt chom oder ob er ze mitter nach chôm, ob er ze hanchrat chôme *oder* ob er fru chôme, nu schůln wir ze allen ziten wartent sein mit guten werchen, mir rehtem leben, swenn er chome, daz er uns berait vint.[38]

Diejenigen, die durch die Menschwerdung Gnade erfahren haben, sollen den Herrn erwarten und würdig empfangen. Doch wann genau der Herr kommt oder welches Kommen gemeint ist, bleibt hier unklar: Spricht der Text (immer noch) vom Weihnachtsfest oder – wie der Verweis auf die Notwendigkeit des Gnadenverdiensts andeutet – von der Erwartung des Jüngsten Gerichts oder geht es doch eher – wie die letzten zitierten Worte suggerieren – um den individuellen Tod? Die Bedeutung des Erwarteten wird im Verlauf der Predigt mehrfach verschoben: von der Erwartung des Geburtsfestes zur Erwartung des eigenen Todes und hin zur Erwartung des Jüngsten Gerichts. Doch werden hier nicht mehrere *adventus* unterschieden, sondern es ist von dem *einen* Kommen und „enpfahen" die Rede. Ging es in den im Abschnitt I zitierten Predigten um die Differenzierung verschiedener Ankünfte, so zielt unsere Predigt auf das Überblenden derselben. So bleibt auch offen, wann die anfangs aufgerufene Zeit der besonderen Heilschance endet: an Weihnachten oder erst beim eigenen Tod? Unter der Hand wird so die ‚Zeit der Wachsamkeit' ausgedehnt. Bezeichnenderweise wird aus dem eingangs zitierten Erwarten „ze disen zeiten" in der obigen Passage ein „ze allen ziten wartent sein".

Das Kommen des Erwarteten ist gewiss („nu wir daz wissen daz er chumt"), der Zeitpunkt aber ungewiss („und aver niht wizzen ze welher zeit er chôme").[39]

---

38 Schönbach, *Predigten*. Bd. II [Oberaltaicher Sammlung, Nr. 5], S. 15,2–9. („Diejenigen, die nun [nach der Menschwerdung; SR] selig sind, die sehen sich vor, dass sie ihn würdevoll empfangen, damit sie dadurch der ewigen Gnade würdig werden. Da wir nun wissen, dass er kommt, und wir wissen auch, wie große Gnade wir verdienen können, wenn wir ihn so rein und würdig empfangen wie wir sollen; und wissen aber nicht, zu welcher Zeit er kommt, ob er spät kommt oder ob er um Mitternacht kommt, ob er zum Hahnenschrei kommt oder ob er in der Früh kommt. Deshalb sollen wir zu allen Zeiten in Erwartung sein mit guten Werken, mit einem rechten Lebenswandel, dass, wann immer er kommt, er uns bereitfindet").
39 Diese Logik ist den Appellen zur Wachsamkeit bei den Synoptikern (Mt 24,42–25,13; Mk 13,33–37; Lk 12,35–48) entlehnt, in denen es allerdings immer nur um die Erwartung der Wiederkunft des Menschensohnes geht; vgl. dazu Abschn. III–IV. Vgl. zudem Schönbach, *Predigten*. Bd. II [Oberaltaicher Sammlung, Nr. 5], S. 16,19: „wir des tages nicht enwizzen noch der

Das ist der Grund, weshalb höchste Wachsamkeit und Bereitschaft gefordert wird und weshalb man nicht nur „ze disen zeiten", sondern „ze allen ziten" wachsam sein muss. Doch aus der Rezipientenperspektive um 1200 hat die Aussage ‚die Ankunft ist gewiss, der Zeitpunkt aber ungewiss' weder für das Weihnachtsfest noch für die Parusie vollständige Plausibilität. Denn das Fest der Geburt des Herrn ist keineswegs ungewiss, sondern ist im Kirchenjahr genau festgelegt, es kehrt zyklisch wieder. Umgekehrt ist die baldige Wiederkunft des Herrn nach 1200 Jahren ungewisser denn je – auch wenn natürlich jeder Christ davon ausgehen musste, dass er beim Jüngsten Gericht gerichtet werden wird. Sobald man aber die beiden Ereignisse überblendet, ist die Ankunft des Erwarteten gewiss, der Zeitpunkt aber ungewiss. Es ist diese Struktur, die höchste Bereitschaft oder Wachsamkeit plausibilisiert.

Am Ausgangspunkt des Beitrags stand die Frage, wie sich Wachsamkeit auf Dauer stellen lässt. Eine erste Antwort könnte lauten: durch Varianz. Allerdings wird in unserem Fall die Varianz nicht ausgestellt, sondern verdeckt, indem das Erwartete unterschiedlich besetzt wird. Bereitschaft und Wachsamkeit können so aus immer wieder anderen Gründen gefordert werden, ohne dass die wechselnde Bedeutung des Erwarteten auffällt.

In der hier untersuchten Predigt verändert sich jedoch nicht nur das, was erwartet wird, sondern es changieren auch die damit einhergehenden Zeitstrukturen. Das Geburtsfest ist mit dem Kirchenjahr verknüpft, einer zyklischen Struktur, die die Zeit der Menschen im 13. Jahrhundert wie kaum eine andere menschengemachte Taktung geprägt hat. Es gibt klare Höhepunkte (Ostern und Weihnachten) und es gibt die wiederum klar gegliederte Erwartung dieser Feste durch Fastenzeiten. Während der Liturgie kommt sodann eine weitere Zeitdimension hinzu: Es geht darin einerseits um die Erinnerung heilsgeschichtlicher Ereignisse, andererseits um ihre Vergegenwärtigung. Deshalb wird das jeweilige Fest als das ‚Einmalige im Wiederkehrenden' gefeiert.[40] Durch die Überblendung der beiden Erwartungsstrukturen wird diese spezifische Zeitlichkeit hergestellt: Der Prediger präsentiert die Adventszeit als einmalige Chance, Heil zu erlangen. Die Gegenwart der (eigentlich zyklisch wiederkehrenden) Adventszeit wird so emphatisch aufgeladen. Suggeriert wird, dass jetzt und genau jetzt die vielleicht letzte Möglichkeit gegeben ist, zu handeln.

Doch wie gelingt es der Predigt, mittels dieser kollektiven Zeitstrukturen den Einzelnen in die Pflicht zu nehmen?

---

weil wenne unser herre chôme". („Wir wissen weder den Tag noch die Stunde, wann unser Herr kommen wird").
40 Zur Zeitlichkeit der Liturgie vgl. Kirschner, *Warten*, S. 154; Maur, *Feiern*, S. 18–26.

III Die Erwartung des Todes und die Responsibilisierung des Einzelnen

In der oben zitierten Passage erweist sich die Aussage, dass wir nicht wissen, „ze welher zeit er chŏme", durch die Erweiterung

> ob er spæt chom oder ob er ze mitter nach chŏm, ob er ze hanchrat chŏme oder ob er fru chŏme[41]

als Markuszitat. Die Passage lautet:

> Vigilate ergo nescitis enim quando dominus domus veniat sero an media nocte an galli cantu an mane ne cum venerit repente inveniat vos dormientes quod autem vobis dico omnibus dico vigilate (Mk 13,35–37).[42]

Im Markusevangelium und den damit verwandten Stellen bei den Synoptikern geht es darum, die unberechenbare, unvermutete Wiederkunft des Herrn (Parusie) zu erwarten, das heißt in ständiger Bereitschaft zu leben.[43] In unserer Predigt wird das Kommen des Herrn allerdings als individueller Todeszeitpunkt gedeutet:[44]

> nu schuln wir doch merchen waz er da mit maine daz er chŭmt spæte oder ze mitter nacht. unser herre chŭmt spæt, so er den menschen in sinem alter von disem leib haizzet schaiden.

---

41 Schönbach, *Predigten*. Bd. II [Oberaltaicher Sammlung, Nr. 5], S. 15,7 f. („[...], ob er spät kommt oder ob er um Mitternacht kommt, ob er zum Hahnenschrei kommt oder ob er in der Früh kommt"). Vgl. aber auch die auf Mk 13,29 und 13,33 basierende Antiphon „Vigilate animo, in proximo est Dominus Deus noster" („Seid wach in eurem Herzen, ganz nah ist der Herr unser Gott"), die am ersten Advent gesungen wird: Text mit weiteren Verweisen auf mittelalterliche Quellen (und die Übers. von Bernhard Schmid): Gregorianisches Repertoire; https://gregorien.in fo/chant/id/8631/0/de [letzter Zugriff: 27.09.2021].
42 „So wacht nun; denn ihr wisst nicht, wann der Herr des Hauses kommt, ob am Abend oder zu Mitternacht oder um den Hahnenschrei oder am Morgen, damit er euch nicht schlafend finde, wenn er plötzlich kommt. Was ich aber euch sage, das sage ich allen: Wachet!" Die vier Zeitangaben entsprechen den römischen Nachtwachen (Vigilia) und werden in den aktuellen theologischen Kommentaren auf Eckpunkte des Passionsgeschehen zur gleichen Zeit bezogen: Eckey, *Markusevangelium*, S. 340; nach älterem hebräischen System wird die Nacht allerdings in drei Nachtwachen eingeteilt; so Lk 12,38; Bovon, *Lukas*, S. 329.
43 Mt 24,42–25,13; Mk 13,32–37; Lk 12,35–48. Zur Textgenese und den Unterschieden zwischen den Synoptikern vgl. u.a. Bovon, *Lukas*, S. 322–325, 331; Wolter, *Lukasevangelium*, S. 460 f.; Fiedler, *Das Matthäusevangelium*, S. 367–371.
44 Vgl. die Belege für eine analoge Argumentation bei Schönbach, *Predigten*. Bd. II, S. 195 f.

> ze mitter naht chumt unser herre, so er den menschen in siner jugent, so er sin aller minnest wænet, von disem libe haizzet varn. ze hanchræt chůmt auch unser herr [...].[45]

Spätestens an dieser Stelle ist das erwartete Kommen also auf den individuellen Todeszeitpunkt zu beziehen.[46] Wer den Herrn mit „rehtem glauben, mit rechten werchen" erwarte, erhalte die „ewige[] genade". Wen der Herr dagegen unvorbereitet („ungewarnet") vorfindet, weil er der Welt verfallen ist, hat sein Seelenheil verspielt (ist „unsælich").[47]

Doch welcher Mehrwert wird dadurch generiert, dass die Erwartung der Rezipierenden nicht nur auf das Fest der Geburt und das Jüngste Gericht, sondern auch noch auf den individuellen Tod ausgerichtet wird? Selbstredend spielt auch hier das Verhältnis von Gewissheit und Ungewissheit eine wichtige Rolle: Gewiss ist, dass der individuelle Tod kommt, ungewiss ist sein Zeitpunkt. Das entsprechende Sprichwort ist in lateinischen und volkssprachlichen Texten der Zeit gut belegt.[48] Die Struktur ist analog wie bei der Überblendung von Advent und Parusie, doch die Qualität der zeitlichen Nähe ist eine andere. Denn das Näherrücken des individuellen Todes hat eine ganz andere Plausibilität als das Näherrücken der Wiederkunft des Herrn, die sich trotz ihrer wirkmächtigen Beschwörung offensichtlich verzögert. Durch den Bezug auf den individuellen Tod wird die Verschränkung von Ungewissheit und Gewissheit in die Erfahrung des Einzelnen verlagert. Wird zuerst nur beim Tod in der Jugend gesagt, er trete ein, wenn es der Einzelne am allerwenigsten erwarte („so er sin aller minnest wænet"), so wird dies gleich darauf erweitert:

> diu hilig schrift spricht, unser herre chom des nahtes; daz ist dar umb gesprochen, daz nimant waiz wenne er chůmet.[49]

---

45 Schönbach, *Predigten*. Bd. II [Oberaltaicher Sammlung, Nr. 5], S. 15,10–15. („Nun sollen wir verstehen, was er damit meint, dass er sagt, er komme abends oder um Mitternacht. Unser Herr kommt abends, wenn er den Menschen im Alter vom Leben trennt; um Mitternacht kommt unser Herr, wenn er dem Menschen in seiner Jugend, wenn er es am allerwenigsten erwartet, befiehlt, sich vom Körper zu trennen; zur Zeit des Hahnenschreis kommt unser Herr [...]").
46 Vgl. u.a. Schönbach, *Predigten*. Bd. III [Priester Konrad, Nr. 75], S. 178, 9, wo der Tod als „drittiu zuochunft[]" des Herrn bezeichnet wird.
47 Schönbach, *Predigten*. Bd. II [Oberaltaicher Sammlung, Nr. 5], S. 15,18–21.
48 „Nihil enim morte certius, et nihil hora mortis incertius" oder verkürzt: „mors certa, hora incerta" vgl. Singer, *Thesaurus*, S. 346–353, hier S. 347; Schmidt, *Proverbia*, S. 458, Nr. 345f3.
49 Schönbach, *Predigten*. Bd. II [Oberaltaicher Sammlung, Nr. 5], S. 15,23f. („Die Heilige Schrift sagt, unser Herr kommt in der Nacht. Das wird deshalb so gesagt, weil niemand weiß, wann er kommt.") Es bleibt hier offen, ob der Prediger sich (noch) auf Mk 13,35, evtl. Lk 12,38 oder auf die Stellen bezieht, in denen der Herr wie ein Dieb in der Nacht kommt; vgl. 1 Thess 5,2; (vgl. auch Apk 3,3 und 16,15). Die zuletzt genannten Aussagen sind textgenetisch wiederum mit dem

Der Tod trifft jeden zu einem anderen Zeitpunkt und deshalb kann die Wachsamkeitspflicht nicht auf andere übertragen werden. Der Einzelne wird in Predigt Nr. 5 also dadurch responsibilisiert, dass der Zeitpunkt des Eintreffens ein individueller ist und deshalb auch die individuelle Wachsamkeit belohnt beziehungsweise die individuelle Unaufmerksamkeit oder Nachlässigkeit bestraft wird.[50]

Zum zyklischen Kirchenjahr und der eschatologischen Naherwartung tritt so – auf der Ebene der Zeitstrukturen – die progressiv-finale Struktur des Ablaufs des einzelnen Lebens. Mit jedem Tag rückt das Ende näher. Diese progressiv-finale Struktur plausibilisiert und individualisiert die Dringlichkeit, sich für das Kommen des Herrn bereit zu halten beziehungsweise wachsam zu sein.

IV Tag und Nacht, Wachen und Schlafen

Die Rede vom Kommen des Herrn in der Nacht wird durch die Paraphrase des Gleichnisses vom Dieb in der Nacht (Mt 24,43; Lk 12,39[51]) weiter expliziert:

> mŏhte der wirt wizzen wenne der diep chŏme, er wacht und liezze sein haus nicht durichgraben und lizze in sein gŭt niht hin tragen.[52]

Diese gleichnishafte Rede handelt im Kern erneut von einer ungewissen Ankunft in der Nacht. Die Wachsamkeit ist nun aber nicht mehr auf das Empfangen ge-

---

Gleichnis vom Dieb in der Nacht verwandt (Mt 24,43/Lk 12,39), das im weiteren Verlauf der Predigt paraphrasiert und gedeutet wird. Vgl. dazu Wolter, *Lukasevangelium*, S. 462 f.; Ernst, *Evangelium*, S. 304.
50 Vgl. dazu Abschnitt V.
51 „Hoc autem scitote quia si sciret pater familias qua hora fur veniret vigilaret utique et non sineret perfodiri domum suam". („Das aber sollt ihr wissen: Wenn der Hausherr wüsste, zu welcher Stunde der Dieb kommt, so ließe er nicht in sein Haus einbrechen.") Hervorzuheben ist die auffällige Konstruktion eines „Bildwort[s] im Irrealis der Vergangenheit" (Wolter, *Lukasevangelium*, S. 463), die im Mittelhochdeutschen beibehalten wird. Mt 24,43 bzw. Lk 12,39 sind textgenetisch mit Mk 13,32–37 verwandt, erneut geht es um die Erwartung der Parusie. Allerdings ist in den aktuellen theologischen Kommentaren umstritten, ob die Parusie schon bald erwartet wird (Naherwartung) oder nicht; Wolter, *Lukasevangelium*, S. 462 f.; Bovon, *Lukas*, S. 318–332; Fiedler, *Das Matthäusevangelium*, S. 367–371. Vgl. zudem die älteste Überlieferung des Topos bei Paulus (1 Thess 5,2), vgl. dazu Anm. 49.
52 Schönbach, *Predigten*. Bd. II [Oberaltaicher Sammlung, Nr. 5], S. 15,24–26. („Wenn der Hausherr wissen könnte, wann der Dieb käme, würde er wachen und ließe ihn nicht sein Haus durchgraben und sein Gut wegtragen").

richtet, sondern darauf, eine Gefahr abzuwehren, deren Zeitpunkt unberechenbar ist. Der Irrealis betont, dass es keine Kenntnis des Zeitpunkts geben kann.[53]

Der Prediger legt sodann im üblichen allegorischen Modus die gesamte Situation aus: Das Haus ist der Körper, der Dieb ist der Tod, der Hausherr ist der „mut" – also die *intentio*, der Schlaf steht dafür, dass man den Dieb/Tod nicht erwartet. Der Diebstahl bedeutet, dass das Gut des Hausherrn, also die Seele, in die Verdammnis entführt wird, es sei denn, der Hausherr war mithilfe guter Werke vorbereitet.[54]

Auf der Ebene der Zeitstrukturen wird hier der Wechsel von Tag und Nacht, die Alternation von Wachen und Schlafen aufgerufen. Dabei wird die Nacht doppelt konnotiert: Sie steht zum einen für die Zeit, in der es am allerschwierigsten ist, wachsam zu sein. Deshalb lauert in diesem Zeitabschnitt die größte Gefahr (er birgt aber auch die größtmögliche Belohnung; siehe Abschnitt V).[55]

Zum anderen steht die Nacht aber auch für die Heilsungewissheit:

> wan also diu naht vinster ist, also ist der mensche in der vinster der ungewizzen.[56]

Trotz allen Tätigkeiten des metaphorischen Wachens (Beten, Beichten, gute Werke) kann man im irdischen Leben keine Sicherheit über sein Seelenheil erlangen. Die Nacht steht hier für die mit der irdischen Zeit einhergehende Ungewissheit, der Tag für die Gewissheit, die erst mit dem Ende der Zeit und dem endgültigen göttlichen Urteil erlangt wird.

Die Predigt setzt somit nicht bloß auf Rhythmisierung der Wachsamkeit und Variation der Warnungen und Gefahrenmeldungen, sondern verschränkt vier

---

53 Wolter, *Lukasevangelium*, S. 463. Theologische Kommentare verweisen zudem auf die Differenzierung im jüdischen Recht zwischen Diebstahl im Verborgenen und Raub in der Helligkeit, wobei letzterer milder bestraft wird, weil er von Fremden begangen wird; so Bovon, *Lukas*, S. 330 f.
54 Der Dieb ist in der hier vorgenommenen Auslegung doppelt konnotiert, abhängig davon, ob der Mensch vorbereitet ist: Wenn der Dieb/Tod den Menschen mit guten Werken bereit findet, dann steht das Durchgraben dafür, dass er den Körper schlägt bzw. körperliche oder weltliche Begierden besiegt. Wenn das nicht der Fall ist, dann stiehlt der Dieb das Gut, d. h. die Seele. Vgl. Schönbach, *Predigten*. Bd. II [Oberaltaicher Sammlung, Nr. 5], S. 15,27–30.
55 Vgl. die *Leysersche Predigt* „Dom. I", die Röm 13,11 auf den Sündenschlaf bezieht und diesen wiederum als Mangel an Erkenntnis über sich und Gott deutet; Leyser, *Deutsche Predigten*, S. 1,13 f.
56 Schönbach, *Predigten* Bd. II, [Oberaltaicher Sammlung, Nr. 5], S. 15,34 f. („Denn so dunkel die Nacht ist, so ist der Mensch in der Finsternis der Ungewissheit"). Im Anschluss an diesen Satz werden erneut die hier komplexer dargestellten Zeiteinteilungen der Nacht auf die Lebensalter bezogen (ebd., 15,35–16,2). Erneut wird gefordert, man müsse in jedem Lebensalter „berait" sein und dem Herrn „die tŭr" schnell und gern öffnen (ebd., 16,2 f.).

ganz unterschiedlich konzipierte Zeitstrukturen: erstens das zyklische Kirchenjahr; zweitens die eschatologische Naherwartung der Wiederkunft des Herrn; drittens den individuellen Ablauf des einzelnen Lebens und viertens die Alternation von Tag und Nacht. Diese vier Zeitstrukturen werden über das Motiv der Erwartung des Herrn komplementär aufeinander bezogen. Herausgestellt wird dadurch die individuelle Ungewissheit des Zeitpunkts des Erwarteten, dessen Ankunft jedoch gewiss ist. Mittels der mehrfachen Umbesetzung des Erwarteten können die Dringlichkeit der wachsamen Bereitschaft und der Zeitdruck, der auf dem Einzelnen lastet, mehrfach plausibilisiert werden. Über die eschatologische Aufladung der Tag-Nacht-Allegorese werden zudem Gefahr und Chance, die mit der Wachsamkeit verknüpft sind, ins Absolute, Endgültige gesteigert. Die irdische Heilsungewissheit löst sich erst auf, wenn der Tag beziehungsweise das Ende der Zeit da ist und das endgültige Urteil sich vollzogen hat.

V Die einmalige Chance und die Habitualisierung der Wachsamkeit

Die Auslegung des Gleichnisses vom Dieb in der Nacht geht in der Predigt umstandslos in die Paraphrase eines weiteren Lukas-Vergleiches über (Lk 12,36[57]):

> so ist er berait, so tut er die tûr vil gern und vil snelichlichen auf, so schaidet er vil frôlich von disem leib, wan da er des ewigen leibs gewis ist. also wir es nu begen sûln, der himelische chûnich der chom in dise Babilonie, in dise werlt und gemæhelt im selben die hiligen christenheit. die enphalh er den sinen [...] und fûr er ze himel [...]. er gebot auch sinen lûten daz sie wachten ze swelher zit er chôm, daz sie berait dann sollten sein mit ir lieht in zenphahen.[58]

---

[57] „et vos similes hominibus expectantibus dominum suum quando revertatur a nuptiis ut cum venerit et pulsaverit confestim aperiant ei". „[U]nd seid gleich den Menschen, die auf ihren Herrn warten, wann er aufbrechen wird von der Hochzeit, damit, wenn er kommt und anklopft, sie ihm sogleich auftun." Vgl. Mk 13,34 mit einigen zentralen Unterschieden zu Lk 12,36; siehe dazu Bovon, *Lukas*, S. 326–328.
[58] Schönbach, *Predigten*. Bd. II [Oberaltaicher Sammlung, Nr. 5], S. 16,2–11. („Ist er vorbereitet, so öffnet er die Tür sehr gern und sehr schnell und trennt sich fröhlich von seinem Körper, denn er ist sich des ewigen Lebens gewiss. Auf diese Weise sollen wir nun feiern, der himmlische König kommt in dieses Babylon, in diese Welt und vermählt sich mit der heiligen Christenheit. Die hat er den Seinen empfohlen und er fuhr zum Himmel. Er hat seine Leute beauftragt zu wachen, wann auch immer er komme, dass sie dann bereit sein sollen, ihn mit ihren Lichtern zu empfangen").

Hier lässt sich erneut beobachten, wie die Bedeutung des Erwarteten sukzessive verschoben wird. Am Beginn des Zitats wird (noch) auf den Tod verwiesen, der den Einzelnen vorbereitet oder unvorbereitet trifft. Im zweiten Teil, dort wo vom himmlischen König die Rede ist, geht es dagegen um den Herrn, der wiederkehren wird, um die gesamte Christenheit zu sich zu nehmen, also um die Parusie. Dazwischen wird das Kommen des Herrn auf das anstehende Weihnachtsfest bezogen, wenn „nu" gefeiert werden soll, dass der himmlische König in die irdische Welt kommt („also wir es nu begen sûln"). Anders als beim Dieb in der Nacht wird hier nicht mehr jedes Bildelement einzeln ausgelegt, sondern Allegorese und Allegorisiertes sind ineinander verschränkt. Das Tertium comparationis all dieser Bedeutungsschichten des Kommenden bleibt jedoch gleich: höchste Wachsamkeit und Bereitschaft werden gefordert, damit der Erwartete rechtzeitig empfangen werden kann.

Diese Wachsamkeit wird im dritten und letzten Teil der Predigt verstärkt als Drohung oder Verheißung, Gefahr oder Chance dargestellt. Dabei wird auch das Sprachbild der Tür, die rechtzeitig geöffnet werden soll (Lk 12,36), ausgebaut:

> Owe wie sælich si sint, die danne bereit sint, ir herren ze enpfahen! die gent mit in die tûr des himelriches und habent immer mer frôude unde genade [...] diu nimmer zerget. die vil armen die danne in den sûnden funden werdent, den ist diu tûr der genaden versperret, die mûzzen die ewigen ungenad liden immer an ende.[59]

Nicht das rechtzeitige Öffnen der Tür steht im Vordergrund, sondern dass diese Tür nach der Ankunft ‚für immer' verschlossen bleibt. Das Kommen des Herrn wird so – wahrscheinlich im Rekurs auf das Jungfrauengleichnis (Mt 25,10)[60] – zur einmaligen Chance stilisiert. Es gibt den einen kurzen Moment, in dem sich alles entscheidet. Wer dann wach und bereit ist, ist auf ewig gerettet, alle anderen sind in „ewige[r] ungenad". Gedroht wird also damit, die einmalige Chance zu verpassen. Die Dringlichkeit, wach und bereit zu sein, wird so zu einer absoluten.

---

59 Schönbach, *Predigten*. Bd. II [Oberaltaicher Sammlung, Nr. 5], S. 16,14–18. („Oh, wie selig sind die, die dann bereit sind, ihren Herren zu empfangen. Sie gehen mit ihm durch die Tür des Himmelreiches und haben Freude und Gnade, die niemals vergeht. Die Ärmsten, die dann in Sünden gefunden werden, denen ist die Tür der Gnade versperrt; sie müssen die ewige Ungnade immerwährend erleiden ohne Ende").
60 Die Tür (*ianua*) ist im Umfeld der hier genannten Stellen ein beliebtes Motiv (Mt 24,33; Mk 13,34–36); für das NT insgesamt vgl. Joh 10,9 („ego sum ostium"). Die nach einer verpassten Chance für immer verschlossene Tür findet sich jedoch nur im Jungfrauengleichnis (Mt 25,10). Dieses folgt bei Matthäus im Anschluss an den Dieb in der Nacht (Mt 24, 43). Ob Mt 25,1–13 auch entstehungsgeschichtlich mit Lk 12,35 f. verwandt ist, ist umstritten: Bovon, *Lukas*, S. 322; Fiedler, *Das Matthäusevangelium*, S. 371 f.; Wolter, *Lukasevangelium*, S. 460.

In diesem Kontext begegnet nun auch wieder das Zeitadverb „nu",[61] das auf die Gegenwart der Rezipierenden verweist und markiert, dass die einmalige Chance ‚jetzt' zu ergreifen sei:

> nu warn uns dar zů, wandeln an uns selben die bôsen site, die bôsen gewohnhait, ilen, daz wir ze hulden chomen. Dar zů sint uns dise tag gesetzet, daz wir mit aller diemůt, mit aller gehorsam, mit reuichlicher buzze uns selben also gehandeln, daz wir ze disen hochzeiten wirdich sein *ze* enpfahen diu speis da unser sel mit genesen sol.[62]

Das, was im Mittelteil der Predigt bloß unspezifisch als „wachen", „warten" und „bereit"-Sein beschrieben worden ist, wird nun genauer konkretisiert: als Veränderung schlechter Gewohnheiten einerseits, als Vollzug erwünschter Praktiken wie Gehorsam, Gebet, Buße und Reue andererseits.[63] Dabei verschiebt sich unter der Hand die Bedeutung des Kommens des Herrn erneut, das nun auch ganz konkret für den Empfang der Kommunion in der Weihnachtsmesse steht.

Doch neben dieser schon bekannten Überblendung verschiedener Bedeutungen des Erwarteten wird hier noch eine ganz andere Verschiebung wahrnehmbar: Ist „wachen" als einmalige Handlung, als Ergreifen einer einmaligen Chance zu verstehen (wie bei der Tür, die nach einer einmaligen Öffnung auf immer verschlossen bleibt)? Oder meint „wachen" eine kontinuierliche Praxis: also einen Habitus, der sich in wiederkehrenden Gewohnheiten wie Gebet, Kommunion, Reue und Beichte äußert? Es sei daran erinnert, dass diese Differenz auch die Wachsamkeitsforderungen von Biden und Delp trennte: Ging es bei Delp darum, die Zeichen der herannahenden Ankunft wachsam zu erkennen und ihnen zu vertrauen, hatte Biden daraus einen Handlungsimpuls abgeleitet: „wake up and get moving". Auch bei der mittelalterlichen Sündenschlafmetaphorik vermischen sich diese beiden Wachsamkeitsforderungen häufig: Es wird zum einen gefordert, aufzuwachen und sein Leben zu ändern (*conversio*), zum anderen

---

61 Vgl. auch Schönbach, *Predigten*. Bd. II [Oberaltaicher Sammlung, Nr. 5], S. 16,5 (oben zitiert) und 16,18 f.: „Nu wir des tages nicht enwizzen".
62 Schönbach, *Predigten*. Bd. II [Oberaltaicher Sammlung, Nr. 5], S. 16,21–26 („Nun ermahne uns dahingehend, dass wir an uns die schlechten Sitten, die sündigen Gewohnheiten verändern; dass wir eilen, Hulde zu erlangen. Dazu sind uns diese Tage gegeben, damit wir mit vollständiger Demut, mit allem nur möglichen Gehorsam, mit reuiger Buße uns so verhalten, dass wir bei diesem Fest würdig sind, die Speise zu empfangen, mit der unsere Seele geheilt wird").
63 Diese Handlungen sind immer zugleich innerliche und äußerliche. Einerseits soll die Ankunft im *muot* erwartet werden, das Gebet oder die Reue im Innern vollzogen werden. Andererseits ist dabei immer auch von äußeren und institutionellen Akten die Rede, von der Beichte, dem Fasten oder dem Gehorsam.

wird das permanente Wachsein, im Sinne der Sünden-, Selbst- und Gotteserkenntnis, verlangt.[64]

Unsere Predigt verknüpft diese beiden Konzeptionen des „wachens" gezielt: Sie stilisiert zum einen die Gegenwart, das „nu", zur einmaligen Heilschance. Sie suggeriert, es gelte jetzt, ein für alle Male, aufzuwachen, d. h. sich zu entscheiden und zu handeln. Zum anderen wird dieses allegorische Aufwachen aber auch auf habituelle Handlungen bezogen: auf Gebete, Beichte, Buße „ze allen ziten". Die Suggestion der einmaligen Chance wird dazu genutzt, die Habitus und Frömmigkeitspraktiken der Rezipierenden langfristig zu verändern. Dazu wird das Erwarten der einmaligen Gelegenheit durch verschiedene Arten des *adventus* überschrieben, so dass der Zeitpunkt des Eintreffens unklar bleibt. Die Veränderung der Gewohnheiten ist dann die einzige Möglichkeit, den verschiedenen erwarteten Ereignissen und damit einhergehenden Wachsamkeitsanforderungen gerecht zu werden. Da das Erwartete sich verzögern oder verschieben kann, ist eine habituelle Bereitschaft und Wachsamkeit nötig. Auf diese Weise gelingt es der Predigt, sowohl einzelne Handlungsimpulse als auch kontinuierliche Veränderungen zu bewirken.

VI Fazit

Der Beitrag nahm seinen Ausgangspunkt bei der Frage, wie sich Wachsamkeit über kurze Zeitspannen hinaus prolongieren lässt. Die christliche Wachsamkeitsmodellierung, die hier genauer untersucht worden ist, geht über den Lösungsansatz, Gefahren zu variieren und Appelle zu rhythmisieren weit hinaus. Die Predigt setzt darauf, verschiedene Zeit- und Erwartungsstrukturen zu überblenden: Die Adventszeit im Kirchenjahr wird mit der teleologischen Naherwartung des Endes und der Wechsel von Tag und Nacht mit dem Ablauf des individuellen Lebens verschränkt. Anhand solcher Verschränkungen wird beispielsweise die zyklisch wiederkehrende Adventszeit zur emphatisch aufgeladenen Gegenwart – doch ebenso kann die dadurch evozierte Zeit der einmaligen Heilsmöglichkeit über Weihnachten hinaus verlängert und auf andere Situationen übertragen werden. Invisibilisiert wird dabei, dass das, was erwartet wird, überdeterminiert ist und sich dessen Referenz immer wieder ändert. Obwohl die Predigt dabei den einen Moment, das „nu", beschwört, zielt sie doch immer auch auf veränderte Habitus und Frömmigkeitspraktiken, die gerade über die Zeit des „nu" hinaus wirksam sind.

---

64 Reichlin, Geistliches Wecklied, S. 108–112.

Biden hat in seiner Rede am 22. Dezember 2020 dieses Modell christlicher Zeit- und Wachsamkeitsmodellierung aufgerufen, wenn auch vermittelt und transformiert. Auch bei ihm war das, was erwartet werden soll, mehrfach besetzt: Es ging um das Weihnachtsfest, die Wirkungen der Impfung und den Wechsel im Präsidentenamt. Wann das von Biden angekündigte Erwartete eintritt, bleibt so notwendig unklar. Umso stärker zielte Biden darauf, mit Hilfe der geschürten Erwartungen die Gegenwart emphatisch aufzuladen: als Zeit, in der das nationale Heil näher ist als zu anderen Zeiten, in der sich einmalige Chancen bieten und in der deshalb dringend gehandelt werden muss. Auch Biden verschränkte hierzu zyklische (sowohl liturgische als auch politische) und progressiv-lineare Zeitmodelle (Pandemiebewältigung). Trotz der Rhetorik des „wake up and get moving" forderte auch er keine einmaligen Aktionen, sondern langandauernde, sich habitualisierende Verhaltensänderungen: Masken tragen und Abstand wahren.

Literaturverzeichnis

Quellen

Altdeutsche Predigten. Bd. I [Leipziger Predigten]. Hrsg. von Anton E. Schönbach. Graz 1886.

Altdeutsche Predigten. Bd. II [Oberaltaicher Sammlung]. Hrsg. von Anton E. Schönbach. Graz 1888.

Altdeutsche Predigten. Bd. III [Priester Konrad]. Hrsg. von Anton E. Schönbach. Graz 1891.

Bernhard von Clairvaux: *Sämtliche Werke*. Lateinisch/Deutsch. Bd. VII. Hrsg. von Gerhard B. Winkler. Innsbruck 1996.

Biblia Sacra iuxta Vulgatam versionem. Hrsg. von Roger Gryson und Robert Weber. Stuttgart ^{5}2007.

Delp, Alfred: *Aufzeichnungen aus dem Gefängnis*. Hrsg. von Roman Bleistein. Freiburg/Basel/Wien 2019.

Deutsche Predigten des XIII. und XIV. Jh. Mit Glossar. Hrsg. von Hermann Leyser. Quedlinburg/Leipzig 1838.

Deutsche Predigten des XII. Jahrhunderts. Hrsg. von K. A. Barack. In: *Germania. Vierteljahresschrift für deutsche Altertumskunde* 10 (1865), S. 464–473.

Die Millstätter Predigten. Hrsg. von Regina D. Schiewer. Berlin u. a. 2015.

[Haymo von Halberstadt]: *Haymonis Halberstatensis episcopi opera omnia*. [...]. Bd. 3. Hrsg. von Jacques-Paul Migne. Paris ^{2}1880 (PL 118).

Heinrich von Neustadt: *„Apollonius von Tyrland" nach der Gothaer Handschrift, „Gottes Zukunft" und „Visio Philiberti" nach der Heidelberger Handschrift*. Hrsg. von Samuel Singer. Berlin 1906.

[Hildebert von Lavardin]: *Venerabilis Hildeberti primo Cenomanensis episcopi [...] opera omnia*. Hrsg. von J.J. Bourassé und Jacques-Paul Migne. Paris ^{2}1893 (PL 171).

[Ivo von Chartres]: *Sancti Ivonis Carnotensis episcopi opera omnia*. [...]. Bd. 2. Hrsg. von Jacques-Paul Migne. Paris ^{2}1889 (PL 162).

Jacobus de Voragine: *Legenda aurea*. 2 Bde. Hrsg. von Bruno W. Häuptli. Freiburg u. a. 2014.

Forschungsliteratur

Baumstark, Anton: Advent. In: *Reallexikon für Antike und Christentum*. Bd. 1. Stuttgart 1950, Sp. 112–125.
Bovon, François: *Das Evangelium nach Lukas*. 2. Teilband: *Lk 9,51–14,35*. Zürich u. a. 1996.
Busch, Nathanael: Ein Neues Bruchstück der ‚Rothschen Predigtsammlung'. In: *Zeitschrift für deutsches Altertum und deutsche Literatur* 137 (2008), S. 177–182.
Butz, Magdalena: *Heinrich von Neustadt und die volkssprachliche Theologie. Erzählen vom Heil in Gottes Zukunft*. Diss. masch. München 2020.
Caspari, Walter: Art. Advent. In: Hauck, Albert u. a. (Hrsg.): *Realencyklopädie für protestantische Theologie und Kirche*. Leipzig ³1896, S. 188–191.
Croce, Walter: Die Adventsliturgie im Licht ihrer geschichtlichen Entwicklung. In: *Zeitschrift für katholische Theologie* 76/3 (1954), S. 257–296.
Cruel, Rudolf: *Geschichte der deutschen Predigt im Mittelalter*. Nachdruck der Ausg. v. 1879. Darmstadt 1966.
Eckey, Wilfried: *Das Markusevangelium. Orientierung am Weg Jesu. Ein Kommentar*. Neukirchen-Vluyn 1998.
Eis, Gerhard: Zu dem Adventgedicht *Von der wahren Zukunft Gottes*. In: Ders. (Hrsg.): *Altgermanistische Beiträge zur geistlichen Gebrauchsliteratur. Aufsätze, Fragmentfunde, Miszellen*. Bern u. a. 1974, S. 279–289.
Ernst, Josef: *Das Evangelium nach Lukas*. Regensburg ⁶1993.
Feldmann, Christian: *Alfred Delp. Leben gegen den Strom*. Freiburg u. a. 2005.
Fiedler, Peter: *Das Matthäusevangelium*. Stuttgart 2006.
Fromm, Hans: Zum Stil der frühmhd. Predigt. In: *Neuphilologische Mitteilungen* 60/4 (1959), S. 405–417.
Heidenreich, Alfred: *Die Übersetzungstechnik der Oberaltaicher Predigtsammlung mit besonderer Berücksichtigung der Bibelzitate*. Erlangen 1923.
Hörner, Petra: *Gedenke der Gnade und Gerechtigkeit. Tradition und Wandel des Jüngsten Gerichts in der literarischen Darstellung des Mittelalters*. Berlin 2005.
Huber, Christoph: *Die Aufnahme und Verarbeitung des Alanus ab Insulis in mittelhochdeutschen Dichtungen: Untersuchungen zu Thomasin Zerklaere, Gottfried von Strassburg, Frauenlob, Heinrich von Neustadt, Heinrich von St. Gallen, Heinrich von Mügeln und Johannes von Tepl*. Zürich/München 1988.
Kirschner, Martin: Messianische Zeiterfahrung? Eine Annäherung an das Warten aus theologischer Sicht. In: Kazmaier, Daniel/Kerscher, Julia/Wotschal, Xenia (Hrsg.): *Warten als Kulturmuster*. Würzburg 2016, S. 147–161.
Klauser, Theodor: *Das römische Capitulare Evangeliorum. Texte und Untersuchungen zu seiner ältesten Geschichte. 1: Typen*. Münster in Westf. 1935.
Linsenmayer, Anton: *Geschichte der Predigt in Deutschland. Von Karl dem Großen bis zum Ausgange des vierzehnten Jahrhunderts*. München 1886.
Marti, Marta: „*Gottes Zukunft*" *von Heinrich von Neustadt. Quellenforschungen*. Tübingen 1911.
Maur, Hansjörg auf der: *Feiern im Rhythmus der Zeit I. Herrenfeste in Woche und Jahr*. Regensburg 1983.

Mertens, Volker: *Das Predigtbuch des Priesters Konrad. Überlieferung, Gestalt, Gehalt und Texte.* München 1971.

Mertens, Volker: Studien zu den ‚Leipziger Predigten'. In: *Beiträge zur Geschichte der deutschen Sprache und Literatur* 107 (1985), S. 240–266.

Mertens, Volker: Oberaltaicher Predigtsammlung. In: *Die deutsche Literatur des Mittelalters. Verfasserlexikon.* Bd. 6. Berlin ²2010, Sp. 1273 f.

Morin, G.: Le plus ancien Comes ou lectionnaire de l'eglise romaine. In: *Revue Bénédictine* 27 (1910), 41–74.

Morvay, Karin/Grube, Dagmar: *Bibliographie der deutschen Predigt des Mittelalters. Veröffentlichte Predigten.* München 1974.

Petzet, Erich: *Die deutschen Pergamenthandschriften Nr. 1–200 der Staatsbibliothek München.* München 1920.

Reichlin, Susanne: Wer weckt mich? Die Geheimnishaftigkeit der Wächterstimme im geistlichen Wecklied *Jch wachter* (RSM PeterA/3/1 h). In: Eming, Jutta/Wels, Volkhard (Hrsg.): *Darstellung und Geheimnis in Mittelalter und Früher Neuzeit.* Berlin 2021, S. 103–121.

Rodgers, Daniel T.: *As a City on a Hill. The Story of America's Most Famous Lay Sermon.* Princeton, NJ 2019.

Singer, Samuel und Kuratorium Singer (Hrsg.): *Thesaurus proverbiorum medii aevi. Lexikon der Sprichwörter des romanisch-germanischen Mittelalters.* Bd. 11. Berlin/New York 2001.

Schiewer, Hans-Jochen: *„Die Schwarzwälder Predigten". Entstehungs- und Überlieferungsgeschichte der Sonntags- und Heiligenpredigten. Mit einer Musteredition.* Tübingen 1996.

Schiewer, Regina D.: *Die deutsche Predigt um 1200. Ein Handbuch.* Berlin 2008.

Schiewer, Regina D.: Neue Predigtfragmente des 12. und 13. Jahrhunderts: Ergänzungen zu Morvay/Grubes Predigtbibliographie. In: *Zeitschrift für deutsches Altertum und deutsche Literatur* 137 (2008), S. 158–176.

Schmidt, Paul Gerhard (Hrsg.): *Proverbia sententiaeque latinitatis medii ac recentioris aevi. Nova series. Lateinische Sprichwörter und Sentenzen des Mittelalters und der frühen Neuzeit in alphabetischer Anordnung. Neue Reihe. Aus dem Nachlass von Hans Walther.* Bd. 8. Göttingen 1983.

Schneider, Karin: *Gotische Schriften in deutscher Sprache.* Bd. 2,1: *Die oberdeutschen Schriften von 1300 bis 1350.* Wiesbaden 2009.

Schnyder, André: *Das geistliche Tagelied des späten Mittelalters und der frühen Neuzeit. Textsammlung, Kommentar und Umrisse einer Gattungsgeschichte.* Tübingen u. a. 2004.

Schwab, Ute: Zum Thema des Jüngsten Gerichtes in der mhd. Lit. I. Die Reimübersetzung „Von der Zukunft Gottes" aus der Hs. Brixen A 22. In: *Annali, Sezione Germanica* II (1959), S. 1–49.

Strauch, Philipp: Zur Predigtliteratur II. In: *Zeitschrift für deutsches Altertum und deutsche Literatur* 29 (1897), S. 364–369.

Wolter, Michael: *Das Lukasevangelium.* Tübingen 2008.

Christian Kiening
Attentio diaboli. Teuflische Zeit im Faustbuch (1587)

I

Reformatorisch und gegenreformatorisch gibt es zahlreiche (Selbst-)Deutungen, die die Gegenwart im Zeichen einer erhöhten Widerchristlichkeit, eines vermehrten Agierens des Teufels sehen und daraus Veränderungsansprüche ableiten.[1] Zugleich rückt dabei auch die Zeit selbst in den Fokus. Als das, was in Gestalt der Lebenszeit für die Selbst- wie die Heilssorge eine entscheidende Rolle spielt.[2] Als das, was in Form des Zeitvertreibs (*passe-temps*) positiv wie negativ gefasst werden kann – bezogen auf die Gestaltung und Nutzung zur Verfügung stehender Zeiträume wie die Verhinderung oder Vermeidung von Situationen des Überdrusses, der Langeweile, des Ungemachs.[3] Ist die Zeit dasjenige, das sich, richtig genutzt, mit einem sinnvollen oder heilsträchtigen Leben verbindet, ist sie umgekehrt auch dasjenige, an dem sich die Prekaritäten und Gefährdungen des Lebens erweisen. Dann etwa, wenn die Zeit nicht eigen-, sondern fremdbestimmt erscheint, bestimmt von fremden Mächten, die sich in äußeren oder inneren Zwängen manifestieren.

Die ubiquitärste dieser Mächte ist im 16. Jahrhundert der Teufel.[4] Ihm schreibt man die Möglichkeit zu, Menschen in Verzweiflung und Melancholie zu stürzen, so wie man umgekehrt derartige Geisteszustände als Einfallstellen für den Teufel betrachtet. Er ist für die Zeitgenossen eine ebenso reale wie imaginative Figur: Man sieht ihn am Werke, verortet aber auch in eben dieser Wahrnehmung eine Bemächtigung des Subjekts, der nicht so leicht entgegenzuwirken ist. In seinen Tischreden stellt Luther fest: „Quando sum in politicis et oeconomicis cogitationibus, so nimb ich ein psalmum oder ein dictum Pauli für mich vnd slaff drob ein. Sed cogitationes Sathanae, die kosten mich mehr; so muß ich ein hohen starken bossen reyssen, ee ich mich heraus winde."[5] Das Denken an den Teufel impliziert, dass nicht einfach die Aufmerksamkeit des Subjekts dem Widersacher gilt, sondern dass dieser in der menschlichen Aufmerksamkeit, als einer falschen, seine

---

1 Löhdefink, *Zeiten des Teufels*.
2 Vgl. Engammare, *L'ordre du temps*; Kiening, *Erfahrung der Zeit*.
3 Vgl. Kiening, *Ästhetik und Pragmatik der Zeit*.
4 Vgl. zuletzt Eming/Fuhrmann, *Der Teufel und seine poietische Macht*.
5 Luther, *Tischreden*, hrsg. v. Kroker, 18 (Nr. 19, 1531).

Open Access. © 2022 bei den Autorinnen und Autoren, publiziert von De Gruyter. Dieses Werk ist lizenziert unter einer Creative Commons Namensnennung 4.0 International Lizenz.
https://doi.org/10.1515/9783110765137-004

Wirkung entfaltet – zum Beispiel, indem er dem menschlichen Zeitregime seinen eigenen Stempel aufdrückt, die *attentio temporis* zu einer *attentio diaboli* im doppelten Sinne macht.[6] Das soll im Folgenden an der 1587 in Frankfurt am Main bei Johann Spies zum ersten Mal publizierten *Historia von D. Johann Fausten* verfolgt werden, die geradezu das Gegenmodell zu dem aus den Lutherreden zitierten Satz darzustellen scheint: Auch Faustus setzt zwar ‚bemerkenswerte Possen' ins Werk, diese führen aber nicht dazu, sich dem Teufel zu entziehen, sondern die eigene Zeit so zu verschwenden, dass am Ende der Eindruck vorherrscht, für die Möglichkeit der Erlösung sei es zu spät.[7]

„Seyt nüchtern vnd wachet, dann ewer Widersacher der Teuffel geht vmbher wie ein brüllender Löwe, vnd suchet welchen er verschlinge, dem widerstehet fest im Glauben" (124,5–7) – mit diesem Zitat aus dem 1. Petrusbrief (1,8) endet der Text. Und diese Aufforderung beschließt die Geschichte eines Protagonisten, der eine beträchtliche Aufmerksamkeit für den Teufel entwickelt, die axiologisch als falsch erscheinen soll, narrativ aber dem Negativen viel Raum bietet beziehungsweise in Konsequenz daraus Distanzierungsversuchen am Ende keinen Raum mehr lässt. Entworfen wird das Negativmodell eines durch Unruhe und Exzessivität, Hybris und Wissensdrang gezeichneten Lebens, das aus dem Kontakt mit dem Bösen seine Macht zieht, zugleich an ihr zerbricht und ein schlimmes Ende findet. Dieses Ende wirft allerdings einige Fragen auf. Der anonyme Autor und Kompilator bemüht sich zwar, nicht zuletzt durch Marginalien, den bösen Ausgang, an dem er von Anfang an keinen Zweifel lassen will, immer neu plausibel zu machen; zugleich sät er immer wieder Zweifel, wie zwingend er tatsächlich ist.[8] So wie die theologischen Koordinaten generell in manchem schillernd bleiben,[9] bleibt auch das Verhältnis von Determinismus und Willensfreiheit in der Schwebe – die Möglichkeit der Rettung ist gleichzeitig ausgeschlossen und einkalkuliert.[10] Das wiederum manifestiert sich besonders deutlich am Umgang mit Zeit und Zeitlichkeit.[11]

---

6 Die Formulierung „obseruatio vel attentio temporis" begegnet in der zuerst 1519 erschienenen *Pantheologia* des Reinerus de Pisis (Tl. 1, Kap. 5; fol. VIII^v).
7 Zum Verhältnis zwischen den Lutherreden und dem Faustbuch Bamberger/Robert, Luther – Aurifaber – Faust. Ausgaben: *Historia*, hrsg. v. Füssel/Kreutzer (zit.); *Faustbuch*, hrsg. v. Müller (mit Kommentar). Überblick über den Text und die Forschung bei Müller, Faustbuch; verschiedene Perspektiven auf den Text vereint der Band von Laan/Weeks, *Faustian Century*.
8 Zu den Ambiguitäten des Textes Münkler, *Narrative Ambiguität* und Narrative Ambiguität: Semantische Transformationen.
9 Vgl. Müller, *Faustbuch in konfessionellen Konflikten*.
10 Vgl. Wei, Teuflische Synergie.

II

Die zeitlichen Semantiken der *Historia*, auffällig ausgestellt, sind einerseits von der Grundopposition von Zeit und Ewigkeit, andererseits von konkreten chronometrischen Einheiten bestimmt. Die Geschichte folgt im Ganzen der Chronologie, wobei der Lebenslauf in zwei etwa gleich lange Hälften zerfällt: Die erste reicht bis zum Abschluss der theologischen Studien mit dem Doktorat, die zweite, explizit 24 Jahre umfassend, vom Paktschluss mit dem Teufel bis zu dem dadurch verursachten Untergang. Im Text allerdings dient die erste Lebenshälfte nur als Folie für die zweite, die praktisch das Ganze der im Original über 100 Blätter füllenden Geschichte einnimmt. Deren zeitliche Unterteilung orientiert sich an der vereinbarten Lebenszeit des Protagonisten, die somit zwei Eigentümlichkeiten besitzt: Sie wird nicht von der Geburt, sondern von einem ominösen Paktschluss an gezählt, und ihre Dauer steht von vornherein fest.

Faust ist dispensiert von der scheinbar allgemeingültigen Regel „Mors certa, hora incerta". Er scheint dem im 16. Jahrhundert viel thematisierten Problem des plötzlich mit dem Tod konfrontierten Jedermanns ausweichen zu können, da er die ihm verbleibende Frist kennt.[12] Doch zu einer souveränen Gestaltung der Lebenszeit führt dies ebenso wenig wie zu einem Absehen von jenen heilsgeschichtlichen Nöten, in denen sich der Jedermann befand. Zwar muss Faustus als Protestant nicht befürchten, ihm könne am Ende die Zeit nicht mehr für gute Werke ausreichen. Dafür ist ihm durch sein Wesen die Möglichkeit verwehrt, sich wenigstens in extremis ganz und gar dem Glauben anzuvertrauen – was anderen Teufelsbündnern, auf die Luther und Melanchthon sich bezogen, zwar keine Rettung vor der Hinrichtung, aber eine Rettung ihrer Seele ermöglicht haben soll.[13] In der *Historia* hingegen scheint es gerade darum zu gehen, den Lesenden vorzuführen, wie wenig ein Wissen um die eigenen Lebensjahre nützt, wenn es an der rechten Einstellung fehlt.

Die zeitliche Folge von Fausts Leben korrespondiert im Groben den durch die größeren Überschriften markierten Teilen des Textes: Im ersten Teil finden sich keine lebenszeitlichen Hinweise, im zweiten wird auf eine zweijährige Tätigkeit Fausts als Astrologe verwiesen und das 8. Jahr nach Abschluss des Pakts genannt, im dritten kommt das 16. Jahr vor, im vierten erscheinen in den Kapitelüber-

---

11 Die Forschung hat sich damit bisher eher wenig beschäftigt. Vor allem auf den Gegensatz von Zeitlichkeit und Ewigkeit konzentriert sich Werner, *Erzählte Zeiten*, S. 265–290. Ausführlichere und nachweisreichere Darstellung des Folgenden bei Kiening, *Erfahrung der Zeit*, S. 237–260.
12 Vgl. *Der Jedermann im 16. Jahrhundert*, hrsg. von Jeßing/Dammer; Kiening, *Zeit des Aufschubs*.
13 Vgl. Baron, *Faustus on Trial*, S. 127–146.

schriften das 17., das 19., das 20., das 22., das 23. und das 24. Jahr.[14] Es ergibt sich also eine ungefähre Dreiteilung von Fausts dämonischem Leben in 8 plus 8 plus 8 Jahre.[15] Das letzte Jahr besitzt dabei einen Sonderstatus. Es wird, obschon zuvor der dritte Teil als letzter angekündigt wurde (77,1–6), durch eine weitere Überschrift eingeleitet („Folget nu was Doctor Faustus in seiner letzten Jahrsfrist mit seinem Geist vnd andern gehandelt / welches das 24. vnnd letzte Jahr seiner Versprechung war"; 111,1–4). Es besitzt quantitativ innerhalb der letzten acht Jahre ein gewisses Übergewicht. Und es macht durch zahlreiche im Präsens gehaltene Partien Fausts letzte Zeit intensiv gegenwärtig. Sowohl die Erzählzeit, die gegen Schluss hin eine Dehnung erfährt, als auch die erzählte Zeit, die im letzten Drittel des Textes immer mehr hervortritt, verleihen der *Historia* eine finale Dynamik und Dramatik, basierend auf dem Moment der verrinnenden Zeit: „eine innere Zeiterfahrung: die Erfahrung der anfangs bewußtlos vertanen, dann in hektischer Betriebsamkeit zerrinnenden, schließlich angstvoll sich dehnenden Zeit des Verdammten, der sein Leben unaufhaltsam dem schrecklichen Ende entgegenlaufen sieht, eine Suggestion, die sich auf die Lesenden übertragen und sie warnen soll".[16]

Entscheidende Weichenstellungen erfolgen schon auf den ersten Seiten. Von seinen Eltern einem kinderlosen wohlhabenden Vetter aus Wittenberg anvertraut, tritt der Protagonist in die Geschichte als ein aus der normalen Generationenfolge Herausgenommener ein, dem zwei Grundzüge zugeschrieben werden. Eine besondere Disposition zur Geschwindigkeit: Mit einem „geschwinden Kopff" (14,6) versehen, habe er „Adlers Flügel" (15,19) annehmen wollen. Und eine Disposition zur totalen Auslieferung an seinen Erkenntnisdrang: „Nacht vnd Tag" (14,36) habe er mit dem Studium der magischen Künste verbracht, „Tag vnd Nacht [...] alle Gründ am Himmel vnd Erden erforschen" wollen (15,18–20). Faustus missachtet die natürlichen Grenzen von Tag und Nacht als die von Gott selbst im Schöpfungswerk gesetzten (Gen 1,3). Er missachtet die Maßgaben einer sozialen Zeitökonomie und -hygiene. Er vernachlässigt jene Wachsamkeit, die ihn, wie es vom Schlusssatz her aussieht, vor den Anfechtungen durch ein teuflisches Wissen hätte schützen können. Er sucht eine Eigenzeitlichkeit, die ihn schon anfangs daran hindert, seinen sich in der Öffentlichkeit verschlechternden Leumund rechtzeitig zu erkennen (14,9).

Fausts Illusion besteht darin, den eigenen Umgang mit Zeit kontrollieren zu können. Mehrmals erscheint die Abkehr von der Theologie und Hinwendung

---

14 Vgl. *Faustbuch*, hrsg. v. Müller, S. 1335f.
15 Vgl. Werner, *Erzählte Zeiten*, S. 275f.
16 *Faustbuch*, hrsg. v. Müller, S. 1336.

zu weltlichen Wissenschaften und Künsten (Medizin, Astronomie, Mathematik, Magie) als eine zeitweise: Faustus habe „die H. Schrifft e i n w e i l hinder die Thür vnnd vnter die Banck gelegt" (14,23 f.), habe „seine Seel e i n w e i l vber die Vberthür" gesetzt (15,12) und habe „a u f f e i n e z e i t" (15,22) sich mit Beschwörungsformeln beschäftigt, „damit er den Teufel vor sich möchte fordern" (15,23 f.; alle Hervorhebungen Ch. K.). Abgesehen davon, dass Faustus in seinem weiteren Leben tatsächlich nicht nur als Magier, sondern auch als Kalendermacher, Astrologe und Astronom agieren wird – die Formulierungen suggerieren, hier denke einer, er könne sich eine Zeit lang im Bereich des Unerlaubten bewegen und dann zum Erlaubten zurückkehren. Diese Vorstellung erweist sich als irrig, sie schafft jene Angriffsfläche, über die sich der Teufel irreversibel des Menschen bemächtigt. Und doch bewahrheitet sich die Vorstellung insofern, als es tatsächlich für eine bestimmte Zeit sein wird, dass Faustus sich vom Heil abwendet – nur, dass diese Zeit mit der ihm zugebilligten Lebenszeit zusammenfällt.

Das Bestreben, den dämonischen Mächten zu gebieten, wird nach der Logik des Textes zur Bedingung der Möglichkeit, ihnen anheimzufallen. Das zeigt sich schon am temporalen Verlauf der ersten Beschwörungen. Faustus macht sich in den „Spesser Wald" auf, wo er nicht etwa in der üblichen Geisterstunde, sondern zwischen 9 und 10 Uhr abends seine Formeln aufsagt. Er erlebt das Erscheinen eines feurigen Mannes, der eine Viertelstunde lang um den auf den Boden gezeichneten Zirkel herumschleicht. In einen grauen Mönch verwandelt, lässt sich der Geist auf einen Dialog mit Faustus ein und bewilligt ihm nach einigem Hin und Her ein erneutes Erscheinen „morgen vmb 12. Vhrn zu Nacht" (17,16 f.). Der Protagonist will aber nicht so lange warten. Schon „deß andern Tags zu Morgen" (17,17) bietet er das teuflische Gegenüber erneut auf und verlangt von ihm beim Abschied, er solle später zur Vesperzeit wiederkommen. Tatsächlich kehrt jener als fliegender Geist „Abendts oder vmb Vesperzeit / zwischen drey vnd vier Vhren" zurück (19,24 f.). Sie verhandeln die Konditionen für eine Dienstbarkeit des teuflischen Vertreters. Faustus fordert die Einhaltung von sechs Punkten, angefangen mit der ihm zu verleihenden Fähigkeit, die „Geschickligkeit / Form vnnd Gestalt eines Geistes" anzunehmen (20,4 f.). Der Teufel fordert als Gegenleistung nur zweierlei. Fausts Seele. Und eine Befristung seiner Lebenszeit auf „etliche Jahr" (21,1). Am nächsten Tag ruft Faustus den, der nun seinen Namen, Mephostophiles, preisgibt, am frühen Morgen wieder zu sich und bestätigt seinen Willen, sich auf den Kontrakt einzulassen: „Eben in dieser Stundt fellt dieser Gottloß Mann von seinem Gott vnd Schöpffer ab / der jhne erschaffen hatt" (21,23–25). Im schriftlich fixierten Pakt wird auch die Zahl der Jahre konkretisiert: „24. Jahr / von Dato diß Brieffs an" (23,3) soll der Teufel das Recht haben, Fausts Seele zu holen.

Die Befristung verkürzt Fausts zeitgenössisch erwartbare Lebenszeit. Doch birgt die Vorstellung, 24 Jahre ohne finanzielle Sorgen und mit permanenter

Wunscherfüllung zu verbringen, zweifellos einige Attraktivität. Das Angebot des Teufels ist insofern das eines geschickten Händlers, der nicht zu viel und nicht zu wenig offeriert und mit einer elementaren Ungleichheit operiert: hier eine überschaubare endliche Zahl, dort eine nicht zu ermessende unendliche, hier ein berechenbares diesseitiges Leben, dort ein unberechenbares jenseitiges. Die Entscheidung für die irdische und gegen die überirdische Zeitlichkeit geht mit einer der kontemplativen Existenz gegenläufigen dämonischen Ungeduld einher: Fausts *curiositas* ist so groß, dass er nicht einmal die übliche (nächtliche) Zeit der Begegnung mit den teuflischen Mächten abwartet. Er fordert rasch aufeinanderfolgende Treffen: am späten Abend, am nächsten Morgen, am frühen Abend, wieder am Morgen. Er versucht, sein eigenes Zeitregime zu etablieren. Doch bleibt dieses vom Teuflischen durchdrungen. Einmal dauert ein Gaukelspiel des Teufels genau eine Stunde (25,17), ein andermal verspricht Mephostophiles, Faustus wöchentlich 25 beziehungsweise jährlich 1300 Kronen als Gehalt zur Verfügung zu stellen (27,20f.). In der irdischen Zeit ist die (missachtete) überirdische präsent. Denn in ihr sich auf den Teufel einzulassen, droht, wie angedeutet, zum Verlust dessen zu führen, das nach christlichem Glauben alle Zeit ebenso begründet wie aufhebt: der Ewigkeit. Ein Erzählerkommentar formuliert in Übernahme einiger Verse von Sebastian Brant die entsprechende Maxime: „Wer allein das Zeitlich betracht | Vnd auff das Ewig hat kein acht | Ergibt sich dem Teuffel Tag vnd Nacht | Der hab auff seine Seel wol acht" (23,27–30). Bezeichnenderweise ist genau der Hinweis auf Tag und Nacht eine Hinzufügung gegenüber der Brant'schen Vorlage.[17]

III

Bei Faustus resultiert allerdings, was das Verhältnis zwischen dem Missachten der Ewigkeit und dem Verfallen an den Teufel angeht, nicht einfach das eine aus dem andern. Heißt es zunächst, er habe sich „Tag und Nacht" mit seinen magischen Büchern (14,36) und unerlaubtem Wissen beschäftigt (15,18f.), so ist später die Rede davon, der Teufel habe ihn dazu angestachelt, „Tag und Nacht" der Zauberei zu widmen (35,19). Schließlich wird der Protagonist sogar darauf verzichten, den Teufel nach göttlichen Dingen zu fragen, weil er sonst „Tag und Nacht" darüber nachdenken müsste (46,13). Auch was die sexuelle Begierde betrifft, sind Ursache und Wirkung kaum zu unterscheiden: „Tag und Nacht" von fleischlicher Lust getrieben und im „Epicurischen Leben" gefangen (27,24–27), möchte Faustus sich

---

17 Baron, *Faustus on Trial*, S. 97.

verheiraten; der Teufel verhindert das, verschafft ihm aber alle Tage und Nächte eine Buhlin (29,8), was wiederum Fausts Begehren so anstachelt, „daß er Tag vnnd Nacht nach Gestalt der schönen Weiber trachtete / daß / so er heut mit dem Teuffel Vnzucht triebe / Morgen einen andern im Sinn hatte" (29,15 – 17).

In der auffälligen Wiederholung der Grundkonstellation von Tag und Nacht steckt so schon etwas von der manipulativen Kraft des Teufels im Umgang mit der Zeit. Dessen Wirken führt dazu, dass Fausts Zeitgestaltung von sich perpetuierenden Begierden durchdrungen und zugleich der Möglichkeit einer kritischen, wachsamen Basis beraubt ist. Vielmehr ergeben sich je neue Wechselwirkungen zwischen inneren Neigungen und äußeren Reizen. Es wird Faustus unmöglich, zu einer klaren Position zu kommen. Seine Reflexionen und seine Gespräche mit dem Geist kreisen um die drohende ewige Verdammnis, dauernd erklingen die Wörter ‚ewig', ‚immer', ‚nimmer' – er schafft es aber nicht, das eigene und das fremde, das sanktionierte und das teuflische Wissen voneinander abzugrenzen. Als Mephostophiles ihm eine heterodoxe Lehre von der Ewigkeit der Welt vorstellt, macht er sich seine Gedanken – zu widersprechen wagt er nicht (49,6 – 8). Er bleibt dem Teufel ausgeliefert, der Fausts Verzweiflung durch allerlei Mittel steigert, nicht zuletzt durch falsche oder einseitige Informationen. Zum Beispiel erweckt er den Eindruck, die endgültig in die Hölle Verdammten seien noch schlimmer dran als die umherirrenden bösen Geister, wie er selber einer ist: „Ja wenn sie zur Gnade Gottes kommen köndten / wie wir Geister / die wir alle Stund hoffen vnd warten / so würden sie sich freuwen / vnnd nach solcher Zeit seufftzen" (40,33 – 35).

Sind die Dimensionen der (verspielten) Ewigkeit anfangs noch ex negativo präsent, treten sie im zweiten und vor allem im dritten Teil der *Historia* zurück. Zugleich gewinnt das Irdisch-Zeitliche ein genaueres Profil.[18] Faustus selbst wird auf gewisse Weise zu einem Meister der Zeit. Wie sein teuflischer Lehrer Mephostophiles, der ihn in den Rausch der Geschwindigkeit hineinzieht,[19] vermag er die sonst dem Menschen gesetzten Grenzen von Raum und Zeit zu überwinden. Blitzschnell gelangt er von einem Ort zum anderen. Vergangenes kann er gegenwärtig machen mit Hilfe der „alten und erfahrenen" Geister (45,14), die dieses noch miterlebt haben. Auch erwirbt er astronomische und astrologische Fähigkeiten und Einsichten, bezogen auf Sommer und Winter, die Sterne, die Kometen und den Donner. Zwar sind seine Erklärungen meist nicht auf der Höhe des zeitgenössischen Wissens, seine Umgebung ficht dies aber nicht an, Anerkennung begegnet ihm allenthalben. Aus seiner solitären Gelehrtenexistenz gelangt

---

[18] Werner, *Erzählte Zeiten*, S. 273 – 290.
[19] Vgl. Sauder, Teuflische Geschwindigkeit.

er zurück in die Gemeinschaft der Höfe, Städte und Universitäten, auch hier allerdings mehr gerühmt und bewundert als integriert – seine Abenteuer spielen sich außer Haus ab, Hausrat, wird es zum Ende hin heißen, habe er nicht viel besessen (111,29 f.).

Die Kalender und Almanache, Praktiken und Prognostiken, die Faustus erstellt, werden aufgrund ihrer Genauigkeit weithin gerühmt. Sie seien nicht wie bei zahlreichen unerfahrenen Astrologen einfach so beschaffen, dass sie für den Winter Kälte, Frost oder Schnee und für den Sommer, speziell die Hundstage, Hitze, Donner und Unwetter prophezeien: „Er machte auch in seinen Practicken Zeit vnd Stunde / wann was Künfftiges geschehen solt / warnete ein jede Herrschafft besonder / als die jetzt mit Theuwrung / die ander mit Krieg / die dritte mit Sterben / vnnd also forthan / solte angegriffen werden" (44,25–29). Bei der Erstellung der Texte benutzt er anscheinend nicht das weit zurückreichende Vergangenheitswissen seines Geistes, der ihm „ein Jahr vmb das ander" (45,17) wieder vor Augen führen könnte. Er profitiert von der eigenen praktischen Erfahrung. Er kann auf das zurückgreifen, was er bei einer Luftreise in großer Höhe gesehen hat (59,28 f.).

Das korrespondiert damit, dass in diesen Partien generell Fausts eigenes Handeln in der Gegenwart in den Fokus rückt. Die erwähnte Luftreise ist eine von, je nach Zählung, drei oder vier Reisen, die er unternimmt.[20] Zu einer Höllenfahrt, um Mitternacht beginnend und noch vor dem Morgen endend, nimmt ihn Belzebub mit; sie scheint konkret (so herrscht „etwan ein viertel Stundt lang ein dicke Finsternuß"; 54,1), doch handelt es sich, wie die Leserinnen und Leser wissen, nur um ein Gaukelspiel. Die folgende Fahrt hoch an den Himmel, die Faustus zusammen mit Mephostophiles erlebt, ist genauer datiert; sie beginnt an einem Dienstag im Juli und dauert exakt acht (schlaflose) Tage; wieder an einem Dienstag kehrt Faustus nach Hause zurück, wo er drei Tage lang schläft, um sich von den Strapazen zu erholen; diese Fahrt scheint keine nur eingebildete zu sein, doch lässt Fausts eigene Aussage, die Welt sei ihm von oben wie der Dotter im Ei vorgekommen, Zweifel aufkommen, ob er nicht auch hier der teuflischen Vorspiegelung eines alten Weltbildes zum Opfer fällt. Die dritte „Reyß oder Pilgramfahrt" (60,5) ist dann eine von Faustus selbst initiierte, zu der er Mephostophiles einspannt: In ein fliegendes Dromedar verwandelt muss er seinen Herrn überall hinbringen, wo dieser will; sie durchqueren oder überfliegen fast das ganze Europa.

Bei der Rückkehr nach 25 Tagen ist der Protagonist allerdings unzufrieden. Wieder hat er nicht viel gesehen (60,18). Er bricht erneut auf, diesmal auf eigene

---

[20] Zu diesen Reisen Bamberger, *Poetologie im Prosaroman*, S. 263–279.

Faust zu Pferd, versehen mit der Fähigkeit, wie Fortunatus mit seinem Wunschhütlein in kürzester Zeit an den Ort seiner Wahl zu gelangen. Es entsteht eine sich teils als normales Itinerar, teils in weiten Sprüngen vollziehende Route durch Mitteleuropa, insgesamt anderthalb Jahre dauernd (70,35). Damit sind die Reisen, die sich zunächst in übernatürlichen Räumen abspielten, in den natürlichen angekommen. Fausts spezifische Existenzform bleibt allerdings präsent: An verschiedenen Orten versucht er auf hohe Berge zu gelangen – um einen Blick auf das Paradies zu erhaschen. Der Geist erklärt ihm in einer seiner perfiden Spitzen, das überhelle Licht, das von dort komme, hätte er besser aus der Höhe sehen können, aber dort nicht wahrgenommen. Er nutzt also Fausts Disposition im Sinne einer rhetorischen Suggestivität, die darauf basiert, dass im Nachhinein nicht mehr überprüft werden kann, ob etwas sichtbar gewesen wäre, und die dazu führt, den Eindruck verpasster Möglichkeiten zu nähren. Zugleich zeigt sich hier, wie Fausts auf das Unerhörte und Niegesehene gerichtete Aufmerksamkeit verschränkt ist mit jener auf ihn selbst und seine Seele gerichteten des Teufels.

Auch die Zeiten der verschiedenen Reisen – eine Nacht, eine Woche, 25 Tage, anderthalb Jahre – gleichen sich sukzessive an die normalen Gepflogenheiten an; die häufigen Hinweise auf die Zahl der Tage, die Faustus an einem Ort verbringt, unterstreichen den Charakter eines Itinerars. Ein Itinerar indes mit imaginativen Zügen: Die Orte, die Faust jeweils in den Sinn kommen, entsprechen in ihrer Art und Abfolge den in der Weltchronik des Hartmann Schedel (1493) aufgeführten.[21] Wir sehen also genau genommen einen Protagonisten, der sich durch eine nicht mehr ganz aktuelle Buchwelt bewegt.[22] Ein Protagonist, der sich auch hier eigenzeitlich bewegt: Die anderthalb Jahre der Europareise werden nicht zu Fausts festgesetzten Lebensjahren hinzugerechnet; nach dem am Anfang der Reise genannten 16. Jahr seines Lebens (60,5) taucht zahlreiche Episoden später als nächstes das 17. auf (104,6). Selbst wenn hier ein Versehen des kompilierenden Autors vorliegen sollte – der Unterschied zwischen den Lebenszeit- und den sonstigen Zeitmarkierungen ist, wie im folgenden Teil deutlich wird, nicht zu verkennen.

Im dritten Teil der *Historia* kommen zahlreiche Zeitindikatoren vor: kalendarische Daten, Tageszeiten, Monatsangaben, saisonale Gegebenheiten. Verschiedene Episoden sind zeitlich und räumlich miteinander verknüpft. Es entsteht der Eindruck eines raumzeitlichen Kontinuums und einer relativ hohen Homogenität der erzählten Welt. Doch sind die Angaben meist wenig präzise: „im Sommer nach Philippi vnd Jacobi" (77,20), „im Junio" (81,5). Auch ergibt sich

---

21 *Historia*, hrsg. von Füssel/Kreutzer, S. 233–251.
22 Zum Status des Wissens in der *Historia* generell Müller, Ausverkauf menschlichen Wissens.

kaum ein chronologischer Ablauf. Wo er sich andeutet, erweist er sich als Pervertierung kirchlicher Zeitlichkeit: Das Fastnachtstreiben setzt Faustus mit den Studenten ungeniert am Aschermittwoch fort. Die schöne und promiskuitive Helena zaubert er ausgerechnet am Weißen Sonntag herbei, „wenn die Kirche die Reinheit der in Christus wiedergeborenen Menschheit feiert".[23]

Die teilweise karnevaleske Verkehrung und Abweichung vom Usus zeigt sich am klarsten daran, dass fast alle Aktionen Fausts am Abend oder in der Nacht stattfinden. Bot anfangs sein Ignorieren der Grenze von Tag und Nacht eine prominente Angriffsfläche für den Teufel, ist er nun seinerseits fast ein teuflischer Geist geworden, mit besonderer Affinität zur Nacht: Er erklärt, nachts habe der Mensch „viel phantaseyen / [...] dieweil vns die Geister deß Nachts nahe seind" (75,6/10 f.).[24] Nachts bringt er denn auch einige Grafen aus Wittenberg, die genau eine halbe Stunde bei einer Fürstenhochzeit dabei sein wollen (82,10 f.), auf seinem Mantel durch die Luft reisend, nach München und gleich wieder zurück. Zeitliche Dimensionen bleiben auf diese Weise ständig im Hintergrund präsent und zugleich von Zügen des Abweichenden oder Dämonischen durchdrungen – bis sie am Ende mit den letzten Lebensjahren Fausts ganz in den Vordergrund treten.

IV

So wirksam Fausts Inszenierungen sind – über Raum und Zeit kann er nicht unbegrenzt verfügen. Die präzisesten Zeitangaben, die zweimal genannte Viertelstunde, sind zugleich die absurdesten. Sie betreffen Momente, in denen dem Protagonisten eigentlich Hören und Sehen vergeht: in seinem magischen Zirkel (17,13) und in der undurchdringlichen höllischen Finsternis (54,1). Auch macht er die Figuren der Vergangenheit nicht wirklich lebendig, er gaukelt ihre Präsenz nur durch sich verstellende Geister vor. Als die Studenten, verwirrt und elektrisiert vom Auftritt Helenas, Faustus bitten, sie am nächsten Morgen „widerumb fürstellen" zu wollen (98,10), muss er bekennen, „daß er jhren Geist nicht allezeit erwecken" könne (98,12 f.); er besorgt immerhin einen Maler, der ein „Conterfey" (98,13 f.) der Wunderschönen anfertigt.[25] Beim Transport der Grafen nach München wiederum hat er selbst Regeln zu beachten und, als diese übertreten werden,

---

[23] *Faustbuch*, hrsg. v. Müller, V. 1344.
[24] Zur Rolle der Nacht in der zeitgenössischen Kunst vgl. Borchhardt-Birbaumer, *Imago Noctis*; Preiswerk, *Absentia Lucis* und den Beitrag von Chiara Franceschini in diesem Band.
[25] Zu den medialen und bildkritischen Implikationen der Szene Robert, Dämonie der Technik; Bamberger, *Poetologie im Prosaroman*, S. 253–257.

eine zweite Reise zu unternehmen, um einen der Grafen, mittlerweile gefangengenommen, zu befreien und „zeitlich gen Wittenberg" zurückzubringen (84,12). Ein Zusatzkapitel der erwähnten Ausgabe von 1589 führt sogar vor, wie Faustus seinerseits ein von seinem Geist kontrolliertes Zeitregime einhalten muss, um von einem Abenteuer in Erfurt rechtzeitig, noch vor dem Morgen, nach Prag zurückzukehren.[26]

Das darauffolgende Kapitel demonstriert den Konflikt zwischen Fausts Möglichkeiten und der Akzeptanz der Allgemeinheit: An der Universität in Erfurt bekommt er mit, wie sich einige Philosophen über den Verlust eines Großteils der Komödien von Terenz und Plautus beklagen. Er zitiert ein paar Sätze aus ihnen und verheißt den neugierig gewordenen Gesprächspartnern, er könne die verlorenen Texte wieder „ans Liecht" bringen, „doch nur auff etliche Stunden lang / wolte man sie denn je lenger haben oder behalten / köndte man viel Studenten / Notarien vnd Schreiber vber setzen / vnd in einem Hui dieselben alle abschreiben lassen" (156,11–15). Die Theologen und Ratsherren lehnen dies ab. Sie wollen keine Texte, über die man nicht beständig verfügen, die man nicht als Bücher „herfür bringen" (156,21) und behalten kann. Abwägend, ob man von einem Autor, von dem man immerhin einiges Nützliche kennt, weitere Texte haben will, in denen womöglich Teuflisches steckt, entscheidet man sich für das Bekannte, die unvollständige Überlieferung. Ressentiments nicht nur gegen die Magie, sondern auch gegen die heidnische Antike und die humanistische Wissenschaft werden hier spürbar.[27]

Dem Gelehrtenphantasma wird eine Absage erteilt. Zugleich zeigt sich mit dem imaginierten „Hui" noch einmal deutlich die Eigenzeit, in der und mit der Faustus agiert: seine eigenwilligen Versuche, den Teufel zu beschwören, seine Neigung, Tag und Nacht nicht zu unterscheiden und auf den kirchlichen Kalender keine Rücksicht zu nehmen, seine weitgehende Ignoranz gegenüber dem Vergehen der Zeit und insbesondere der Lebenszeit, schließlich sein Hang zur Geschwindigkeit. Eine regelrechte Meisterschaft scheint er darin zu entwickeln und vermag dementsprechend seine Umgebung zu beeindrucken. Letztlich aber steht seine Macht auf tönernen Füßen. Sie ist eine geliehene, für die Faustus immer wieder auf seinen Geist zurückgreifen muss, der bei der Inszenierung hilft. Als der Magier ein Festmahl für seine Prager Freunde gibt, bittet er sie, „sie wolten jnen die Zeit nicht lassen lang sein" (160,17 f.), er würde gerne das Bankett eröffnen. Tatsächlich will er vor allem Eindruck machen: Er klopft auf den Tisch, ein Diener, sein Diener, kommt herein, er fragt ihn: „wie behend bistu" (160,22)? Er antwortet:

---

26 *Historia*, hrsg. v. Füssel/Kreutzer, S. 157–159.
27 Müller, *Faustbuch in konfessionellen Konflikten*, S. 51 f.

„Wie ein Pfeil" (160,22 f.). Faustus schickt ihn wieder fort. Der nächste Diener antwortet: „wie der Wind" (160,27 f.). Der dritte: „so geschwind / als die Gedancken der Menschen" (160,34 f.). Er bekommt den Zuschlag und darf zum Erstaunen der Gäste alles Notwendige „in einem hui" (161,19) herbeischaffen.

Faustus entscheidet sich hier für einen menschlichen Modus, die Gedanken als schnellste Möglichkeit der Übertragung. Des ungeachtet bleibt seiner Herrschaft über die Zeit, die sich in Formen der Schnelligkeit und Geschwindigkeit, nicht der Dauer oder Stetigkeit kundtut, einerseits das dämonische Moment eingeschrieben, andererseits das des Selbstverlusts. Alles Handeln in und mit der Zeit zielt bei Faustus auf Effekte. Es ist Teil des epikureischen Lebens (109,6) und so flüchtig wie dieses: Von einer Lust, einer Aufregung, einer Sensation eilt der Protagonist zur nächsten. Seine Exzesse repräsentieren zwar eine Form der Lebensintensität und der Zeitnutzung, doch nicht in dem Sinne, den die *Historia* propagiert: Weder kann er eine Situation länger genießen noch die Zukunft, die jenseitige oder die diesseitige, ins Auge fassen. Die einzige, die ihm – die Ehe ist ihm verwehrt – offensteht, ist die, die er selbst mit dem Teufel vereinbart hat: der Terminus, auf den ab einem bestimmten Punkt sein sensationsreiches Leben zueilt. Am Ende des dritten Teils der *Historia* häufen sich die Angaben von Fausts seit dem Pakt durchlaufenen Jahren. Mit dem Beginn des vierten Teils ist das letzte Jahr erreicht und der Punkt, an dem Faustus selbst sich dem Wissen um die zu Ende gehende Zeit nicht mehr entziehen kann.

Genau genommen ist Faustus aber schon zum zweiten Mal an diesem Punkt. Nach zahlreichen Abenteuern, in denen er seine eigene Zeit mehr oder weniger vergisst, wird er durch einen Nachbarn, einen gottesfürchtigen alten Arzt, dazu ermahnt, sein gottloses Leben aufzugeben. Drauf und dran, dies zu tun, bedroht sein Geist ihn mit einem sofortigen grausamen Lebensende und setzt ihn unter erheblichen Entscheidungsdruck: „er solle sich alsbald nider setzen / vnd sich widerumb von newem verschreiben mit seinem Blut [...] vnd dessen soll er sich nun baldt erkleren / ob er es thun wölle oder nicht" (103,23–28). Verängstigt willigt Faustus ein und stimmt einem neuerlichen Kontrakt zu. In ihm bestätigt er einerseits, dass er sich die bisherigen 17 Jahre an den Vertrag gehalten habe. Andererseits bekräftigt er Luzifers Recht, „daß so auch das 7. jar nach Dato diß verloffen ist / er mit mir zu schalten vnd zu walten habe" (104,9–11). Im Gegenzug dazu habe dieser zu versprechen, „mir mein Leben zukürtzen oder zulängern / es sey im Tod oder in der Hell / auch mich keiner Pein theilhafftig zumachen" (104,11–14). Hier spricht die Angst vor körperlichem Leiden, die Faustus zu bewältigen versucht, indem er das epikureische Leben noch bis ins Sterben hinein verlängert.

Deutlich wird zugleich: Der schriftlich fixierte Pakt ist nur ein Teil jener teuflischen Verstrickung, in die Faustus sich begeben hat. Er ist zwar offensichtlich wirksam, er verschafft Möglichkeiten, die sonst nicht bestünden. Bindende Kraft aber hat er nicht im rechtlichen Sinne, sondern in psychologischer Hinsicht – als das, woran Faustus sich gebunden g l a u b t und demgegenüber er des reflektierenden Abstands entbehrt, sonst würde er ja erkennen, dass schon die angebliche Notwendigkeit einer Erneuerung des Pakts dessen Geltung in Frage stellt. Kaum irgendwo manifestieren sich die beiden Komponenten der Idee einer *attentio diaboli* deutlicher: Fausts Aufmerksamkeit f ü r d e n Teufel, in der Hoffnung, sich seiner zu eigenen Zwecken bedienen zu können, korrespondiert einer Aufmerksamkeit d e s Teufels, der den einmal am Haken Hängenden nicht wieder von der Angel lassen will.

Genau in dem Maße, in dem mit der Erneuerung des Vertrags auch die wechselseitige Verstrickung zwischen dem Protagonisten und dem Teufel erneut in den Vordergrund tritt, spielt auch die Zeit wieder eine prominente Rolle: in Gestalt der verbliebenen Jahre, die im Folgenden unüberhörbar heruntergezählt werden. Mit dem letzten Jahr, am Beginn des vierten Teils, macht Faustus sein Testament und regelt seine Nachfolge. Das schlägt einen Bogen zum Anfang der Geschichte. War Faustus dort aus der normalen genealogischen Folge herausgetreten, so kommt diese auch jetzt nicht zum Tragen. Zwar zeugt er mit der wiederbelebten Helena einen Sohn, den er unfreiwillig ironisch Iustus Faustus nennt und der ihm scheinbar doch noch eine Perspektive auf die Zukunft eröffnet: Er „erzehlt D. Fausto vil zukünfftige ding / so in allen Ländern solten geschehen" (110,22–24). Doch ist dieses Wissen für Faustus ebenso unnütz wie kurzlebig, der Erzähler vermerkt gleich schon vorausdeutend, mit Fausts Tod sei auch für Mutter und Kind kein Bleiben auf der Welt gewesen. Statt der natürlichen Sukzession ergibt sich eine künstliche: auf Fausts Ziehsohn und Famulus Wagner, der als Erbe der Immobilien und Güter eingesetzt wird, es selbst aber vor allem auf Faustens „Geschicklichkeit" (112,9/13) abgesehen hat. Er will die magischen Bücher des Meisters bekommen und dessen Amtsnachfolge antreten, erhält von diesem aber auch einen Auftrag: Er soll mit Hilfe des als Medium der Erinnerung dienenden Geistes Fausts „Kunst / Thaten / vnd was ich getrieben habe [...] auffzeichnen / zusammenschreiben / vnnd in eine Historiam transferiren" (112,32–34). In Erwartung eines scheiternden Lebens versucht der Protagonist wenigstens ein Überleben im Werk in Gang zu bringen.

Das ist vorausschauend, und auf gewisse Weise verhält sich Faustus hier, auch durch die Testamentserrichtung, wie man es von einem zeitgenössischen Individuum erwarten könnte. Nur fehlt auch jetzt jeder religiöse Aspekt – altgläubig etwa die Sorge für das Seelgerät und die Einrichtung von Stiftungen, neugläubig der Rekurs auf Christus, den Glauben, die Bibel, das Gebet. Faustus wird zwar im Weiteren seine Situation beklagen. Er wird Reue empfinden. Er wird sein unbeständiges Leben und die Hingabe an die zeitliche Wollust verfluchen. Er wird sich seinen Zauberschülern gegenüber als Negativexempel hinstellen: „laßt euch mein greuwlich End euwer Lebtag ein fürbildt vnd erjnnerung seyn" (120,23 f.). Doch das Abendmahl, das er mit seinen Studenten einnimmt, erscheint als karikierende Verzerrung des christlichen Vorbilds. Der Eindruck der schwarzen Schule verfliegt nicht. Die Studenten sprechen von gelehrten Theologen, die Faustus vielleicht h ä t t e n retten können. Die Bibel bleibt ‚unter der Bank'.

Im Vordergrund steht die Panik vor dem Ende, vor der zu Ende gehenden Zeit, die sich vom letzten Jahr auf den letzten Monat, den letzten Tag, die letzte Stunde reduziert und nun in jenem Bild konzentriert, das emblematisch den Komplex von Zeitlichkeit und Sterblichkeit im 16. Jahrhundert definiert: das Stundenglas.[28] Es taucht zuerst auf in einer Rede, die Erzähler- und Figurenperspektive vereint: „Dem Fausto lieff die Stunde herbey / wie ein Stundglaß / hatte nur noch einen Monat für sich / darinnen sein 24. Jar zum ende liessen / in welchen er sich dem Teuffel ergeben hatte" (113,9 – 11). Dann in Fausts eigener großer Abschiedsrede an die Schüler: „Nu sind solche Jar biß auff diese Nacht zum Ende gelauffen / vnd stehet mir das Stundtglaß vor den Augen / daß ich gewertig seyn muß / wann es außläufft / vnd er mich diese Nacht holen wirt" (120,6 – 10).

Im Stundenglas ist jene Stunde kopräsent, in der Faustus von Gott abfiel und sich dem Teufel ergab. Zugleich erweist sich die Symbolisierungskraft der Sanduhr am Ende als begrenzt. Tatsächlich entfaltet sich nämlich in den letzten Kapiteln ein dichtes Zeitgeflecht, das sich kaum mehr im konventionellen Bild fassen lässt. In Klage- und Mahnreden, unterbrochen durch zynische Sprichwortkaskaden des Teufels, verschränken sich Momente der erinnerten Vergangenheit, des gegenwärtigen Leides und der schrecklichen Erwartung. Auch die Spezifik von Fausts Umgang mit Zeit kommt noch einmal auf den Punkt: Er fürchtet die Hölle, „da weder Tag noch Nacht ruhe ist" (118,6). Er nimmt mit seinen Schülern das Morgen- und das Abendmahl ein und bittet sie, dass sie „dise Nacht vollendt bey jhme bleiben" (119,20). Schließlich wird er „zwischen zwölff vnd ein Vhr in der Nacht" (122,17 f.) vom Teufel geholt – in jener üblichen Stunde, an die er selbst sich anfangs nicht halten wollte.

V

Am Ende, kann man sagen, ist Faustus ganz in jener teuflischen Zeit gefangen, die er anfangs zu seinem eigenen Vorteil zu modifizieren hoffte. Der Prozess, der zu diesem Ende führt, lässt sich als systematisches Beiseitestellen nicht nur der Bibel

---

28 Vgl. Kiening, *Erfahrung der Zeit* und *Ästhetik und Pragmatik der Zeit*.

und des Glaubens, sondern auch der Selbstsorge und der Lebenszeithygiene, der kirchlichen und heilsgeschichtlichen Zeitdimensionen verstehen. Konfrontiert zunächst mit den Illusions- und Geschwindigkeitsexzessen des Teufels, scheint Faustus sich im Laufe seiner Reisen wieder in der irdischen Zeitlichkeit zu bewegen, nur dass seine Existenz nun großteils von einem Vergessen der (begrenzten) eigenen Lebenszeit, einem Verdrängen der religiösen Zeitdimension und einem Verkehren normaler Zeitregimes geprägt ist. Auch dabei hat der Teufel seine Hände im Spiel: Indem Faustus in seinen 24 Jahren nicht altert und keine Anzeichen von Krankheit zeigt, fehlen ihm jene Indikatoren, die sonst oft das Gedenken an den Tod auslösen. Lange bleibt er zeitresistent und physisch unversehrt. Dann aber, als die Lebenszeit fast vergangen ist, wird sie umso deutlicher als verschwendete sichtbar. Nun, da die Ewigkeit wieder in den Blick kommt, herrscht der fatale Eindruck, es sei zu spät, an der eigenen Orientierung noch etwas zu ändern.

Schon in einem der ersten Dialoge hatte der Geist auf Fausts Frage, wie er sich verhalten würde, wäre er ein sündenbehafteter Mensch, „seufftzendt" geantwortet, er würde versuchen, wieder in die göttliche Gnade zu gelangen. Als Faustus daraufhin meinte, auch für ihn selbst sei es „noch früh gnug", hatte der Geist widersprochen: Es sei „nun zu spat" (43,28–35). Später, als der Protagonist im Begriff steht, sich vom Bösen abzuwenden, kehrt das Argument zweimal wieder: Es sei „schon zuspat / vnd er deß Teuffels" (103,21). Oder in Reimform: „Es ist zu spat / an Gott verzag / | Dein Vnglück läufft herein all tag" (115,23f.). Die Schüler hauen in die gleiche Kerbe: Hätte Faustus sie früher informiert, hätte theologische Hilfe ihn retten können, „nun aber ist es zu spat / vnd ewerm Leib vnd Seel schädlich" (121,27f.).

Auch in temporaler Hinsicht zeigt sich also: Nicht eigentlich der Erkenntnisdrang Fausts oder sein Pakt mit dem Teufel sind schuld an seinem Verhängnis. Es fehlt der Glaube an die Möglichkeit der Rettung, stattdessen dominiert der Eindruck, es sei für die Rettung nicht mehr genug Zeit vorhanden. In der Tat ist es nach der Konstruktion des Textes für den Protagonisten zu spät, doch dies von Anfang an: Da im Sinne des Negativexempels Fausts Schicksal von vornherein feststeht, hat er keine Chance auf eine Sinnesänderung. Exorbitant in seinem Wesen und Handeln, wie der unbekannte Autor ihn entwirft, fehlt ihm die Möglichkeit, wieder zu jenem Jedermann zu werden, dessen Heilsverlust abgewendet werden kann.

Ebenso faszinierend wie beunruhigend ist aber, dass diese Unmöglichkeit keinesfalls zwingend ist. Die Hingabe an das teuflische Zeitregime, die Missachtung der Ewigkeit, der Irrglaube an den Mangel an Zeit – sie sind nur die eine Seite der zum Scheitern führenden Geschichte. Die andere ist, das derjenige, dem Faustus zum Opfer fällt, selbst keine autoritative Figur ist, kein gleichwertiger

Gegenspieler Gottes, sondern ein Interessenvertreter, personalisiert in seinen Hoffnungen und Ängsten, seinen Intrigen und Strategien. Sie lassen sich auf jenes Wort der biblischen *Offenbarung* beziehen, das im reformatorischen Kontext sich erneuernder Weltendevorstellungen eine neue Brisanz erhält: der Teufel habe wenig Zeit (12,12).[29] Er hat nicht weniger als der Mensch auf die Zeit zu achten, wie man im *Faustbuch* an der dramatisierten Erneuerung des Kontrakts sieht. Er hat nichts zu verschenken, hat sich vertragsmäßige Rechte zu besorgen, weil er seine ‚angestammten' durch die christliche Erlösungstat verlor.

Man kann daraus ein anthropologisches Drama ableiten, das den Menschen als Spielball der höheren Mächte zeigt – die Fortsetzung des *Faustbuchs*, das *Wagnerbuch* (1593), geht in diese Richtung. Man kann aber auch dieses Drama tieferlegen und den Blick auf die Spannung zwischen Selbstzwang und Fremdzwang, zwischen, temporal gesehen, Eigenlogik, Irrglaube und transzendentem Horizont richten – das ist das, was im *Faustbuch* stattfindet. In ihm schließen die Optionen, eine spezielle Lebenszeit sich zu verschaffen u n d die Hoffnung auf die Heilszeit zu wahren, einander eben nicht kategorial aus. Der anonyme Autor/Redaktor kann den Umgang mit Zeitlichkeit als verdammenswert brandmarken, aber nicht daraus definitiv die Verdammung ableiten.

Zwar suggeriert er mit seinem Schlusssatz, dem Zitat aus dem Petrusbrief, das zur Wachsamkeit gegenüber dem umherschleichenden Teufel auffordert, es gäbe ein bestimmtes Verhalten, eine besonnen-aufmerksame Haltung, die möglicherweise auch Faustus hätte retten können. Den ganzen Text hindurch aber nährt er ebenso die Uneindeutigkeit von Fausts Heilsschicksal wie die Anziehungskraft, die von seinem magischen, diabolischen, grenzüberschreitenden Tun ausgeht. Wer vorgibt, Fausts Beschwörungsformeln auszulassen, um niemanden zu „Fürwitz vnd Nachfolge" zu reizen (12,23 f.), rechnet mit genau dieser Möglichkeit und interessiert sich für das Ineinander von Negation und Faszination, von didaktischem Gestus und narrativer Entfaltung – zum Beispiel der Spannung zwischen der Lust und dem Schrecken, einem zuzusehen, der seine Zeit vertut. So ambivalent schlussendlich die *attentio diaboli* ist, so ist es auch die Aufmerksamkeit für die Zeit: Wer ihr als einer irdischen (Eigen-)Dynamiken zutraut, muss darauf verzichten, sie im klaren Dualismus von Zeit und Ewigkeit aufzuheben.

---

29 Vgl. Benz, *Akzeleration der Zeit*, bes. S. 8–13; Blumenberg, *Lebenszeit und Weltzeit*, S. 71–79.

Literaturverzeichnis

Bamberger, Gudrun: *Poetologie im Prosaroman. Fortunatus-Wickram-Faustbuch.* Würzburg 2018.

Bamberger, Gudrun/Robert, Jörg: Luther – Aurifaber – Faust. Lutherwissen und Dämonologie in den „Tischreden" und in der „Historia von D. Johann Fausten. In: Klitzsch, Ingo (Hrsg.): *Die „Tischreden" Martin Luthers. Tendenzen und Perspektiven der Forschung.* Heidelberg 2021, S. 67–91.

Baron, Frank: *Faustus on Trial. The Origins of Johann Spies's ‚Historia' in an Age of Witch Hunting.* Tübingen 1992.

Benz, Ernst: *Akzeleration der Zeit als geschichtliches und heilsgeschichtliches Problem.* Mainz 1977.

Blumenberg, Hans: *Lebenszeit und Weltzeit.* Frankfurt am Main 1986.

Borchhardt-Birbaumer, Brigitte: *Imago Noctis. Die Nacht in der Kunst des Abendlandes. Vom Alten Orient bis ins Zeitalter des Barock.* Wien/Köln/Weimar 2003.

Eming, Jutta/Fuhrmann, Daniela (Hrsg.): *Der Teufel und seine poietische Macht in literarischen Texten vom Mittelalter zur Moderne.* Berlin/New York 2021.

Engammare, Max: *L'ordre du temps. L'invention de la ponctualité au XVIe siècle.* Genf 2004.

Faustbuch. In: *Romane des 15. und 16. Jahrhunderts. Nach den Erstdrucken mit sämtlichen Holzschnitten.* Hrsg. von Jan-Dirk Müller. Frankfurt am Main 1990, S. 831–986 (Ausgabe), S. 1319–1430 (Kommentar).

Historia von D. Johann Fausten. Text des Druckes von 1587. Kritische Ausgabe. Mit den Zusatztexten der Wolfenbütteler Handschrift und der zeitgenössischen Drucke. Hrsg. von Stephan Füssel und Hans Joachim Kreutzer. Stuttgart 1988 u. ö.

Der Jedermann im 16. Jahrhundert. Die Hecastus-Dramen von Georgius Macropedius und Hans Sachs. Hrsg. von Raphael Dammer, Benedikt Jeßing. Berlin/New York 2007.

Kiening, Christian: Zeit des Aufschubs oder: Jedermanns Ende. In: Bihrer, Andreas/Felber, Timo/Weitbrecht, Julia (Hrsg.): *Letzte Dinge. Deutungsmuster und Erzählformen des Umgangs mit Vergänglichkeit im Horizont heterochroner Zeitsemantiken.* Göttingen 2020, S. 81–99.

Kiening, Christian: *Erfahrung der Zeit. 1350–1600.* Göttingen 2022.

Kiening, Christian: *Ästhetik und Pragmatik der Zeit im 16. Jahrhundert.* Tübingen 2022.

Laan, J. M. van der/Weeks, Andrew (Hrsg.): *The Faustian Century. German Literature and Culture in the Age of Luther and Faustus.* Rochester/New York 2013.

Löhdefink, Jan: *Zeiten des Teufels. Teufelsvorstellungen und Geschichtszeit in frühreformatorischen Flugschriften (1520–1526).* Tübingen 2016.

Luther, Martin: Tischreden. Bd. 1. Hrsg. von Ernst Kroker. In: *D. Martin Luthers Werke. Kritische Gesamtausgabe.* Weimar 1912.

Müller, Jan-Dirk: Ausverkauf menschlichen Wissens. Zu den Faustbüchern des 16. Jahrhunderts. In: Haug, Walter/Wachinger, Burghart (Hrsg.): *Literatur, Artes und Philosophie.* Tübingen 1992, S. 163–194.

Müller, Jan-Dirk: Faustbuch. In: *Frühe Neuzeit in Deutschland 1520–1620. Literaturwissenschaftliches Verfasserlexikon.* Bd. 2. Berlin/Boston 2012, Sp. 296–305.

Müller, Jan-Dirk: *Das Faustbuch in den konfessionellen Konflikten des 16. Jahrhunderts.* München 2014.

Münkler, Marina: *Narrative Ambiguität. Die Faustbücher des 16. bis 18. Jahrhunderts*. Göttingen 2011.

Münkler, Marina: Narrative Ambiguität: Semantische Transformationen, die Stimme des Erzählers und die Perspektiven der Figuren. Mit einigen Erläuterungen am Beispiel der *Historia von D. Johann Fausten*. In: Auge, Oliver/Witthöft, Christiane (Hrsg.): *Ambiguität. Formen zeitgenössischer Reflexion und wissenschaftlicher Rezeption*. Berlin/Boston 2016, S. 113–156.

Preiswerk, Bettina: *Absentia Lucis. Semantisierungen der Verhüllung in spätmittelalterlichen Nachtdarstellungen der Buchmalerei*. Diss. Zürich 2014.

Robert, Jörg: Dämonie der Technik – Die Medien des D. Johann Fausten. In: Dickhaut, Kirsten (Hrsg.): *Kunst der Täuschung – Art of Deception: Über Status und Bedeutung ästhetischer und dämonischer Illusion in der Frühen Neuzeit (1400–1700) in Italien und Frankreich*. Wiesbaden 2016, S. 373–396.

Sauder, Gerhard: ‚Teuflische Geschwindigkeit' in der *Historia von D. Johann Fausten*, den Puppenspielen, Lessings *Faust*-Fragment und bei Maler Müller. In: Standke, Jan (Hrsg.): *Gebundene Zeit. Zeitlichkeit in Literatur, Philologie und Wissenschaftsgeschichte. Festschrift für Wolfgang Adam*. Heidelberg 2014, S. 114–127.

Wei, Ziyang: Teuflische Synergie. Das Faustbuch (1587) zwischen Determinismus und Synergie. In: Eming, Jutta/Fuhrmann, Daniela (Hrsg.): *Der Teufel und seine poietische Macht in literarischen Texten vom Mittelalter zur Moderne*. Berlin/New York 2021, S. 131–155.

Werner, Lukas: *Erzählte Zeiten im Roman der Frühen Neuzeit. Eine historische Narratologie der Zeit*. Berlin/Boston 2018.

Chiara Franceschini
Working at Night. Remarks on the Vigilant Artist

> Lasciò di sé una figliuola che sapeva disegnare, e la moglie; la quale soleva dire che tutta la notte Paulo stava nello scrittoio per trovare i termini della prospettiva, e mentre ch'ella a dormire lo invitava, et egli le diceva: "O che dolce cosa è questa prospettiva!"
>
> <div align="right">Vasari, <i>Vita di Paolo Uccello</i> (1550)</div>

Introduction

Giorgio Vasari and other writers from the early modern period report of the existence of many anecdotes, especially ironic ones such as the one above about Paolo Uccello, relating to artists working at night.[1] Such practices and the connected disturbance of the normal alternance of day and night in relation to work are well known from descriptions in letters and other ego-documents, as well as depictions in images and drawings. Among Federico Zuccari's sketches of his brother Taddeo's life, for example, there exists one of a young Taddeo, who, poor and employed as a servant during the day, is portrayed as drawing at night under the light of the moon (Fig. 1).[2] In this case, night time is the only possible time interval within which the artist can work, due to the specifically unfortunate circumstances of Taddeo's life. Among other examples stemming from letters and diaries, that of Pontormo is also pertinent. The self-observation obsessively registered in his famous diary normally observes the rhythm of day and night, respectively corresponding to working and sleeping; however, he sometimes exceptionally reports that he woke up earlier than the beginning of the day to paint a specific figure, or parts of a figure ("mi levai una hora inanzi dì e feci quell torso dal braccio in giù"; "martedì mi levai una hora inanzi dì e feci quell torso del putto che ha el calice").[3] Many other examples exist. They extend beyond the world of the Italian Renaissance to include witnesses such as Joachim von Sandrart, who describes the peculiar character and the nocturnal

---

[1] Vasari, *Le Vite*, vol. 3, p. 72.
[2] As described by Federico Zuccari himself in the following annotation to Vasari's *Vite*: "e quando stete col Calabrese, non possendo mai disegniare il giorno né la sera tampocho, e perché non gli lograse un poco di olio lo mandava a letto a lo scuro: onde egli per il desiderio che egli aveva, levavasi la notte al lume di luna a disegnare su le finestre, e 'l giorno su la pietra de' colori con un stecho; in luogo di riposo." Heikamp, Vicende, p. 207.
[3] Pontormo, *Il libro mio*, pp. 72 and 78)

Open Access. © 2022 bei den Autorinnen und Autoren, publiziert von De Gruyter. Dieses Werk ist lizenziert unter einer Creative Commons Namensnennung 4.0 International Lizenz.
https://doi.org/10.1515/9783110765137-005

habits he witnessed first-hand of the Northern German artist Johan Liss (1597–1629).⁴

Notwithstanding the richness of such visual and textual sources, these stories have often been dismissed as purely anecdotal and therefore the meanings, purposes and functions of such alleged nocturnal practices have not been the object of scholarly attention. Reconsidering such sources in their values of cultural constructs at the crossroads between theories and practices, this essay aims to provide a first exploration of the topic, by singling out three different descriptions of Michelangelo Buonarroti's nocturnal habits in particular. The main focus is on how many facets and functions such nocturnal practices had for Renaissance artists and whether and how this can relate (or not) to the notion of *Vigilanz* as developed at the CRC 1369 *Vigilanzkulturen* in Munich. Within the framework of the CRC, Florian Mehltretter and Maddalena Fingerle observed that an analysis of the semantic sphere of the verb *vigilare* in pre-modern Italian can offer much to a project relating to *Vigilanzkulturen*.⁵ A specific focus on Renaissance visual culture and artistic practices further illuminates crucial aspects of vigilance cultures, not least because visuality is crucial for "vigilance".⁶ Notwith-

---

4 Sandrart, *Teutsche Academie*, vol. 1, p. 315: "Er hatte im Gebrauch sich lang zu besinnen eh er seine Arbeit angefangen hernach wann er sich resolvirt ließe er sich nichts mehr irren; da wir zu Venedig beysammen wohneten blieb er oft zwey oder 3. Tag von Haus und kame dann bey Nacht ins Zimmer setzte sein Palet mit Farben geschwind auf temperirte sie nach Verlangen und verbrachte also die ganze Nacht in Arbeit: Gegen Tag ruhete er ein wenig und fuhre wieder 2. oder 3. Tag und Nacht mit der Arbeit fort so daß er fast nicht geruhet noch Speise zu sich genommen dawider nichts geholffen was ich ihme auch zusprache und remonstrirte daß er sich selbsten Schaden thäte Gesundheit und Leben verkürzte sondern er verharrte bey seiner angenommenen Weiß blibe etliche Tag und Nacht weiß nicht wo aus biß der Beutel leer worden; alsdann machte er wiederum seinem alten Brauch nach aus der Nacht Tag und aus Tag Nacht." English translation in Wittkower/Wittkower, *Born under Saturn*, p. 61: "Lys was in the habit of meditating for a long time before starting to work, but once he had made up his mind, he never wavered. When we were living together in Venice, he often stayed away from home for two or three days at a time. Then he would come to our room by night, and work away the whole night. Towards dawn he would rest a little and then continue to paint for two or three days and nights with hardly a break for sleep or food. [...] Then, as was his wont, he turned night into day and day into night."
5 Mehltretter/Fingerle, Vigilanz, pp. 18–25.
6 The CRC 1369 is developing interesting new studies on the centrality of other senses, such as smell or hearing, for vigilant practices, but sight cannot be dismissed in any way, given the primary meaning of the Latin verb *vigilō:* 'to watch' (Lewis/Short, *A Latin Dictionary*, s.v.; Oxford Dictionary of English, s.v.:) or 'bin wach', 'being awake', which implies staying or remaining with open eyes: Alois Walde and J. B. Hofmann, *Lateinisches Etymologisches Wörterbuch*, II, p. 788; *Langescheidts Großwörterbuch Latein*, I, p. 801, s.v. *vigilō:* intr. 'wachen', 'nicht schlafen',

Fig. 1: Federico Zuccari: *Taddeo Zuccari drawing by moonlight in Calabrese's house*, about 1595, drawing, The J. Paul Getty Museum, Los Angeles.

standing the richness of the available documentation, a consistent analysis of the conceptual constellation of 'vigilance' in relation to artistic practice, creation and the observation of the world and of society has not been attempted so far. In

---

and, in a translated sense, 'wachsam sein', that is 'die Augen offen haben'; see also ibid., s.v. *vigilāns, antis:* adj. 'wach' referring to the eyes (*oculi, lumina*).

particular, there is no study discussing the conjunction between working at night and the spectrum of artist skills ranging from attention to accuracy to vigilance.

Never addressed *per se*, the overall question intersects some of the most debated topics within the field of art history. First of all, the relations between the legend, the character and the actual way of life of Renaissance artists arising from literary and art theoretical sources dating from that period, which, in turn, were often based on *topoi* originating from ancient sources, which are then intermingled with the contemporary discourse about artists at that time. A scholarly re-evaluation of "artist anecdotes" was first attempted by Ernst Kris and Otto Kurz in 1934 and then by Rudolf and Margot Wittkower in 1963, followed by many further, as well as recent studies.[7] Secondly, the topic of this essay interweaves Ernst H. Gombrich's work on "the mystery of attention" and how it relates to doodling.[8] Along this line, psychologists have pointed out that doodles are produced during states of idleness or "affective tension", such as concentration and impatience, and one could argue that drawing, or better doodling, is also an activity which serves to those doodling to stay awake and fight boredom.[9] Thirdly, the many observations made by artists and poets directly about the relationship between the state of vigilance (as an alteration of the day/night rhythm) and artistic imagination, "invention" (to use an early modern term) and creation are also of importance here. An example is provided by Sandrart's above-quoted passage on Lys, who could start creating something only at night after days of idleness, or rather meditation.[10] Another significant example of the merging of nocturnal vigilance and imaginative skills is provided by a recommendation made by Leonardo da Vinci to "go" at night with the "faculty of imagination" ("andare co' la imaginativa") and repeat the lines and designs of the forms studied during the day, in order to impress them in memory.[11] Interest-

---

[7] Kris/Kurz, *Die Legende* (here consulted in the English edition from 1979) first proceeded to a re-evaluation as *topoi* of "artist anecdotes", that they define as such in their book (Kris/Kurz, *Legend*, pp. 8–12). Wittkower/Wittkower, *Born under Saturn*, especially the paragraphs on "Obsession with work" (pp. 53–59) and the following one ("Creative Idleness", pp. 59–63), both important for the present essay (see above, note 4). Ways of revaluating Vasari's anecdotes are also discussed by Paul Barolsky, *Vasari's Lives*, pp. 49–52.

[8] Gombrich, Pleasures, p. 224.

[9] Schott, *The art of medicine*. New perspectives on doodling as an artistic activity are now offered by Alberti/Bodart, *Gribouillage/Scarabocchio*.

[10] Above, note 4.

[11] Leonardo, *Treatise*, vol. 2, f. 36: "Dello studiare in sino quando ti desti, o' inanzi tu te dormenti nel letto, allo scuro: Ancora òmi provato essere di non poca utilità, quando ti trovi allo scuro nel letto, andare co' la imaginativa repettendo li lineamenti superfiziali delle forme per l'adietro studiate, o altre cose nottabili da sotile speculatione comprese, et è questo proprio

ingly enough, this recommendation by Leonardo comes to mind when orphan chess prodigy Beth Harmon, the main character in the recent American miniseries THE QUEEN'S GAMBIT (2020) studies her adversaries' moves in a series of visionary nocturnal vigils (Fig. 2) – a scene that, along with the reception of Leonardo's writings, would call into question the relationships between vigilance and the notion of intellectual prodigy or 'genius' as shaped by Romance cultures since the 19th century.

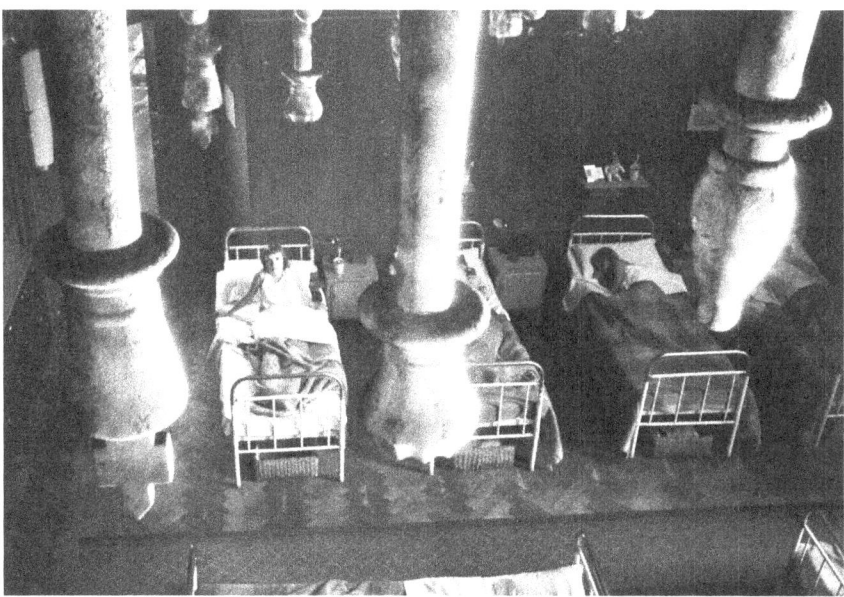

Fig. 2: Nocturnal vigils of Beth Harmon, screenshot from recurring scene in THE QUEEN'S GAMBIT (USA 2020).

---

un atto laudabile et uttile a confermarsi le cose nella memoria" (English translation ibid., vol. 1, p. 47: "Of studying when you awake or before you go to sleep in bed in the dark. I have also proved for myself it is of no little advantage, when you are in bed in the dark, to exercise the imagination, recalling the outlines of forms you have aready studied, or other noteworthy things comprehended by subtle reflection, and this is really an admirable thing to do, useful for fixing these things in the memory"). For a parallel with twentieth-century observations on the state of vigilance and poetic creation, concerning the English Poet Robert Nichols who was in contact with Henry Head, the first British neurologist using the word vigilance, see Jacyna, *Medicine*, p. 148 f. I am grateful to Arndt Brendecke for this reference.

This article cannot address all the possible meanings and connections of artists and their works with vigilance.¹² I will limit myself to discussing some relevant instances of theoretical and historical literature on art from the early modern period, which make use of the word 'vigilance' or describe vigilant practices. In this way, I aim to offer some initial material for a discussion of the larger question of whether or not artists played a special role in the long-term history of vigilant cultures, and, if they did, in how many different ways, and why.

Vigilance as a Skill of the Artist

Let us start with some observations on the early modern virtue of vigilance and how it applied to Renaissance artists by first of all looking at the various meanings of the word *vigilanza* in Italian. Besides a crane, Cesare Ripa's image of *Vigilanza* (Fig. 3) holds a book and a lantern in her hands because "il libro et la contemplatione destano li spiriti sonnolenti".¹³ The lantern and the book, together with a cock, also accompany the personification of *Studio* (Fig. 4),¹⁴ as both are common attributes for scholars. The expression "summa vigilantia" was indeed commonplace in titles of scholarly books and editions of classical texts.¹⁵ For Ripa, *Vigilanza* corresponds not only to the bodily skill of staying awake

---

12 In particular, I will not discuss here aspects that are extremely relevant for a history of the contribution of artist to the history of vigilance, that is the question of the artist as a testimony, eyewitness, spy or informant in the military field, for which see Boskamp, Kunst oder Spionage? and Eadem, *The Artist as Spy*.

13 Ripa, *Iconologia*, pp. 590 – 592 containing only one image but three different textual descriptions of *Vigilanza*, the first of which, referring to the image, reads: "Donna con un libro nella destra mano, e nell'altra con una verga, et una lucerna accesa; in terra vi sarà una Grue, che sostenga un sasso col piede. È tanto in uso che si dica vigilante e svegliato un uomo di spirito vivace, che se bene ha preso questo nome della vigilanza de gli occhi corporali, nondimeno il continuo uso se l'è quasi convertito in natura, et fatto uso. Però l'una e l'altra vigilanza, e del corpo, e dell'anima, vien dimostrata nella presente figura; quella dell'animo nel libro, del quale apprendendosi le scienze si fa l'uomo vigilante e desto a tutti gl'incontri della fortuna per la agitazione della mente contemplando, e la verga sveglia il corpo addormentato, come il libro, e la contemplazione destono li spiriti sonnolenti, però del corpo e dell'animo s'intende il detto della Cantica: 'Ego dormio, cor meum vigilat'."

14 Ripa, *Iconologia* (1613), p. 506.

15 Just to make two out of many examples, see Valerius Maximus, *Epigrammaton libri 14. Post omnes editiones summa denuò vigilantia recogniti*, Venetiis : apud Hieronymum Scotum, 1549 or the edition by Erasmus of the work of Augustin: *Omnium operum primus-decimus tomus, ad fidem vetustorum exemplarium summa vigilantia repurgatorum a mendis innumeris, notata in contextu et margine suis signis veterum exemplorum lectione*, Venetiis: Ad Signum Spei, 1550 – 1552.

at night, but also to a spiritual virtue: he writes that, even if she took her name "de gli occhi corporali", the physical skill of vigilance has been converted into the spiritual one. For this reason, bodily and spiritual vigilance are both represented by the figure: the first due to the presence of the rod, and the second thanks to the book (as learning a science makes a person vigilant and ready for all eventualities or for all that fortune throws at them). Thus, Ripa's female allegory represents both sides of vigilance at the same time: bodily alertness and spiritual awakeness. Also, due to etymological reasons, the two meanings are always intertwined in Italian sources. The Latin and the Italian *vigilare* literally mean staying awake at night, that is *vegliare*, as both forms stem from the Latin *vigilia*, a 'nocturnal vigil'. In Roman times this word was connected to military or security activities, only to assume, ever increasingly in Christian times, religious and liturgical meanings (the *veglie* before Christmas or Easter, for example, but also a funeral wake).[16] In the particular case of scholars, *vigiliae* are strictly connected with the activity of *lucubratio*, which literally means working at night by the light of a lantern.[17] Vigilance, however, was not only viewed as an individual virtue, belonging solely to individuals, but also a public virtue embodied by rulers and sovereigns: the personification of vigilance often deriving from Ripa's image or from one of Ripa's textual descriptions was, in fact, frequently inserted into political imagery.[18] In allegorical portrayals of vigilance, symbols representing the virtue can vary (crane, cock, lion, rod, book, lantern); however, the lantern, symbolising nighttime as the time *par excellence* for vigilance is nearly always present.[19]

How did these manifold aspects of *vigilanza* as an active virtue or skill, with different potential ends ranging from individual to collective ones, apply to artists as well? For a first testimony, we can turn once again to Federico Zuccari, this time as the writer of a *Memoriale* outlining a reform of the Accademia del Disegno of Florence. In his draft, written around 1575, Zuccari recommends

---

16 Lewis/Short, *A Latin Dictionary*, s.v. 'Vigilia'.
17 Lewis/Short, *A Latin Dictionary*, s.v. 'Lucubratio': "Working by lamp-light, night-work, nocturnal study, lucubration" (as used by Cicero, Pliny and Quintilian). I would like to thank Hans Aurenhammer for useful observations on this point. See Valeriano, *Hieroglyphica*, c, 342^r, s.v. 'Lucubratio'.
18 See the series of examples quoted by Sonia Maffei in her commentary to this entry in Ripa, *Iconologia*, p. 839.
19 As indeed is highlighted by Ripa, *Iconologia*, p. 591: "La Lucerna dimostra che la vigilanza propriamente s'intende in quel tempo che è più conveniente al riposo et al sonno, però si dimandavano da gli antichi Vigilie alcune ore della notte, nelle quali i soldati erano obligati a star vigilanti per sicurezza dell'essercito, e tutta la notte si spartiva in quattro vigile, come dice Cesare nel primo de' suoi *Commentarii*" (see, for example, Caesar, *De bello civili*, 1, 22).

Fig. 3: *Vigilanza*, woodcut. In: Cesare Ripa: *Iconologia*. Padua 1611.

Fig. 4: *Studio*, woodcut. In: Cesare Ripa: *Iconologia*. Padua 1611.

young students to bring something of their hand and *fantasia* to the Academy, which would then provide an occasion of comparison among the students. This would give to them a special opportunity to make progress in the study, because the reciprocal emulation would make them "awake" and "vigilant" ("occasione d'affaticarsi, et studiare, più che forse non fanno per avventura, perché l'emulazione tra essi gli faria *desti*, et *vigilanti*, et si potrieno *svegliare* di bellissimi intelletti, che forse adesso stanno addormentati").[20] In an academic context, this functions as a claiming of the intellectual skills that artists possess: by referring to *studio* and *vigilance*, Zuccari equates them to scholars and *letterati*. It is not of course a coincidence that in another of Zuccari's drawings, *Studio* is shown alongside *Intelligence*, thus representing two main virtues of an artist, and is, once again, represented with attributes of *Vigilance*, that is the cock and a lantern (Fig. 5). This emphasis on such intellectual skills corresponded to a collective effort, and one that had been ongoing since at least the Trecento, to raise the status of artists to that of other intellectuals. Similar recommendations with re-

---

[20] Heikamp, Vicende, p. 216. Italics are mine.

gards to vigilance were repeated by subsequent art theoreticians up until Gabriele Paleotti and Palomino, among others.[21] Although Zuccari, in his text, does not refer to specific nocturnal activities (but in his drawing "study" is indeed meant to be an incessant and also nocturnal activity, hence the cock),[22] the passage is of interest as 'vigilance' is mentioned not just as a generic virtue for a committed and successful artist. First, it is connected to work conducted within the realm of the young artist's own *fantasia*, work that can therefore be carried out at all possible times of day and night; second, it refers to an intensification of attention, which however is not directed only towards an individual goal of creating a good piece of art, but is linked to reciprocal emulation. This incentive to actively observe what fellow students create in a context of constant competition is intended to serve an educational purpose, resulting in artists who are more awake and 'vigilant' within a specific field of social interactions.

Fig. 5: Federico Zuccari: *Allegories of Study and Intelligence flanking the Zuccaro emblem*, about 1595, drawing, The J. Paul Getty Museum, Los Angeles.

Furthermore, attention itself (like vigilance) is an ambivalent notion for artists. Science historians have noted the ambivalences inherent to the attention of artists. Comments on attention in art, similar to those on attention in literature and science, "are torn between the admiration for self-discipline and the notion

---

21 Paleotti, *Discourse*, p. 272; Palomino, *Museo pictorico*, p. 157.
22 Indications about official diurnal working hours in relation with the activities of the Accademia del Disegno appears in their Statuti of the Accademia del Disegno only later in the 18th century (Adorno/Zangheri, *Gli statuti*, p. 82).

of antisocial oblivion".[23] To these two pillars – 'self-discipline' on the one hand, and 'antisocial oblivion' on the other, a notion which connects to several of the anecdotes mentioned at the beginning of this paper – one must add a third and more 'social' model of reciprocal 'attention', oriented to the work of others, as recommended by Zuccari. Artists typically developed different manners of paying attention to both their own work and the work produced by other artists (be they predecessors, colleagues or rivals), of self-attention and of observation of these different works. The common practice of continuously watching each other is revealed as a pervasive one, especially when one reads (as dealt with in the following pages) the many stories regarding artists' attempts at *not* being watched in order to inviglate their own work, preserve workshops' secrets, and protect work from imitations and other interferences within the creative process. This brings to mind the practice of inhibiting access to a space with *serrate* or *turate* during the painting of large frescoes (as in the cases of, again, Pontormo, Michelangelo and many others) or the legal attempts made by Albrecht Dürer to stop other engravers copying his work without acknowledging it.[24] In the Renaissance and the early modern period, sources become more and more eloquent with regards to vigilant activities surrounding original works and originality. Let us now take a closer look at the particular case of Michelangelo based on Vasari's writings, which enables both an isolation and analysis of at least three possible different meanings and practices of 'artist vigilance'.

Michelangelo *vigilantissimo*

In a passage from his *Vita di Michelangelo* (1568), Vasari describes the artist's character and habits as sober and "most vigilant": "la qual sobrietà lo faceva essere vigilantissimo e di pochissimo sonno".[25] Michelangelo often woke up in the night, not being able to sleep, to work with a chisel ("a lavorare con lo scarpello") "having made a helmet of thick paper (*una celata di cartoni*), and over the centre of his head he kept a lighted candle, which in this way threw light over

---

23 Daston, *Eine kurze Geschichte*, p. 45
24 Bloemacher, *Raffael und Raimondi*, p. 323; Koerner, *The Moment*, p. 213; Koerner, Albrecht Dürer, p. 25.
25 Vasari, *La vita di Michelangelo*, vol. 1, p. 121: "la qual sobrietà lo faceva essere vigilantissimo e di pochissimo sonno, e bene spesso la notte si levava, non potendo dormire, a lavorare con lo scarpello, avendo fatto una celata di cartoni, e sopra il mezzo del capo teneva accesa la candela, la quale con questo modo rendeva lume dove egli lavorava, senza impedimento delle mani."

where he was working without encumbering his hands."[26] This Vasarian image of the artist working at night with a *celata* carrying a candle (literally *celata* means 'helmet' and is etymologically connected to 'hiding', *celare*) had a strong impact on subsequent imaginings of the working practices of artists, especially from the 18th and 19th centuries onwards until the release of Irving Stone's *The Agony and the Ecstasy* (1961) cinematic rendering by Carol Reed in 1965 (Fig. 6).[27] Often dismissing such alleged myths, art historians have rarely taken the description of this particular working practice seriously. Unfortunately, no contemporary material trace of such a cap has survived. However, some confirmation of his working at night can be found in Michelangelo's letters, as is the case, for example, for one written on the 10th of November 1507, in which the artist describes working on the difficult bronze statue of Julius II without interruption day and night.[28]

Unfortunately, the available English translations of Vasari's passage seldom render the pregnancy of the coupling of "sobriety" and "vigilance": the superlative *vigilantissimo* is, in fact, often obliterated or not fully rendered. The "hellwach" of the most recent German translation is perhaps the most faithful translation; the words "active" or "restless" from two commonly used English translations do not convey the meaning of *vigilantissimo* to the reader.[29]

As I have already mentioned, in Italian, "vigilance" is always strongly linked to *vegliare*, that is an alteration of the physiological day-night rhythm and the state of being "vigilant" in its spiritual (more than bodily) implications. "To vigil" is never a mere physical absence of sleep – it is always an activity of the spirit, and often conveys a spiritual, if not even penitential sense of mean-

---

26 My translation.
27 On 18th and 19th century rewritings of this passage see the commentary by Paola Barocchi in Vasari, *La vita di Michelangiolo*, vol. 4, p. 205 (quoting, among others authors who expand on the anecdote, Francesco Milizia and Stendhal). For the literal meaning of *celata*, that Vasari uses here in a translated, perhaps ironical, sense, see Battaglia, *Grande dizionario*, s.v. 'celata'.
28 "Perché sto qua chon grandissimo disagio e chon fatiche istreme e non actendo a altro che a llavorare el dì e lla notte, e ò durata tanta faticha e duro, che, se io n'avessi a rrifare un'altra, non chrederrei che lla vita mi bastassi" (Michelangelo to his brother Buonarroto from Bologna, 10.11. 1507 (Buonarroti, *Carteggio*, I, p. 55). Additional sources concerning the nocturnal work of Michelangelo are discussed in Chiara Franceschini, Le ore di Michelangelo.
29 "Diese Nüchternheit ließ ihn hellwach sein und mit sehr wenig Schlaf auskommen, und da er nachts oft nicht schlafen konnte, stand er auf, um mit dem Meißel zu arbeiten" (Vasari, *Leben*, pp. 202–204); "his sobriety made him very restless and he rarely slept, and very often during the night he would arise, being unable to sleep, and would work with his chisel, having fashioned a helmet made of pasteboard holding a burning candle over the middle of his head which shed light where he was working without tying up his hands" (Vasari, *The Lives* (1998), p. 475); "This sober life kept him very active and in want of very little sleep" (Vasari, *Lives*, vol. 2, p. 740).

Fig. 6: Michelangelo working at night in the Sistine Chapel, screenshot from Carol Reed, THE AGONY AND THE ECSTASY (USA, 1965).

ing.[30] Michelangelo's quality of being "most vigilant", on the one hand, is the result of a physiological "sobriety" (literally, according to Vasari, a sober diet consisting in eating and drinking very little); on the other, this hyper-vigilance cannot be reduced to (mere) physiological insomnia. To be "most vigilant and of very little sleep" is instead an active status that revolves around a type of absorption (or, as the Wittkowers would have put it, obsession) with work, but is also a spiritual condition. It is, in fact, no coincidence that in Vasari's text this description of Michelangelo's character immediately follows the mention of both his relationship with his lady-friend Vittoria Colonna and his profound knowledge of the Bible ("dilettossi molto della Scrittura Sacra").

Indeed, the *New Testament* offers several crucial references to "vigilare", relating to death, the Resurrection, and the second coming of Christ.[31] Most signifi-

---

30 The first meaning of "vigilare" (originally, an intransitive verb) in Battaglia, *Grande Dizionario* is "to keep watch, to stay awake, to perform an activity, as a penitential practice etc." (the first citation in this sense comes from a 15th century vulgarization of the Bible). My translation.
31 For example, Marcus, 13,33: "Videte, vigilate, et orate: nescítis enim quando tempus sit", which, in the Malermi Bible known to Michelangelo reads: "Vedete, & vigilate, & orate: imperho

cantly, in two instances the same two terms – "sobriety" and "vigilance" – are connected. In 1 Petrus 58, exactly like in Vasari's text, 'sobrietas' and 'vigilantia' are mentioned together: "sobrii estote, vigilate quia adversarius vester diabolus tamquam leo rugiens circuit quaerens quem devoret." In 1 Thessalonicenses, 5,5 – 8 Paul exhorts Christians to moral *vigilance* and *sobriety* (again together), reminding them that they are "children of light and day" and so should not fall prey to "night and darkness". Vasari's coupling when describing Michelangelo's state of hyper-vigilance was therefore not casual, but might have retained a distant reminiscence of these Evangelical passages.

Similar stark oppositions between light and darkness or sun and moon recurrently resonate at multiple levels with Michelangelo's art and poetry.[32] For example, in *Rime* 104 (one of the so-called *Sonetti della notte*), he starts by describing God's creation of time in day and night only to ascribe himself to the "tempo bruno" ("dark time"), according to a "drama" in which human and divine love intersects before the powerless subject, the artist.[33] The night therefore also emerged as a privileged time relating to an artist's poetical persona.

At the end of this section, it is important to remember that, according to Vasari, vigilance is seen as one of the most important aspects of Michelangelo's character and working habits. Furthermore, the Evangelical association between sobriety and vigilance resonates in Vasari's passage, which points to an overlapping between bodily and spiritual vigilance in the case of Michelangelo. However, as we will see in the next paragraph, artist vigilance related not only to the habit of being self-absorbed in his or her own work: the term also indicates an active skill to use in a social field of confrontation and competition with other artists.

Vigilance as a Weapon in a Competitive Field

The next anecdote, which leads us into a different realm of artist vigilance, is an aetiology, present in the second edition of Vasari's *Vite* (1568), concerning the alleged genesis of Michelangelo's signature on the *Vatican Pietà* (Fig. 7 – 8): "Michelangelo put into this work so much love and effort that (something he never

---

che non sapete quando sarà il tempo" (with reference to the second coming of Christ): *Biblia vulgare istoriata*, f. Ciiiir. All Latin quotations from the Bible are from the Vulgata (Weber/Gryson, *Biblia Sacra*).
32 In Franceschini, Le ore di Michelangelo, I have explored these oppositions as relating to vigilance in the particular case of the Medici Chapel.
33 Michelangelo, *Rime*, p. 121.

did again) he left his name written across the sash over Our Lady's breast. The reason for this was that one day he went along to where the statue was and found a crowd of strangers from Lombardy singing its praises; then one of them asked another who had made it, only to be told: 'Our Gobbo from Milan'. Michelangelo stood there not saying a word (*stette cheto*), but thinking it very odd to have all his efforts attributed to someone else. Then one night, taking his chisels, he shut himself in with a light and carved his name on the statue" *(una notte vi si serrò drento e con un lumicino, avendo portato gli scarpegli, vi intagliò il suo nome)*.[34] Full of classical resonances (namely, Pliny's anecdote about Apelles "quietly" standing "out of sight" behind his painting to listen to public commentaries),[35] Vasari's story of the genesis of Michelangelo's signature points to the vigilance required with regards to one's own authorship. In this entertaining tale (interestingly based on contemporary gossip),[36] the artist's signing of the statue at night (while his competitors or adversaries are all asleep) aims to restore artistic truth and justice.

Comparable secretive activities connected with nocturnal incursions are reported by Vasari about other artists and contexts, too. An example of this can be found Vasari's texts about the Ferrarese artist Ercole de' Roberti, who "nel lavoro era molto fantastico, perché quando e' lavorava aveva cura che nessuno pittore né altri lo vedesse".[37] The story refers to one of the most important pictorial enterprises finished by de' Roberti in Bologna, the frescoes for the Garganelli chap-

---

[34] Vasari, *La vita*, vol. 1, p. 17; Vasari, *Lives* (1987), p. 336.
[35] Pestilli, Michelangelo's Pietà?, pp. 21–30.
[36] Frey, *Nachlass*, pp. 64–66: "E così dico: che avendo lui fatta la pietà della Febbre, et essendoci gran concorso di gente a vederla, trovandovisi un giorno ancor lui, uno disse: 'Chi ha fatta questa opera?' Et un altro rispose: 'L'ha fatta un nostro Gobetto da Parina.' E lui stette cheto; ma la notte seguente si nascose drento in chiesa con un lumicino e certi ferri e vi scrisse quelle lettere. E standovi in una stanzia là d'incontro una Murata e credendo, che fosse alcuno che volesse guastare quella figura, volse gridar; ma cogniosciuta la verità, lo ringraziò assai, che l'avesse fatta una sì bella compaggnia, e lo pregò che gli desse un poca di quella piaga del costato di Nostro Signore. E lui, mosso da tal divozione, ne tolse certe scaglioline con un poca di polvere e gliele diede; e lei per rimunerarlo gli fece una frittata, e lui se la mangió proprio in quel luogo quella notte. Et questa fu la causa del scrivere di quelle lettere, quale veramente si cognoscono esser state fatte di notte e quasi che al buio, perché non sono finite" (Michele degli Alberti and Antonio del Francese da Casteldurante in Rome to Giorgio Vasari (?) in Florence, BNCF, Classe XXV, 551, ex Strozziano 828, c. 249). For a material analysis of this unique signature by Michelangelo and a historical assessment of its genesis, with a discussion of previous literature and positions, see Wang, *Michelangelo's Signature*, p. 452, for whom "the physical evidence of the sculpture supports the notion that Michelangelo's inscription was planned from the beginning".
[37] Vasari, *Le vite*, vol. 3, pp. 422–23 (1550).

Fig. 7: Michelangelo Buonarroti: *Vatican Pietà*, 1497–1499, marble, San Pietro, Rome.

el.³⁸ The Bolognese artists, envious of the success of their Ferrarese rival (and of foreign artists in general), "s'accordarono con un legnaiuolo [...], et in chiesa si rinchiusero vicino alla cappella che egli faceva; e la notte in quella entrarono per forza, onde gli videro l'opera e gli rubarono tutti i cartoni, gli schizzi et i disegni."³⁹ In this case, as Ercole de' Roberti had concealed his work, rival painters broke into the chapel in the middle of the night to steal his ideas, cartoons, sketches and drawings. A further example is that of Andrea del Sarto and his

---

38 On this chapel see Ciammitti (ed.), *Ercole Roberti* and Molteni, *Ercole de' Roberti*, pp. 57–83.
39 Vasari, *Le vite*, vol. 3, pp. 422–23 (1550).

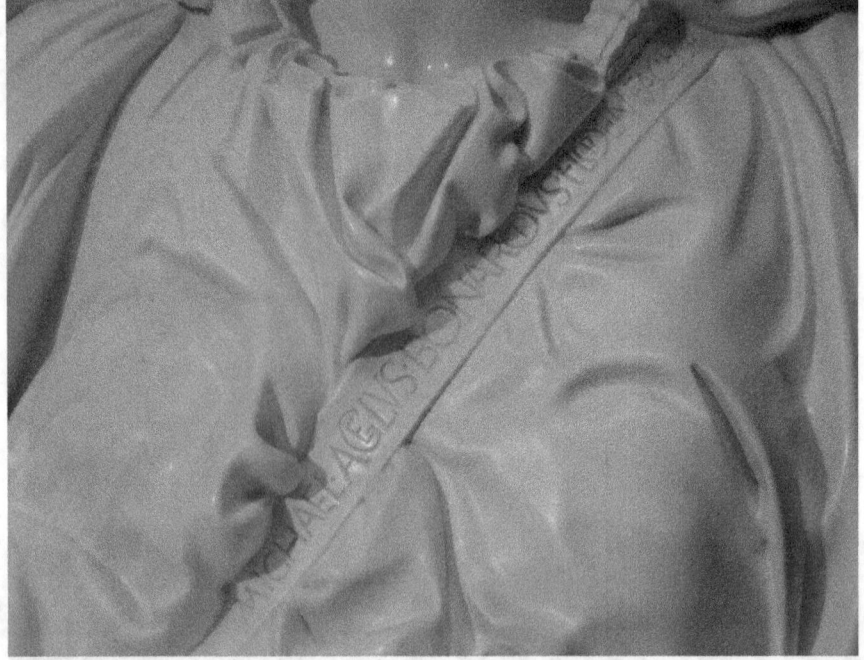

Fig. 8: Michelangelo's signature, Detail of Michelangelo Buonarroti: *Vatican Pietà*, 1497–1499, marble, San Pietro, Rome.

turata grande in front of the Palazzo del Podestà. The artist would only enter the palace at night, so as not to be seen painting the images of the Florentine bandits.[40]

These examples highlight different contexts and motifs in which a specific use of night as a temporal unit is made on the part of artists operating in competitive fields or in situations in which the reputation of an artist needs to be carefully preserved: night as a time for the execution of secretive work (so as to avoid giving anything away to one's competitors), a time to develop one's own authorship and originality, to create unusual works, or, indeed, as a time during which to steal secrets and ideas.

---

40 Vasari, *Le vite*, vol. 4, p. (1550): "E così fatta una turata grande, v'entrava di notte et usciva similmente, ché non fussi veduto, e li condusse di maniera che quelli vivi e naturali parevano." In this instance the nocturnal work was necessary in order not to be labelled with the infamous name of Andrea deli Impiccati, like his predecessor Andrea del Castagno.

Vigilance and *non finito*

The final story concerns the later so-called *Florentine Pietà*, or *Pietà Bandini*, one of the largest and most ambitious of Michelangelo's sculptures, on which he worked without an external commission and which was reportedly intended for his own tomb (Fig. 9).[41] As William Wallace wrote: "here lay a dilemma. To finish the sculpture was to bring the marble to life, but also resign oneself to death."[42] For several technical and, probably, psychological reasons, the sculpture, which includes a depiction of Christ with only one leg (the other was broken) and a self-portrait of Michelangelo, probably in the guise of Nicodemus (a nocturnal Evangelic figure), was destined to remain unfinished.[43] The anecdote further stresses the crucial role of the night as a time for Michelangelo's work and vigilance: "Once Vasari was sent by Julius III at the first hour of the night to Michelangelo's house to fetch a drawing, and he found him working on the marble Pietà that he subsequently broke. Recognizing who it was by the knock, Michelangelo left his work and met him with a lamp (*lucerna*) in his hand. After Vasari had explained what he was after, he sent Urbino upstairs for the drawing and they started to discuss other things. Meanwhile Vasari turned his eyes to look at a leg of the Christ, on which Michelangelo was working and making some alterations. To stop Vasari seeing it (*per ovviare che 'l Vasari non la vedessi*), Michelangelo let the lamp fall from his hand, and they were left in darkness (*al buio*). Then he called Urbino to fetch a light, and meanwhile [...] he said: 'I am so old that death often drags at my cloak to take me. One day my body will fall just like that lantern, and so the light of my life will be extinguished'."[44]

---

41 Frey, *Nachlass*, pp. 59–60: "È venutomi considerazione, che Michelagniolo, d'udita io, e che lo sa anche Daniello e messer Tomao Cavalieri e molti altri suoi amici, che la pietà delle cinque figure, ch'egli roppe, la faceva per la sepoltura sua; e vorrei ritrovare, come suo erede, in che modo l'aveva il Bandino. Perché se la ricercherete per servirvene per detta sepoltura, oltre che ella è disegniata per lui, evvi un vechio che egli ritrasse sé, non sendo stata poi tolta da Tiberio, procurerei di averla e me ne vorrei servire per ciò" (Vasari a Leonardo Buonarroti in Rome, 18.03.1564).
42 Wallace, *Michelangelo*, p. 263.
43 On the group, which has been recently cleaned, the missing leg and the identification of the supposed portrait see Stechow, Joseph; Steinberg, Michelangelo's Florentine *Pietà*; Wallace, Michelangelo, Tiberio Calcagni; Kristof, Michelangelo.
44 Vasari, *La vita di Michelangelo*, vol. 1, p. 748; vol. 4, pp. 2119–2120 (I have slightly modified the English translation in Vasari, *Lives* (1987), pp. 428–429).

Fig. 9: Michelangelo Buonarroti: *Pietà Bandini*, ca. 1547–1555, marble, Museo dell'Opera del Duomo, Florence.

The two previously discussed senses of 'vigilance' are combined in this dark anecdote: firstly, the working practice of working at night with an artificial light which relates to strict self-discipline; secondly, working at night, while nobody can watch as a process with which to "invigilate" one's own working methods and errors, so as not to be 'copied' or 'robbed' (as in the previous anecdote), nor allow these errors to be seen in the case of failure. With this story, Vasari describes Michelangelo's embarrassment about letting even a friend and colleague know about the fault of the group.[45]

In addition, the final *dictum* by the artist ("questa mia persona caschera un dì come questa lucerna, e sarà spento il lume della vita") underlines the metaphoric parallel between the *lucerna* (a common attribute for allegories of *Vigilanza*) and the *lume della vita*, pointing to a notion of "vigilance" as a necessary virtue for any Christian who does not know when death will come. As Michelangelo wrote to his nephew as early as 1549: "ogni ora potrebbe esser l'ultima mia" – which acquires an even more pregnant meaning in relation to this broken and unfinished sculpture, meant for his own tomb.[46]

The two anecdotes about the signature of the *Vatican Pietà*, made by a young Michelangelo, and the nocturnal work at the *Pietà Bandini* undertaken by the old artist, are also inscribed with an understanding of the biological course of the life of an artist and the development that takes place over the years until one reaches old age.[47] Interestingly, in the case of the *Vatican Pietà*, nocturnal work is linked to the maximum finiteness of a work (the inscription of the signature on a polished statue), while in the second example vigilance is connected to a piece of work that can never be finished. Indeed, in the last anecdote, nocturnal work becomes a crucial activity which, at least in the version of the story told by Vasari, overlaps with a vigilant expectation (in a religious sense) of the hour of death. In this sense, the Christian notion of 'vigilance' also becomes an important concept for the construction of the literary conceptualizations of the particular working method, later known as Michelangelo's *non finito*.[48]

---

45 Clements, Michelangelo on effort, p. 304.
46 Buonarroti, *Il carteggio*, vol. 4, pp. 307–308.
47 Recent works on artists and old age (including Sohm, *The artist*) do not discuss the theme of vigilance.
48 It would be impossible to sum up the existing scholarship on the topic of *non finito* here. However, in the many essays on this notion the connection between nocturnal vigilance and *non finito* is usually not taken into consideration.

Towards a Notion of the Vigilant Artist

Michelangelo's nocturnal practices, as filtered through the pen of Vasari in the three stories considered above, must, at the same time, be viewed as extremely peculiar and unique to Michelangelo's *persona* as constructed by Vasari and other writers, but also as part of a larger context and discourse, in which we have seen other artists using the night to different aims. Michelangelo's vigilance should be considered in a larger context of nocturnal practices of different types pertaining to other artists of this and other times, upon which I cannot expand here. A further crucial side of this exploration should also consider the dangers of the night for artists – dangers, which seem to be explicitly referred to in a letter by Leonardo del Sellaio to Michelangelo from 14 December 1521: "Altro nonn ò da dire, salvo richordarvi nonne a[n]dare di notte e lasc[i]are le pratiche nocive all'animo e al chorpo."[49] These suggestions deserve further investigation.

In this essay, I just scratched the surface of the many possible facets of artist vigilance by collecting some narration of nocturnal practices in art historical sources of the Cinquecento. So far, at least three possible ways in which Michelangelo's vigilance as described by Vasari can be understood have emerged. First of all, *vigilanza* is an element of the habits and character of the artist. However, it cannot be dismissed just as a physiological lack of sleep. On the contrary, vigilance works as, firstly, an intensification of the artist's activity, that is an alteration of the normal day-night rhythm that makes him "vigilantissimo", a state which is instrumental to achieving a higher scope (such as the achievement of perfection, victory in a competition and mastery over an extremely competitive field). Secondly, in a horizontal sense, it is also necessary to "keep vigil" over one's own work, artistic property, and working methods – in other words to defend both authorship and secretiveness, which, in the case of Michelangelo, became proverbial; in the anecdote recounting the episode relating to the young Michelangelo's signature, vigilance becomes a necessary weapon in an extremely competitive field. Thirdly, in a vertical sense, nocturnal vigilance boasts a deeper religious and existential meaning, one which Vasari's text constructs to explain the penitential work ethic of the old artist and his peculiar way of sculpting incessantly without ever finishing his work, not least because this would correspond not only to the end of his career as an artist, but his physical life, too.

In this last sense, *vigilantia* is also the Evangelical virtue of any individual who lives in expectation, not only of the last hour, but also of God's reckoning, which must have some further meaning for an artist who produced such a pow-

---

49 Michelangelo, *Il carteggio*, vol. 2, pp. 336–337.

Fig. 10: Michelangelo Buonarroti: *Last Judgment*, 1536–1541, fresco, Sistine Chapel, Vatican City.

erful representation of the *Last Judgment* (Fig. 10). Among the sources relating to this fresco, there exists also a description of the final day in the Gospel of Matthew, in which the following line also appears: "Vigilate ergo, quia nescitis qua hora Dominus vester venturus sit".[50] This image exhorts Christians to incessantly expect that the day of reckoning will be upon them. At the same time, it offers in itself an example of a further and more important role for artists in cultures of vigilance: a specific responsibility (changing from place to place and from time to time) to 'see better', to create forms, and, in doing so, to alert society to dangers or invisible things. According to this hypothesis, to be further investigated and tested with other case studies from different periods and places, artists assume a role which recalls that of special sentinels: thanks to their incessant practice and their imaginative skills that never sleep, they assume a responsibility to make contemporary onlookers aware of, and ready for, things that they would otherwise not be able to see, nor imagine.

Bibliography

Adorno, Francesco/Zangheri, Luigi (eds.): *Gli statuti dell'Accademia del Disegno.* Florence 1981.
Alberti, Francesca/Bodart, Diane (eds.): *Gribouilage/Scarabocchio. Da Leonardo da Vinci a Cy Twombly*, Rome 2022.
Barolsky, Paul: Vasari's *Lives* and the art of storytelling. In: Burzer, Katja/Davis, Charles/Feser, Sabine/Nova, Alessandro (eds.): *Le Vite del Vasari. Genesi, topoi, ricezione/Die Vite Vasaris. Entstehung, Topoi, Rezeption.* Venice 2010, pp. 49–52.
Battaglia, Salvatore: *Grande Dizionario della Lingua Italiana.* Turin 1961–2009.
Biblia vulgare istoriata, Venezia 1490.
Bloemacher, Anne: *Raffael und Raimondi. Produktion und Intention der frühen Druckgraphik nach Raffael*, Berlin/Munich 2016.
Boskamp, Ulrike: Kunst oder Spionage? Kippbilder zwischen Ästhetik und Militär. In: Assmann, Aleida/Assmann, Jan (eds.): *Aufmerksamkeiten. Archäologie der literarischen Kommunikation.* Munich 2001, pp. 151–169.
Boskamp, Ulrike: The Artist as Spy – Artistic Mobility and the Power of the Image. In: Johnson, Lewis (ed.): *Mobility and Fantasy in Visual Culture.* London/New York 2014, pp. 185–198.
Bredekamp, Horst: Der Künstler als Souverän (1549). In: *Michelangelo: fünf Essays.* Berlin 2009, pp. 59–68.
Brendecke, Arndt et al.: *Vigilanzkulturen. Transformationen – Räume – Techniken. Antrag auf Einrichtung und Förderung des Sonderforschungsbereichs 1369.* Munich 2019.

---

50 Matthew, 24,29–42: "Statim autem post tribulationem dierum illorum sol obscurabitur, et luna non dabit lumen suum, et stellae cadent de caelo, et virtutes caelorum commovebuntur: et tunc parebit signum Filii hominis in caelo: et tunc plangent omnes tribus terrae: et videbunt Filium hominis venientem in nubibus caeli cum virtute multa et majestate. Et mittet angelos suos cum tuba, et voce magna: et congregabunt electos ejus a quatuor ventis, a summis caelorum usque ad terminos eorum. [...] Vigilate ergo, quia nescitis qua hora Dominus vester venturus sit."

Buonarroti, Michelangelo: *Il carteggio di Michelangelo*. Posthumous edition by Giovanni Poggi. Ed. by Paola Barocchi and Renzo Ristori. Florence 1965–1983.

Ciammitti, Luisa (ed.): *Ercole Roberti. La Cappella Garganelli in San Pietro*. Bologna 1985.

Clements, Robert J.: Michelangelo on Effort and Rapidity in Art. In: *Journal of the Warburg and Courtauld Institutes*, 17/3,4 (1954), pp. 301–310.

Daston, Lorrain: *Eine kurze Geschichte der wissenschaftlichen Aufmerksamkeit*. Munich 2000.

Franceschini, Chiara: Le ore di Michelangelo: tempi del lavoro, notte e *vigilantia* nella Sagrestia Nuova. In: Aurenhammer, Hans/Föcking, Marc/Nova, Alessandro/Ott, Christine (eds.): *Capricci luterani? L'opera di Michelangelo e il dibattito religioso del Cinquecento*. Berlin 2022.

Frey, Karl/Frey, Hermann-Walter: *Der literarische Nachlass Giorgio Vasaris*. II. München 1930.

Gombrich, Ernst H.: Pleasures of boredom. In: Gombrich, Ernst H.: *The uses of images: studies in the social function of art and visual communication*. London 1999, pp. 212–25, 287–88.

Heikamp, Detlef: Vicende di Federigo Zuccari. In: *Rivista d'Arte* 32 (1957), pp. 175–232.

Kantorowicz, Ernst H.: The Sovereignty of the Artist. A Note on Legal Maxims and Renaissance Theories of Art. In: Meiss, Millard (ed.): *De Artibus Opuscula XL: Essays in Honor of Erwin Panofsky*. New York 1961, pp. 267–279.

Koerner, Joseph L.: *The Moment of Self-Portraiture in German Renaissance Art*. Chicago/London 1993.

Koerner, Joseph L.: Albrecht Dürer: A Sixteenth-Century Influenza. In: Bartrum, Giulia (ed.): *Albrecht Dürer and his Legacy. The Graphic Work of a Renaissance Artist*. London 2002, pp. 18–38.

Kris, Ernst/Kurz, Otto: *Die Legende vom Künstler: Ein historischer Versuch*. Vienna 1934.

Kris, Ernst/Kurz, Otto: *Legend, Myth, and Magic in the Image of the Artist*. With a preface of Ernst Gombrich. New Haven/London 1979.

Jacyna, L. S.: *Medicine and Modernism. A Biography of Sir Henry Head*. London 2008.

Kristof, Jane: Michelangelo as Nicodemus: The Florence Pietà. In: *The Sixteenth Century Journal*, 20/2 (1989), pp. 163–182.

Langenscheidts Großwörterbuch Latein. Unter Berücksichtigung der Etymologie von Hermann Menge. Berlin/Munich et al. [26]2001.

Leonardo da Vinci: *Treatise on Painting [Codex Urbinas Latinus 1270]*. Transl. and ann. by A. Ph. McMahon with an intr. by Ludwig H. Heydenreich. Princeton 1956 (2 vol., within vol. 2 facsimile of *Libro di pittura di M. Lionardo da Vinci pittore e sculture fiorentino*, Codex Urbinas Latinus 1270).

Lewis, Charlton T./Short, Charles: *A Latin Dictionary. Founded on Andrews' edition of Freund's Latin dictionary. Revised, enlarged, and in great part rewritten*. Oxford 1879.

Mehltretter, Florian/Fingerle, Maddalena: Vigilanz, *vigilantia*, *vigilancia*, *vigilanza*. Italianistische Anmerkungen zur Begrifflichkeit des Sonderforschungsbereichs. In: *Mitteilungen Sonderforschungsbereich 1369 'Vigilanzkulturen'*, 1 (2020), pp. 18–25.

Michelangelo: *Rime*. A cura di Matteo Residori. Milan 1998.

Molteni, Monica: *Ercole de' Roberti*. Cinisello Balsamo 1995, pp. 57–83.

Paleotti, Gabriele: *Discourse on sacred and profane images*. Introd. by Paolo Prodi, transl. by William McCuaig. Los Angeles 2012.

Palomino, Antonio: *Museo Pictorico*. Madrid 1715–1724.

Pestilli, Livio: Michelangelo's *Pietà*? Lombard Critics and Plinian Sources. In: *Source* 19 (2000), pp. 21–30.

Pierio Valeriano: *Hieroglyphica, sive, De sacris Aegyptiorum aliarumque gentium literis commentarij*. Basel 1567.

Pontormo: *Il libro mio*. Edizione critica a cura di Salvatore S. Nigro, presentazione di Enrico Baj, illustrazioni di Enrico Baj, disegni di Pontormo. Genoa 1984.

Ripa, Cesare: *Iconologia*. Padua 1611.

Ripa, Cesare: *Iconologia* [Roma 1603]. A cura di Sonia Maffei, testo stabilito da Paolo Procaccioli. Turin 2012.

Sandrart, Joachim van: *Teutsche Academie der Bau-, Bild- und und Mahlerey-Künste*. Nuremberg 1675–1680 [facsmile ed. Nördlingen 1994, mit einer Einleitung von Christian Klemm].

Sandrart, Joachim van: *Teutsche Academie der Edlen Bau-Bild-und Mahlerey-Künste* [Nuremberg 1675]. Ed. A. R. Peltzer. Munich 1925.

Schott, Geoffrey D.: The art of medicine. Doodling and the default network of the brain. In: *The Lancet* 378, September 24 (2011), pp. 1133–1134.

Sohm, Philip L.: *The artist grows old: the aging of art and artists in Italy, 1500–1800*. New Haven 2007.

Stechow, M.: Joseph of Arimathea or Nicodemus? In: Lotz, Wolfgang/Moller, Lise Lotte (eds.): *Studien zur Toskanischen Kunst*. Munich 1964, pp. 289–302.

Steinberg, Leo: Michelangelo's Florentine *Pietà*: The Missing Leg. In: *Art Bulletin* 50/4 (1968), pp. 343–353.

Vasari, Giorgio: *La vita di Michelangelo nelle redazioni del 1550 e del 1568*. Curata e commentata da Paola Barocchi. Milan-Naples 1962.

Vasari, Giorgio: *Le vite de' più eccellenti pittori, scultori e architettori nelle redazioni del 1550 e 1568*. A cura di Rosanna Bettarini e Paola Barocchi. Florence 1966–1997.

Vasari, Giorgio: *Lives of the artists; a selection*. Vol. 1. Translated by George Bull. London 1987.

Vasari, Giorgio: *Lives of the Painters, Sculptors and Architects*. Transl. by Gaston du C. de Vere [1911–15] with an Introduction and Notes by David Ekserdjian. London 1996.

Vasari, Giorgio: *The Lives of the Artists*. A new translation by J. Conaway Bondanella and Peter Bondanella. New York 1998.

Vasari, Giorgio: *Das Leben des Michelangelo*. Neu übersetzt von Victoria Lorini, herausgegeben, kommentiert und eingeleitet von Caroline Gabbert (New edition Vasari/ed. Alessandro Nova). Berlin 2009.

Walde, Alois/Hofmann, Johann Baptist: *Lateinsches Etymologisches Wörterbuch* Heidelberg [6]2007.

Wallace, William E.: Michelangelo, Tiberio Calcagni, and the Florentine Pietà. In: *Artibus et Historiae*, 21/42 (2000), pp. 81–99.

Wallace, William E.: *Michelangelo. The Artist, the Man, and His Times*. New York 2010.

Wang, Aileen J.: Michelangelo's Signature. In: *The Sixteenth Century Journal*, 35/2 (2004), pp. 447–473.

Weber, Robert/Gryson, Roger (eds.) *Biblia Sacra iuxta vulgatam versionem*. Stuttgart [5]2007.

Wittkower, Rudolf/Wittkower, Margot: *Born under Saturn: The Character and Conduct of Artists: a Documented History from Antiquity to the French Revolution*. London 1963.

Tobias Döring
Uneasy heads. Shakespeares schlafende Herrscher

Eine Filmszene: Der Minister ist sehr ungehalten. „Aber das Resultat bitte", ruft er ins Telefon, „das Resultat!" Der Polizeipräsident sucht ihn nach Kräften zu besänftigen und legt dar, was für Anstrengungen seine Leute unternehmen, um den Mörder schnellstens zu ermitteln – schier übermenschliche Strapazen verlangen sie sich ab: „Herr Minister, meine Leute haben in der Woche keine zwölf Stunden Schlaf mehr. Die Mannschaften vom Überfallkommando kommen nie mehr richtig zur Ruhe, und wenn sie den Dienst antreten, sind sie beinah noch müder, als wenn sie abgelöst werden. [...] Die Beamten der Mordkommission kommen nicht mehr aus den Kleidern heraus, leben beständig auf dem Quivive, ständig in der Hochspannung der Alarmbereitschaft, leben ständig auf dem Sprung!"[1] Während dieser Ausführungen sehen wir einige Uniformierte in der Wachstube schlafen; womöglich sollen sie eben den Dienst antreten und sind doch seit dem letzten nicht mehr aus den Kleidern rausgekommen. Denn interessanterweise sagt ihr Vorgesetzter ja, dass ihre eigentliche Dienstzeit weniger ermüdend als die vorgeblichen Ruhephasen sei, wahrscheinlich weil die strapaziöse Arbeit Wachsamkeit nicht nur erfordert, sondern zugleich schafft. Nur so mag man mutmaßlich mit zwölf Stunden Schlaf pro Woche – das sind pro Nacht rund einhundert Minuten – durchkommen: in Permanenzalarmbereitschaft. Ist man erst aus den Kleidern raus, ist es mit dem Quivive vorbei: ein vielsagender Ausdruck, wörtlich „wer lebt?" oder „wer da?", eigentlich der Ruf eines Wachpostens aus dem Ancien Régime,[2] der redensartlich heute noch ein Körperregime hochgespannter Wachheit meint.

Auf diese Weise inszeniert Fritz Langs Film M – EINE STADT SUCHT EINEN MÖRDER (1931) den Beginn der Großfahndung nach einem Berliner Kinderschänder: als einen fast schon rauschhaft mitreißenden Massenzustand kollektiver Dauervigilanz, der die gesamte Stadtbevölkerung von den Eliten und den Ordnungskräften, die sich in der zitierten Szene am Telefon verständigen, über die bürgerlichen Schichten bis zu den Straßenhändlern, Bettlern, Ganoven, Halb- und Unterweltbaronen vollständig ergreift und zur Zusammenarbeit bringt.

---

[1] Transkription des Dialogs 0:15:31–0:16:07 von folgender DVD-Version des Films: M – EINE STADT SUCHT EINEN MÖRDER (Deutschland, 1931). Die großen deutschen Filmklassiker. Filmmuseum Berlin, Deutsche Kinemathek, 2003.
[2] *Duden* (2021), https://www.duden.de/rechtschreibung/Quivive [letzter Zugriff: 11. August 2021].

 Open Access. © 2022 bei den Autorinnen und Autoren, publiziert von De Gruyter. Dieses Werk ist lizenziert unter einer Creative Commons Namensnennung 4.0 International Lizenz.
https://doi.org/10.1515/9783110765137-006

Letztlich, wie der Film behauptet, mit Erfolg. Auch wenn der Polizeipräsident dem Minister telefonisch noch erklären muss (das ist die oben ausgelassene Passage), dass dieser Dienst „nichts als eine nervenfressende Kleinarbeit" sei, „die zu 80, ja zu 90 Prozent aus Misserfolgen besteht", führt diese Arbeit doch zum Ziel und bietet schließlich das erhoffte Resultat. Erst dann, so dürfen wir ergänzen, können auch die Mannschaften vom Überfallkommando endlich wieder schlafen. Für sie endet die Zeit der Wachsamkeit mit der Verhaftung des Verdächtigen – vorerst jedenfalls und sicher lang genug, bis sie mit frischen Kleidern sowie Kräften wieder neu auf dem Quivive sind. Wann aber endet diese Zeit für die Instanz, die telefonisch drängt und mahnt? Wann schlafen eigentlich die höheren und höchsten Autoritäten?

Dieser Frage will mein Beitrag nachgehen und richtet sich dafür auf Beispiele aus der Theaterkultur im frühneuzeitlichen England. Mit ausgewählten Dramentexten insbesondere William Shakespeares und Blick auf deren Kontexte erkundet er, welche kulturellen Anleitungen zur Wachsamkeit sich zeitgenössisch ausprägen und *in* sowohl wie *an* den Stücken reflexiv verhandelt werden. Dazu richtet er sich exemplarisch auf das englische Historiendrama der 1590er Jahre, für die Elisabethaner ein modernes, nicht antik verbürgtes und sehr populäres Bühnengenre, das Ereignisse und Figuren der spätmittelalterlichen Landesgeschichte auf Grundlage der Tudor-Historiographie auf die Bühne bringt und dabei immer wieder insistent nach Rollen- und Funktionsmustern von Autoritätsfiguren fragt. Nicht nur deshalb scheint es vornehmlich geeignet, Überlegungen über das Verhältnis von Schlaf und Herrschaft anzustoßen: Wie ist dies in der Zeit um 1600 modelliert und diskutiert worden? In welcher Weise trägt speziell die Shakespeare-Bühne dazu bei, Zeiten herrschaftlicher Wachsamkeit zu bestimmen oder zu entgrenzen? Und ließe sich das Playhouse, das solche Dramen öffentlicher Aufmerksamkeit unterstellt, womöglich nicht allein als Reflexionsmedium, sondern selbst als Aushandlungs- oder Gestaltungsraum für dieses Verhältnis begreifen?

Meine Ausführungen zielen auf drei Hypothesen, die sich stichwortartig so zusammenfassen lassen: Erstens, wer von Vigilanzkulturen sprechen will, kann nicht von Schlafkulturen schweigen. Zweitens, souverän ist, wer nicht nur über den Schlaf, sondern im Schlaf herrscht. Drittens, im Shakespeare-Theater ist das Publikum in diesem Sinne souverän. Doch ob damit auch Prestigeprofit verbunden sei, mag und muss vorerst offenbleiben. Denn wie das Titelzitat meines Beitrags andeutet, sind Schlafentzug und Schlafentzogenheit nicht unbedingt und immer von Gewinn:

> Then, happy low, lie down;
> Uneasy lies the head that wears a crown.
> (*2 Henry IV*, 3.1.30 – 31)[3]

So heißt es in einem von Shakespeares Historiendramen: ein Imperativ und eine Sentenz, die bereits sprichwörtlich gewordenes Wissen kundtut. „Crowns have cares", sagt man zu Shakespeares Zeiten[4] und meint, dass einen König so viel Sorge umtreibt, dass er nie zum Schlafen kommt. In Shakespeares Fassung dieser Weisheit finden wir sie in einem Couplet, das *crown* semantisch kontrastiv auf *down* reimt und damit zu verstehen gibt, dass die da unten, „the happy low", ihr Haupt so unbeschwert zur Ruhe betten können, wie es gekrönten Häuptern eben nicht vergönnt sei.

Hier spricht ein viel geplagter Herrscher, Henry IV, der sich des Nachts nach nichts so sehr sehnt wie nach Schlaf:

> O Sleep, O gentle Sleep,
> Nature's soft nurse, how have I frighted thee,
> That thou no more wilt weigh my eyelids down
> And steep my senses in forgetfulness?
> (*2 Henry IV*, 3.1.5 – 8)

Die Verse stammen aus *King Henry IV, Part 2*, erstmals aufgeführt um 1597. Zu mitternächtlicher Stunde erklärt die Titelfigur monologisch, warum sie keine Ruhe findet. So führt ein kurzer Weg vom Polizeichef in Langs *M* zu Shakespeares Herrscher: Beide sind Figuren andauernder Wachsamkeit und Wachheit, die auch dann noch gilt und gelten muss, wenn ihre Untergebenen endlich in den wohlverdienten Schlaf sinken. An der Spitze der gesellschaftlichen Hierarchie, die mit „the head" auch metaphorisch angesprochen wird, ist Vigilanz ein Dauerzustand: „uneasy", das heißt besorgt, bedrängt, gestört, unruhig, umgetrieben, unwohl oder unbequem mögen solche Häupter sein – das Adverb hat zeitgenössisch ein breites Bedeutungsspektrum,[5] durch das sich das semantische Merkmal „keine Ruhe" hindurchzieht – schläfrig oder schlafend sind sie jedoch nie.

Dieser Zusammenhang wurde zeitgenössisch auch schon programmatisch formuliert: „a great watchman and shepheard" sei der König seinem Volk, erklärt 1620 King James I in einem Traktat mit dem Titel *A Paterne for a Kings Inaugu-*

---
[3] Alle Shakespeare-Zitate nach folgender Gesamtausgabe, angeben mit Kurztitel des Stücks sowie Akt, Szene, Zeile: Greenblatt u.a., *The Norton Shakespeare*.
[4] Bulman, *King Henry IV, Part 2*, S. 286
[5] Vgl. *Oxford English Dictionary*.

ration, "and his eye must neuer slumber nor sleepe for the care of his flocke".[6] Er richtet sich an seinen Sohn und Nachfolger Prince Charles und sagt ganz explizit, dass eine Krone nie ein Daunenkissen sei und niemanden zur Ruhe lade: „Looke not therefore to finde the softnesse of a doune-pillowe in a croune, but remember that it is a thornie peece of stuffe, & ful of continual cares".[7] Die Formulierung dieser Wächter- und Schäferrolle, auf die der alternde Monarch (fünf Jahre vor dem eigenen Ableben) seinen Erben einstimmt, folgt fast wörtlich einem biblischen Topos, den wir aus den Psalmen kennen: „The Lord is my shepherd", heißt es in Psalm 23 und in Psalm 121: „He that keepeth thee will not slumber. Behold, He that keepeth Israel shall neither slumber nor sleep."[8] Im absolutistischen Herrschaftsverständnis der Stuarts, das James propagiert, wird Königtum vermittels permanenter Wachheit als göttliche oder zumindest gottgleiche Instanz ausgewiesen. Der Souverän ist nicht nur der Allsehende, gemäß einer bekannten Herrschertopik, die sich vornehmlich in Spiegelattributen und -assoziationen darstellt,[9] sondern zugleich der Nieschlafende. Beide Zuschreibungen sind ersichtlich eng verbunden, denn königlich-göttliche Allsicht verträgt offenkundig keine Augen, die jemals geschlossen sind.

In emblematischer Darstellung bedarf es für den Königsschlaf daher besonderer Aufwendung, wie eindrucksvoll der folgende Emblemtext zeigt (vgl. Abb. 1):

Ob ich gleich schon lig und ruhe / mein Augen doch halb offenstahn /
Spricht der schlaffende Löw / mein Schwanz ohn vnderlaß sich regt /
Ein König / Fürst vnd Herr sorg für die Vnderthanen tregt /
Sein Herz wacht / ob er schon den natürlichen Schlaff nimbt an.[10]

Diese Subscriptio zieht eine Differenz zwischen natürlichem, das heißt körperlichem Schlaf und wachendem Herzen – gewiss eine subtile Unterscheidung, die nicht ohne weiteres zu erkennen sein dürfte und daher für Beobachter des Löwen an seinem regsamen Schwanz kenntlich werden soll. Zugleich konkretisiert sich der hier reklamierte Doppelzustand von Wachen und Schlafen in dem Hinweis,

---

6 James VI and I, *A Paterne for a Kings Inauguration*, S. 50 f.
7 James VI and I, *A Paterne for a Kings Inauguration*, The Epistle Dedicatorie, n.p.
8 Psalms. In: *King James Bible Online* (2021) [1611], https://www.kingjamesbibleonline.org/Psalms-Chapter-121/ [letzter Zugriff: 11. August 2021].
9 Dieser Zusammenhang wird im Teilprojekt „Spiegelspiele" im Rahmen des Sonderforschungsbereichs ‚Vigilanzkulturen', dem der vorliegende Band entstammt, ausführlich untersucht.
10 Parte Tamen Vigilat. In: *Sapientia Picta* (1624). Herzog August Bibliothek Wolfenbüttel: Li 6643 (2), http://emblematica.grainger.illinois.edu/detail/emblem/E000571 [letzter Zugriff: 11. August 2021].

Abb. 1: Parte Tamen Vigilat. In: Hoefnagel, Jakob: *Sapientia Picta [...]*. Frankfurt 1624.

dass der ideale Herrscherlöwe die Augen immer nur zur Hälfte schließt oder, wie man sinngemäß auslegen darf, mit einem Auge schläft, während das andere geöffnet bleibt. Denn eine Anmerkung über der Pictura verweist uns auf die Quelle und das mythische Modell, dem dieses Idealbild folgt: Argos, der hundertäugige Riese, von dem das erste Buch in Ovids *Metamorphosen* erzählt,[11] dass er zum Schlafen stets nur einige seiner zahlreichen Augen schließe und mit den anderen weiter aufpasse (weshalb Hera ihn als Wächter einsetzt, um Zeus daran zu hindern, die liebreizende Io, von Zeus vorsorglich schon in eine Kuh verwandelt, zu begatten). Ein gleichermaßen vigilanter Schlaf, so argumentiert das Emblem, komme auch dem Fürsten zu. Seine Sorge um die Untergebenen lasse mindestens das Herz stets wachen. Schläft der Fürst dagegen völlig, so lässt sich folgern, fällt das Reich in Unordnung und alle Untertanen kommen in Gefahr. Wer daher frühneuzeitliche Herrscher mit solcherart Modellfiguren nach Zeiten der Wachsamkeit befragt, kommt kaum umhin zu konstatieren, dass sie bei ihnen auf Dauer gestellt sind. Herrschen hieße prinzipiell und programmatisch, immer wachsam sein zu müssen.

Tatsächlich zeigen etliche von Shakespeares Dramen, beispielsweise *Hamlet*, *Macbeth* und *The Tempest*,[12] was passiert, wenn dieser Grundsatz nicht beachtet wird: Mord, Verrat, Umsturz und Usurpation sind eine stete Konsequenz, sobald der höchste Wächter seiner höchsten Pflicht nicht nachkommt. Der Grund liegt auf der Hand. Schlaf, so heißt es schon bei medizinischen Autoritäten wie Thomas Cogan 1589, sei immer eine Stillstellung der Sinne – „an impotencie of the senses" – und damit Ausschaltung der Wahrnehmungsfunktionen, die sie ansonsten für uns leisten: „the senses be unable to execute their office, as the eye to see, the eare to heare, the nose to smell, the mouth to taste [...], and therefore Sleepe is called of some the bonde of the senses."[13] Der Souverän als der zentrale Leistungsträger des Gemeinwesens darf einer solchen Sinnesfesselung nicht unterworfen sein. Daraus hat man in der Forschung gefolgert, dass Königtum und Schlaf in keinem Fall zusammengehen können, nicht nur bei Shakespeare, sondern überhaupt im zeitgenössischen Verständnis. Benjamin Parris nennt Schlaf einen Widerspruch zur maßgeblichen Vorstellung eines Monarchen, „a conceptual aporia for the doctrine of the King's Two Bodies".[14] Wer sich als König einem Schlafbedürfnis hingibt, stellt die Bedürfnisse des „body natural" über die Forderung des „body politic" – um die Konzepte, die Ernst Kantorowicz für diese

---

11 Ovid, *Metamorphoses*, S. 45–48.
12 Siehe zu den genannten Dramen die Aufsätze von Totaro, Securing Sleep in *Hamlet*, v. Koppenfels, Macbeth und Sherman, Shakespearean Somniloquy.
13 Cogan, *The Haven of Health*, S. 231.
14 Parris, Sovereign sleep, S. 108.

Doktrin eingeführt hat (1957), aufzurufen – und riskiert damit nicht nur das eigene Leben wie der alte Hamlet oder King Alonso in *The Tempest*, sondern überhaupt das Selbstverständnis einer Weltordnung, die darauf gründet, dass ihr Oberhaupt in anhaltender Wachheit allpräsent bleibt. Soweit jedenfalls die Programmatik.

Tatsächlich jedoch sind die hier verhandelten Verhältnisse komplexer. Zumindest sind die Evidenzen, die uns die Shakespeare-Dramen dafür bieten, reicher, vielfältiger und widersprüchlicher, als dass sie sich auf eine derart simple Formel bringen ließen. Allein schon, wenn wir den genannten Mitternachts-Monolog heranziehen, fällt sofort auf, dass Henrys Wachheit keineswegs als idealer oder überhaupt erstrebenswerter Zustand inszeniert wird, sondern als Heimsuchung und Bürde, ja als körperliche wie mentale Qual.

In der medizinischen Ratgeberliteratur der Zeit wird ebenfalls mit Nachdruck vor allzu langen Wachphasen gewarnt: „too much watching is hurthful to the braine: it doth debilitate and weaken the senses: it doth burne the humors, and is the cause of sharpe diseases: sometimes of frensies, of madnesse, melancholy, and deliriums", heißt es 1609 bei Petrus Pomarius Valentinus[15] – ein Hinweis auf den Zusammenhang zwischen Schlafmangel und Wahnvorstellungen, dem auch die psychologischen Einsichten in Shakespeares Stücken folgen, zum Beispiel schon in der frühen *Comedy of Errors*, wo es über einen Protagonisten heißt: „It seems his sleeps were hindered by thy railing, / And thereof comes it that his head is light" (5.1.71–72). An anderer Stelle, in der misogynen Komödie *The Taming of the Shrew*, wird vorsätzlicher Schlafentzug sogar als ein probates Mittel vorgeführt, eine widerspenstige Person zu zähmen, das heißt ihre Persönlichkeit zu brechen und künftig männlichem Diktat zu unterwerfen: „she shall watch all night", verkündet Petruccio seinen Plan zur Domestizierung seiner Ehefrau, „And if she chance to nod, I'll rail and brawl / And with the clamor keep her still awake./ This is a way to kill a wife with kindness, / And thus I'll curb her mad and headstrong humor" (4.1.186–190) – eine Methode, wie der Ehemann zu Anfang seiner Rede klarstellt, wenn er von der Frau als „falcon" spricht (4.1.171), die ansonsten zur Zähmung wilder Tiere, beispielsweise Falken, eingesetzt und in der zeitgenössischen Fachliteratur in der Tat auch so beschrieben wird: „as those that watch Deere to tame them by keeping them from sleepe", erklärt 1619 Thomas Gataker.[16] Wer also in der Lage ist, anderen den Schlaf zu nehmen und ihren Schlaf-Wach-Rhythmus zu bestimmen, unterwirft sie einem strengen Regiment, bindet sie für eigene Zielvorgaben ein wie der Jäger den Falken und manifestiert so die eigene Machtposition.

---

15 Valentinus, *Enchiridion Medicum*, S. 34.
16 Gataker, *The Spiritvall Watch*, S. 8.

Schon diese wenigen Beispiele verdeutlichen, dass Schlaf ein überaus präsentes Phänomen ist, „an almost obsessive concern", wie David Roberts formuliert,[17] das Shakespeare häufiger auf die Bühne bringt und dort stärker thematisiert als jeder andere Dramatiker seiner Zeit und dies obschon im mittelalterlichen wie frühneuzeitlichen Drama, anders als noch im antiken, Schlafszenen durchaus nicht selten sind.[18] Mehr als tausend Textstellen zu diesem Thema lassen sich bei Shakespeare finden, so hat Ronald Hall ermittelt,[19] und darüber hinaus so viele Passagen, in denen Schlafen szenisch auf der Bühne präsentiert wird, dass sie, hintereinander gespielt, anderthalb ganze Stücke ergäben – vermutlich keine allzu unterhaltsamen. Dennoch mag man diese Zahl als Hinweis darauf werten, wie bewusst Shakespeares Dramen eine Schlaf- und Wachrhythmik gestalten und ihre Spannung oftmals gerade durch den Kontrapunkt mit szenischen Ruhephasen ausprägen. Nicht zuletzt aus diesem Grund sind sie zur Erforschung von Vigilanzkulturen von Belang, weil sie Vigilanzintervalle und -interferenzen offenkundig gezielt inszenieren und dabei die Bedingungen von Wachsamkeit nicht bloß in den Geschichten, die sie zeigen, vorführen und erkunden, sondern zugleich einem weiteren Aufmerksamkeitsregime unterstellen: dem des Publikums, das diesen Geschichten zuschauend folgt und womöglich immer dann am wachsamsten sein muss, wenn deren Protagonisten es nicht sind. So werden Zeiten der Wachsamkeit im Playhouse nicht nur beobachtbar und erfahrbar gemacht, sondern reflexiv und selbstreflexiv wie in einem Selbstversuch erkundet. Dass Zuschauer oftmals die eigentlichen Wächter sein mögen, folgt nämlich einem strukturellen Merkmal, das die Dramentheorie als „diskrepante Informiertheit" zwischen dem inneren und äußeren Kommunikationssystem von Dramen beschreibt und das sich oft, wenngleich nicht notwendig, als Wissensvorsprung für das Publikum darstellt.[20] Wer mehr sieht oder mehr weiß als die eigentlich Beteiligten, folgt ihrem Handeln aufmerksamer, da er es in weitere Kontexte einordnen und dessen – womöglich fatale – Folgen besser abschätzen kann. Vorwissen bringt Machtgewinn, wie auch andere Zusammenhänge zeigen: Wer beispielsweise schon Ovid gelesen hat, wird dem oben diskutierten Emblem nur bedingt folgen wollen, denn er weiß, dass der Riese Argos letztlich doch mit allen seinen Augen einschläft und genau dann von Hermes erschlagen wird. Ebenso geht es einigen von Shakespeares Schläfern. In drei Schritten will mein Beitrag diesen Zusammenhängen nunmehr nachgehen und dabei die drei genannten Hypothesen zu begründen suchen.

---

17 Roberts, Sleeping Beauties, S. 235.
18 Bevington, Asleep Onstage, S. 51.
19 Hall, Sleeping Through Shakespeare, S. 24.
20 Pfister, *Das Drama*, S. 79.

Schlafkulturen

Schlaf, so Matthew Fuller, ist etwas, das kein Roboter jemals kann: „People sleep, dogs sleep, but not machines."[21] Diese Einsicht ist ein Ansatzpunkt zur kulturgeschichtlichen Schlafforschung als einer Form historischer Anthropologie, die weitreichenden Aufschluss über die kulturelle Praxis und praxisleitenden Vorstellungen einer spezifischen Epoche oder Gesellschaft verspricht. Für die frühe Neuzeit ist das mehrfach unternommen worden: „Sleep may appear to be an entirely natural activity", schreibt Sasha Handley zum Eingang ihrer umfangreichen Studie, „but its boundaries are heavily shaped by time, place, and culture."[22] Worauf diese Bemerkung zielt und in welcher Weise gerade literarische Texte, die Handley in der Tat auch selbst heranzieht, zur historischen Alltagsforschung beitragen können, lässt sich an folgendem Shakespeare-Beispiel nachvollziehen. Es stammt aus dem Dialog zweier Ehepartner im ersten Teil von *King Henry IV*; die Ehefrau berichtet, wie sie die letzten Nächte zugebracht hat:

> LADY PERCY
> In thy faint slumbers I by thee have watched
> And heard thee murmur tales of iron wars,
> Speak terms of manage to thy bounding steed,
> Cry, „Courage! To the field!" And thou hast talked
> Of sallies and retires, of trenches, tents,
> Of palisadoes, frontiers, parapets,
> Of basilisks, of cannon, culverin,
> Of prisoners' ransom, and of soldiers slain,
> And all the currents of a heady fight.
> Thy spirit within thee hath been so at war,
> And thus hath so bestirred thee in thy sleep,
> That beads of sweat have stood upon thy brow
> Like bubbles in a late-disturbed stream,
> And in thy face strange motions have appeared
> Such as we see when men restrain their breath
> On some great sudden hest. Oh, what portents are these?
> (*1 Henry IV*, 2.3.42–57)

Was die Ehefrau beschreibt, ist offenbar ein Traum beziehungsweise Albtraum, der ihren Mann erregt hat und für den sich unschwer ein spezifisches Szenario rekonstruieren sowie einer Deutung unterziehen lässt. Traumdeutungsdiskurse

---

21 Fuller, *How to sleep*, S. 158.
22 Handley, *Sleep in Early Modern England*, S. 5.

finden ohnehin ein reiches Feld in Shakespeare.²³ Doch dem liegt hier noch eine andere Ebene voraus, die ebenfalls zu Interpretationsakten auffordert, allerdings nicht mutmaßliche Traumbilder betreffend, sondern konkrete Körperreaktionen. Lady Percys Rede demonstriert, wie aufmerksam sie einen Schlafenden beobachtet und sorgsam seine Körperzeichen hermeneutischer Arbeit unterzieht: „Oh, what portents are these?", fragt sie und erkundigt sich damit nach den semiotischen Bedingungen, die ihr ermöglichen, was ihr der Ehemann verschweigen will, dennoch durch Lektüre seines Körpers zu erfahren. Percy plant den Aufstand und nimmt im Schlaf die Schlacht, mit der er seinen König schlagen will, vorweg. Lady Percys Rede ist somit Teichoskopie eines militärischen Geschehens, das noch gar nicht stattgefunden hat und sich bislang nur auf dem Leib eines ambitionierten Kämpfers wie auf einer Bühne abzeichnet. Mit ihrer Lektüre des schlafenden Körpers will sie ihm bedeuten, dass sie weit mehr weiß, als er weiß, dass sie weiß – und demonstriert zugleich dem Publikum die Bedeutsamkeit von Schlaftheater.

Schlaf, so zeigt sich hier, ist weder einfach Einstellung aller Aktivität – wie der Off-Zustand einer Maschine – noch Abwesenheit von Signifikanz, sondern ist selbst in vielfältiger Weise bedeutungstragend und bedeutungsproduzierend, ja, im strikten Sinn des Wortes performativ: durch Schlaf verändert sich etwas in der Welt. Das mag ein Grund sein, warum Schlafen auf der Bühne – eigentlich, wie man mit Sherman meinen sollte, „unpromising for dramatic representation" – derart häufig auftritt und zumal von Shakespeare in vielen Sinn- und Handlungsdimensionen ausgestaltet wird.²⁴ Diese reichen bis zur Unterstellung, dass sich alles handlungsleitende Begehren erst bei Schlafenden wahrhaft entdecken lasse: Als Iago seinem Herrn Othello die Untreue Desdemonas einreden will, behauptet er, ihren angeblichen Liebhaber im Schlaf beobachtet und bemerkt zu haben, wie er seiner Lust sprachlich sowie gestisch Ausdruck gab (*Othello*, 3.3.410–422). Die Behauptung ist erlogen, gewinnt jedoch nur daraus Plausibilität, dass Schlaf als Zeitraum unverstellter Seelenaussprache gilt.

Schlafende allein schon zu betrachten, versetzt daher Beobachter in eine Position erhöhter Kenntnis und Autorität, was im zitierten Beispiel die Ehefrau zumindest zeitweilig klar über ihren Mann erhebt. Ihren eigenen Akt bezeichnet sie hier mit dem Verb *to watch*, das im Sprachgebrauch der Shakespeare-Zeit nicht allein ‚wach sein' heißt als Antonym zu *sleep*, sondern interessanterweise immer schon den Akzent auf ‚wachsam sein', ‚aufpassen', ‚Vigilanz üben' setzt und dabei

---

23 Siehe hierzu beispielsweise Fretz, *Dreams*, Garber, *Dream in Shakespeare* und Hodgkin u. a., *Reading the Early Modern Dream*.
24 Sherman, Shakespearean Somniloquy, S. 180.

vornehmlich im körperlichen Sinn verstanden wird: „Watching is, to speake properly, an affection of the body: and is by way of metaphore onely aplied vnto the soule", erklärt Thomas Gataker in seiner frommen Meditation über Christi Mahnung zur Wachsamkeit (Markus 13,37). Die Bedeutung der betreffenden Verben differenziert er wie folgt:

> Watching therefore and waking are two seuerall things: it is one thing to wake or to be awake, and an other thing to watch. For example: we are all here (I presume) at this present waking; but cannot properly be said to be watching, because neither is it now the ordinarie time of rest, neither (it may be) haue we any present inclination thereunto. But the Disciples of our Sauiour the night before he suffered are said to haue watched with him, Could ye not watch an houre with mee? because both it was then the ordinary time of repose, and they very sleepie and drowsie also themselues.[25]

Die Pointe dieser Unterscheidung liegt wohl darin, dass *watching* einer Willensanstrengung bedarf, die mit Vorsatz und Zielsetzungen verbunden ist, also nicht einfach von selbst oder habituell vor sich geht, sondern Geist und Körper richtiggehend etwas abverlangt und zwar mehr noch als beim bloßen Zuhören einer Predigt (worauf der Prediger beziehungsweise Autor ja selbstreferentiell anspielt). Damit betrifft die semantische Opposition *watch versus sleep* dezidiert kulturelle Praktiken und verweist auf einen Handlungshorizont, der mit dem Terminus *Schlafkulturen* ausgemessen wird.

Nach Autoren wie Sasha Handley (2016), Gareth Sullivan (2012) und Roger Ekirch (2005) ist daher Schlaf nie bloß als biologisch-physiologische Gegebenheit zu nehmen, sondern als kulturelle Praxis zu begreifen, semiotisch produktiv und historisch sehr spezifisch realisiert. In seiner Grundlagenstudie spricht Ekirch für vorindustrielle Gesellschaften von einer Zweiphasenpraxis des segmentierten Schlafens: Einer ersten Schlafphase („first sleep") bis gegen Mitternacht habe eine Zeit ruhevoller Regsamkeit – „quiet wakefulness" – gefolgt, die mit Lektüre, leichter Hausarbeit, Gebeten oder Sex gefüllt wurde, ehe sich nach ein, zwei Stunden eine zweite Schlafphase („second sleep") anschloss.[26] Wenn Handley daher, wie oben zitiert, von den „boundaries" des Schlafens spricht,[27] bleibt zu bedenken, dass solche Grenzen in der frühen Neuzeit nicht nur anders gezogen waren, als wir es selbst gewohnt sind, sondern sich überhaupt ganz anders darstellen und weniger ausgeprägt sein mochten als unter den Bedingungen industrialisierter Lebensformen.

---

25 Gataker, *The Spiritvall Watch*, S. 3.
26 Ekirch, *At Day's Close*, S. 300–311.
27 Handley, *Sleep in Early Modern England*, S. 5.

Von dem komplexen Bedingungsgefüge eines gesunden, erholsamen und bekömmlichen Schlafes handelt im 16. und 17. Jahrhundert eine reichhaltige Ratgeberliteratur. Wie man, wann man und wo man am besten schläft, wie lang oder wie kurz, auf der linken Körperseite liegend (dies am besten zum Einschlafen, damit das Essen derweil richtig in den Magen rutscht) oder auf der rechten Körperseite (dies am besten erst beim zweiten Schlaf) oder gar auf dem Rücken (am besten gar nicht, denn das fördert Albträume), mit welchen Hilfsmitteln, nach welchem Essen, mit was für Folgen, in wessen Gesellschaft und in welcher besser nicht: solche Fragen werden in Gesundheitsbüchern der Epoche ausführlich verhandelt.[28] Derlei Maßnahmen ergeben sich aus dem prekären Fließgleichgewicht der vier Körpersäfte, wie im galenischen Verständnis formuliert, das für die Erhaltung körperlicher Ausgeglichenheit entscheidend und für die gesamte Epoche weiterhin modellbildend ist. „The commodite of moderate slepe", heißt es im Grundlagenwerk *The Castle of Health* des Humanisten Thomas Elyot, 1536 erstmals erschienen und jahrzehntelang immer wieder aufgelegt, „appereth by this, that natural heate, which is occupied about the matter, whereof procedeth noryshment, is converted in the places of digestion, & so digestion is made better, or more perfit by slepe, the body fatter, the mind more quyet and clere, the humours temperate."[29] Schlaf steht also mit den Wirkungsweisen von Verdauungsprozessen in dynamischem Zusammenhang, wie hier beschrieben, entfaltet seine positive Wirkung jedoch nur unter der eingangs genannten Prämisse, dass er „moderate" erfolge. Dieses Adjektiv, das nicht nur ‚maßvoll' und ‚gemäßigt', sondern grundlegend ‚angemessen' oder ‚wohlbemessen' meint, dominiert als Leitvorstellung die Debatte. Extreme, heißt es durchweg, seien unbedingt zu meiden wie auch jeder eigenmächtige Verstoß gegen die Tag-Nacht-Rhythmik geregelten Wachens und Schlafens, die als naturgegebener Ordnungsrahmen gilt und der nächtliches Studium ebenso abträglich sei wie beispielsweise auch ein Mittagsschlaf. Letzterer – dem im Shakespeare-Kontext König Hamlet sich bekanntlich mit fatalen Folgen hingab – fällt schon unter Schlafexzess und wird von den Experten deshalb abgelehnt: „For too much sleepe (besides that it maketh heauie the spirits and senses, the partie also becommeth slouthfull, weake, and effeminate with ouvermuche ydlenesse) ingendreth much humiditie and rawe humors in the bodie, which commonlye assaulte it with sundrie infirmities, messengers of death, and of finall ruine."[30] Insgesamt bezeugen und bestimmen derlei Aushandlungen, wie an den wenigen Zitaten im-

---

28 Die zitierten Ratschläge entstammen dem Traktat *Viæ rectæ ad vitam longam* von Tobias Venner, 1623.
29 Elyot, *The Castle of Health*, S. 46.
30 Northbrooke, *Spiritus est vicarius Christi in terra*, S. 19.

merhin skizzenhaft belegt, eine normative Perspektive auf Praktiken, Rhythmen, Intervalle und Akte des Schlafens, die zur Erforschung von Zeiten der Wachsamkeit wesentlich sein dürfte.

Mit Marcel Mauss und seinem vielzitierten Vortrag von 1934 lässt Schlafen sich daher wie Schwimmen, Fechten, Tanzen oder Gehen als eine Körper*technik* auffassen: „Die Vorstellung, daß das Sich-schlafen-Legen etwas Natürliches sei" so Mauss, „ist vollkommen falsch."[31] Denn ebenso wie es Kulturen und Techniken des Wachseins gibt, gebe es auch solche des Ausruhens, wie er erklärt, Schlafpraktiken also, „die einmal Techniken des Körpers waren."[32] Was heißt das nun, so meine Frage, für Techniken frühneuzeitlicher Herrschaft?

Überwachen und Schlafen

Könige, so der programmatische Konsens der Zeit, sollen dauerhaft wachen, gottgleich weder schlafen noch schlummern. Aber *wollen* sie das überhaupt? Für die weiteren Überlegungen hierzu lohnt ein Blick auf den vollständigen Mitternachts-Monolog von Shakespeares King Henry IV:

> KING
> How many thousand of my poorest subjects
> Are at this hour asleep? O Sleep, O gentle Sleep,
> Nature's soft nurse, how have I frighted thee,
> That thou no more wilt weigh my eyelids down
> And steep my senses in forgetfulness?
> Why, rather, Sleep, liest thou in smoky cribs,
> Upon uneasy pallets stretching thee
> And hushed with buzzing night-flies to thy slumber,
> Than in the perfumed chambers of the great,
> Under the canopies of costly state,
> And lulled with sound of sweetest melody?
> O thou dull god, why li'st thou with the vile
> In loathsome beds and leavest the kingly couch
> A watch-case, or a common larum bell?
> Wilt thou upon the high and giddy mast
> Seal up the ship-boy's eyes, and rock his brains
> In cradle of the rude imperious surge,
> And in the visitation of the winds,
> Who take the ruffian billows by the top,
> Curling their monstrous heads and hanging them

---

31 Mauss, Die Techniken des Körpers, S. 212.
32 Ebd., S. 213.

> With deafing clamor in the slippery clouds,
> That, with the hurly, death itself awakes?
> Canst thou, O partial Sleep, give them repose
> To the wet sea son in an hour so rude,
> And in the calmest and most stillest night,
> With all appliances and means to boot,
> Deny it to a king? Then, happy low, lie down;
> Uneasy lies the head that wears a crown.
> (*2 Henry IV*, 3.1.4 – 31)

Daran ist etliches bemerkenswert, vor allem die nachgerade schmerzhaft starke Schlafsehnsucht des Königs, die sich mit jedem Vers zu steigern scheint und doch dem eigentlich verlangten Herrscherbild zuwiderläuft. Denn, wie gezeigt, haben sich körperliche Belange wie Müdigkeit den idealen Wächterpflichten eines Königs nachzuordnen, in den Worten von Benjamin Parris, „the highly wrought fictions of constant vigilance, immortality, and stately perfection that help to legitimate the doctrine of the King's Two Bodies."[33] Mit dieser Fiktion bricht der König hier, wie übrigens später auch sein Sohn, King Henry V, der im nachfolgenden Stück von Shakespeares Historien-Zyklus ebenfalls einen mitternächtlichen Monolog hält und gleichermaßen bitter seinen Schlafentzug beklagt:

> KING
> I am a king [...], and I know
> 'Tis not the balm, the scepter, and the ball,
> The sword, the mace, the crown imperial,
> The intertissued robe of gold and pearl,
> The farcèd title running fore the king,
> The throne he sits on, nor the tide of pomp
> That beats upon the high shore of this world –
> No, not all these, thrice-gorgeous ceremony,
> Not all these, laid in bed majestical,
> Can sleep so soundly as the wretched slave
> Who, with a body filled and vacant mind
> Gets him to rest [...];
> The slave, a member of the country's peace,
> Enjoys it, but in gross brain little wots
> What watch the king keeps to maintain the peace,
> Whose hours the peasant best advantages.
> (*Henry V*, 4.1.236 – 261)

---

33 Parris, Sovereign sleep, S. 102.

Spät nachts vor der Entscheidungsschlacht streift hier der königliche Feldherr, getarnt in einfacher Soldatenkleidung, durchs Lager und sinniert, was ihn gleichwohl von allen Untertanen kategorisch trennt: die stete Sorge um den Frieden, der noch den Geringsten unter ihnen ruhig schlafen lässt, während der König diesen Frieden wahren muss und eben davon umgetrieben wird. In fast den gleichen Worten wie sein Vorgänger und Vater und mit demselben Argument zieht Henry V so die Grenze zwischen Schlaf und Wachen als Distinktionslinie des Königtums. Denn anders beispielsweise als die Wächter, die zu Beginn von *Hamlet* auf Schloss Elsinore die Ruhe sichern und dazu jeweils eine klar bemessene Dienstzeit leisten, bevor sie sich zu Bett legen – „'Tis now struck twelve – get thee to bed, Francisco", sagt der ablösende Kollege (*Hamlet*, 1.1.5) –, dürfen königliche Herrscher nie auf Schichtwechsel hoffen. Ihr Wächteramt währt dauerhaft. Warum aber hadern diese beiden Shakespeare-Könige dann derart mit dieser Grundbedingung ihrer Rolle?

In einer scharfsinnigen Lesart des Mitternachts-Monologs von Henry IV hat Garrett Sullivan argumentiert, dass hier ein König seine Schlaflosigkeit derart herausstellen und dramatisieren muss, um sich durch sie in seinem Status zu bestätigen: „Insomnia marks the king as king, and as such his sleeplessness puts to rest the anxious question of Henry's right to rule, or least so Henry hopes. That he does not sleep marks him as true king."[34] Dieser Status nämlich ist höchst anfechtbar. Die Legitimität von Henrys Herrschaft ist so zweifelhaft, weil er einst den rechtmäßigen, gottgeweihten, aber schwachen Vorgänger, Richard II, zur Abdankung gezwungen und ihm die Krone abgenommen hat – das zeigt Shakespeares vorausgehendes Historiendrama *Richard II* –, weshalb ihn seither das schlechte Gewissen plagt und nicht zur Ruhe kommen lässt. Diesen Zusammenhang, so Sullivan, unterziehen Henry IV wie auch sein Sohn Henry V, der die väterliche Schuld geerbt hat, in ihren Monologen einer strategischen Umdeutung, indem sie sich auf Schlaflosigkeit als Distinktionsmerkmal für Könige berufen, um sich auf diese Art entsprechend zu markieren, das heißt als königstauglich auszuweisen: „Sovereign authority throughout the *Henry IV* plays and *Henry V* is constituted in terms of both sleeplessness and wakeful vigilance – with, that is, the denial of monarchical sleep and, by extension, of the insistent demands on the king's biological life."[35] Diese These, die später noch weiterzudenken und womöglich auch zu überdenken ist, fordert zunächst eine etwas genauere Lektüre der Schlaflosigkeitsrede von Henry IV.

---

[34] Sullivan, *Sleep, Romance and Human Embodiment*, S. 92.
[35] Ebd., S. 90 f.

Vorangetrieben durch eine ganze Serie von Fragen, werden darin eine Reihe von Vergleichs- und Kontrastfiguren aufgeboten, Schläfer, von denen sich der König, wie er darlegt, unterscheidet. Am kuriosesten darunter ist die Figur des Schiffsjungen (Vers 19 ff.), der hoch oben im Mastkorb Wache halten soll und der sich dennoch irgendwann, vom Schwanken der Wellen und des Windes eingelullt, dem sanften Schlaf ergeben darf. Eigentlich eine Vigilanzfigur ersten Ranges, bezeugt sie für Henry dennoch bloß die Allmacht des Schlafes, die jeden Wächter früher oder später überwältigt, sich der Macht des Königs aber widersetzen und dauerhaft entziehen will. Das Königsbett, „the kingly couch" (Vers 16), so heißt es weiter, sei ein „watch-case" (Vers 17), erneut ein doppelsinniger Ausdruck, der sich entweder als Wächterhäuschen oder als Uhrengehäuse lesen lässt.[36] Sofern wir der zweiten Lesart folgen, wäre die Implikation, dass die darin befindliche Königsperson der ewig emsigen Mechanik gleiche, die niemals ruht, sonst wäre sie außer Funktion. Für das Jahr 1413, in dem die Szene historisch spielt, ist ein solches Uhren-Bild anachronistisch (die älteste Taschenuhr datiert vom Ende des 15. Jahrhunderts).[37] Entscheidend ist vielmehr die semantische Suggestion der englischen Bezeichnung für eine portable Uhr, *a watch*, die nicht wie eine stationäre *clock* durch Glockenschlag die Zeit verkündet, sondern beachtet und betrachtet werden muss – *to watch* –, also einen aktiven Uhrenleser verlangt, der im Bedarfsfall selbst die anschließend genannte Alarmglocke schlägt. Taschenuhren, wie sie erst zu Shakespeares Zeiten gängig werden und tatsächlich in der Ikonographie der Tudor-Porträtkunst erstaunlich präsent sind,[38] melden sich grundsätzlich nicht von selbst; so sind Taschenuhrenträger allein deshalb schon zur Wachsamkeit gefordert, weil sie nicht vergessen dürfen, auf die Uhr zu schauen.

Shakespeares König aber sehnt sich nach Vergessenheit, „steep my senses in forgetfulness" (Vers 8), und dramatisiert die eigene Schlaflosigkeit in dem Maße, wie er die sinnliche Lust der Ruhe preist. Für ihn, so der Sprechakt, soll die Zeit der Wachheit endlich an ein Ende kommen. Das steht in so offenkundigem Kontrast zum königlichen Selbstverständnis als müdigkeitsbefreitem sowie schlafenthobenem Wächter, dass man darüber weiter nachdenken muss. Dieser Kontrast zeigt sich auch körperlich unübersehbar auf der Bühne, denn der Monarch tritt hier im Nachtgewand auf, wie die Szenenanweisung ausdrücklich verlangt: „*Enter the* KING *in his nightgown*". Auch wenn das unserer Vorstellung

---

36 Vgl. Humphreys, *King Henry IV, Part 2*, S. 90 und Bulman, *King Henry IV, Part 2*, S. 284.
37 Vgl. Dohrn-van Rossum, *Geschichte der Stunde*; für diesen Hinweis danke ich Arndt Brendecke.
38 Vgl. Faraday, Tudor time machines; für diesen Hinweis danke ich Chiara Franceschini.

von einem Schlafanzug nicht ganz entsprechen mag,[39] ist dennoch völlig klar, dass ein solches Kleidungsstück, wie es im Shakespeare-Kontext sonst allein der Geist des alten Hamlet trägt, als er den Sohn im Schlafgemach der Mutter heimsucht (3. Akt, 4. Szene), aller königlichen Ikonographie eklatant zuwiderläuft.

Abb. 2: Künstler unbekannt: *Edward VI and the Pope*, um 1570, Öl auf Holz, The National Portrait Gallery, London.

Wenn man deshalb bildliche Darstellungen englischer Herrscher einmal daraufhin durchsieht, wird man in der National Portrait Gallery nur ein einziges Gemälde finden, das einen König derart porträtiert (vgl. Abb. 2): Es ist ein anonymes Gruppenbild aus den 1560er Jahren (das heißt zu Beginn der elisabethanischen Zeit), das Henry VIII im Bett und „nightgown" zeigt, allerdings nicht schlafend, sondern wachend und sterbend und – das ist entscheidend – mit einer sprechenden Geste, die auf seinen Sohn und Nachfolger Edward VI verweist und so signalisiert, dass dieser nun das Werk des Vaters (gemeint ist die englische Reformation) fortsetzen und vollenden werde.[40] Im Nachtgewand also ist der

---

39 Vgl. Linthicum, *Costume in the Drama of Shakespeare and his Contemporaries*, S. 184.
40 Vgl. Aston, *The King's Bedpost*.

Monarch eigentlich keiner mehr, entrückt schon wie ein Geist. Das Gewand zeigt vielmehr an, wie jetzt das Königtum auf einen anderen übergeht und weist den so signifizierten Körper als *body natural*, das heißt zeitlich begrenzten Körper aus, während der überzeitliche *body politic*, ganz wie im Bild zu sehen, künftig in einem anderen fortlebt. Wenn uns daher Shakespeares König auf der Bühne solcherart begegnet, mag schon sein Schlafkostüm bezeugen, dass er sich selbst der Zeitlichkeit unterstellt. Dabei ist Henrys Gewand wohl weniger ein Akt der Erniedrigung als eine Selbsterniedrigung zum Zweck einer demonstrativen Demutsgeste: Das Nachthemd erscheint zugleich als Bußgewand im Sinne von Gerd Althoff, der die Symbolik solcher Herrschaftsgesten untersucht hat.[41] Kaum anders nämlich als Richard III oder Macbeth – Königsschurken, die den Thron durch Usurpation und Mord erlangt haben, zeigt sich auch Henry IV schlaflos und geplagt als Sünder: „sleeplessness", stellt Marjorie Garber in ihrer Studie über Shakespeares Träumer fest, ist generell „the mark of a troubled condition, the outward sign of an inward sin."[42] Darauf deutet letztlich auch der Doppelsinn des Verbs, mit dem Henry seinen Monolog beschließt: „Uneasy *lies* the head" (Vers 31) kann, einem oft gebrauchten Wortspiel folgend, ja auch heißen, dass dieses Haupt nicht nur liegt, sondern lügt.

In jedem Fall sind königliche Schlafgewänder wie übrigens auch Schlafgemächer, wie von Anna Whitelock (2013) untersucht, emphatisch als politische Markierungen zu lesen, Signifikanten der frühneuzeitlichen Herrschaftspraxis, die privilegierte Sichtfreigaben kennt,[43] das heißt Akte der Zurschaustellung und wechselweise des Verbergens, aber kaum königliche Privatsphäre. In dem Zusammenhang ist daher vielleicht von Belang, dass der früheste Textdruck von *Henry IV, Part 2*, die erste Quartausgabe von 1600, die gesamte diskutierte Szene und damit auch die besagte Kostümanweisung nicht enthält. In der editorischen Diskussion darüber spielen auch Überlegungen zur Zensur beziehungsweise Selbstzensur eine Rolle;[44] allerdings ist, soweit ich sehe, bislang noch nie die öffentliche Vorführung des königlichen Nachtgewands als möglicher Zensuranlass gesehen worden. Entscheidend bleibt in jedem Fall für unser Thema festzuhalten, dass dieser Bühnentext in seiner später gedruckten und oft gespielten Form gängige Vorstellungen, Erwartungen, Konventionen und Ikonographien royaler (Selbst-)präsentationen revidiert.

Revisionsmaßnahmen zeigen sich dazu in einem intertextuellen Akt gleich zu Beginn des Monologs. Henrys große Anrufung des Schlafs „O Sleep, O gentle

---

[41] Althoff, Das Grundvokabular der Rituale, S. 151.
[42] Garber, *Dream in Shakespeare*, S. 19.
[43] Vgl. Montrose, Shakespeare, the Stage, and the State.
[44] Vgl. Bulman, *King Henry IV, Part 2*, S. 440–447.

Sleep" (Vers 5) gibt mit dieser Apostrophe klar ein Echo, wie viele Shakespeare-Rezipienten schon bemerkt haben, auf ein Sonett von Philip Sidney:

> Come sleep, O sleep, the certain knot of peace,
> The baiting place of wit, the balm of woe,
> The poor man's wealth, the prisoner's release,
> The indifferent judge between the high and low;
> With shield of proof shield me from out the press
> Of those fierce darts despair at me doth throw:
> O make in me those civil wars to cease;
> I will good tribute pay, if thou do so. [...][45]

Bislang kaum bemerkt, aber wohl viel bemerkenswerter, ist allerdings die Tatsache, dass Henrys Rede dem zentralen Argument seines bekannten Prätexts widerspricht. Sidneys Sonett preist den Schlaf nämlich als einen großen Gleichmacher, „The indifferent judge between the high and low" (Vers 4) und bietet damit eine Aktualisierung wie auch Abwandlung des Topos Tod als großem Nivellierer, der uns alle trifft und unterschiedslos niederstreckt; Schlaf und Tod, Morpheus und Thanatos sind ja auch mythologisch schon verbrüdert. Genau diesen Punkt stellen Shakespeares Könige, wie wir gesehen haben, dezidiert in Abrede: Für Henry IV wie auch Henry V ist Schlaf kein Gleich-, sondern ein Unterschiedmacher, da Schlaf ihnen nicht Entdifferenzierung, sondern soziale Distinktion verheißt. Henry IV redet von „partial sleep" (Vers 26), denn dieser spart den Herrscher aus, lässt sich von ihm schlechterdings nicht herbeibefehlen und hat keinen Platz im königlichen Bett. Die Pointe des Monologs liegt also in einer Umschrift oder Revokation des kulturell Vorgefundenen. Und als solle dieser Umstand noch markiert werden, findet sich in der betreffenden Verszeile ein Versfuß zu viel: „Are at this hour asleep? O Sleep, O gentle Sleep" (Vers 5) besteht aus sechs statt regulär fünf Jamben, das heißt das Echo des Vertrauten findet buchstäblich keinen rechten Platz in ihrer Ordnung.

Damit zurück zu Sullivans zitierter These, die andere seither übernommen haben – Brian Chalk spricht von Schlaflosigkeit als „necessary attribute of the monarch, with the divide between sleeping and waking doubling for the ontological barrier that separates the ruler from his subject"[46] – und die doch eher, wie mir scheint, auch Revision oder jedenfalls Erweiterung verlangt. Aus dem Argument, dass Henry IV die Schlaflosigkeit inszeniere, um seinen königlichen Status zu demonstrieren und gegen alle Anfechtung und Zweifel zu legitimieren, ließe sich ja auch der Schluss ziehen, dass eine wahrhaft ausgewiesene und gefestigte

---
45 *Astrophil and Stella*, No. 39; Duncan-Jones, *Sir Philip Sidney*, S. 168.
46 Chalk, Monarchical Exhaustion, S. 128.

Königsautorität, ein unanfechtbarer Herrscher also sich den Schlaf wohl leisten können sollte, weil er einer solchen Demonstration gar nicht bedarf. Eigentliche Souveränität kann womöglich gerade darin liegen, nicht ständig die sprichwörtliche Litanei der schlafraubenden Kronensorgen aufsagen zu müssen, sondern ruhig seinen Schlaf zu halten in der gelassenen Gewissheit, dass dennoch alles seinen ordentlichen Gang geht, seinen Platz hat und jeder Aufstand gegen diese Ordnung fruchtlos ist. Überwachen *und* Schlafen, nicht komplementär oder sequentiell, sondern in ko-präsenter Kombination: das schiene eine ideale Herrschaftsform zu sein. In Shakespeares Historien und Tragödien finden wir sie kaum realisiert, allenfalls im grausigen Vexier- und Zerrbild der Schlafwandelei einer Lady Macbeth: „A great pertubation in nature", wie es über sie heißt, „to receive at once the benefit of sleep *and* do the effects of watching" (*Macbeth*, 5.1.8–9, Hervorhebung hinzugefügt). Wie jedes Vexierbild kann man das aber auch anders sehen und in der Kombination von „the benefit of sleep" mit „the effects of watching" das eingangs betrachtete Löwen-Emblem wiederfinden: schlafend wachen, wachend schlafen.

Auf diese idealtypische Kombination souveräner Vigilanz- und Schlafakte deuten jedenfalls auch andere frühneuzeitliche Quellen. Montaigne berichtet in seinen *Essais*, die zu den wenigen Texten gehören, die Shakespeare (in John Florios Übertragung) zweifelsfrei gekannt hat, von großen Feldherren und Herrschern wie Alexander, die zu Zeiten höchster Anspannung wie namentlich vor der Entscheidungsschlacht souverän in Schlaf gesunken seien: „I have therefore mark't it as a rare thing, to see great personages sometimes, even in their weightiest enterprises, and most important affaires, hold themselves so resolutely assured in their state that they doe not so much as break their sleepe for them."[47] Was Montaigne hier mit sichtlicher Bewunderung herausstellt, findet sich in Shakespeares Historien am ehesten in der Figur seines gerechten Rächers Richmond, Gründungsvater der Tudor-Dynastie, der im frühen Stück *Richard III* das Land von der Tyrannenherrschaft rettet und als Henry VII den Thron besteigt: „I'll strive with troubled thoughts to take a nap," erklärt Richmond seinen Getreuen am Abend vor der Schlacht, „Lest leaden slumber peise me down tomorrow / When I should mount with wings of victory. / Once more, good night, kind lords and gentlemen" (5.3.102–105). Im frommen Nachtgebet legt er sodann sein Schicksal in die Hand des Höchsten – „To thee I do commend my watchful soul/ Ere I let fall the windows of mine eyes. / Sleeping and waking, oh, defend me still!" (5.3.113–115) und schläft tatsächlich friedvoll ein. Sein böser Widersacher Richard dagegen verbringt derweil den Abend mit Anweisungen für eine durch-

---

47 Montaigne, *Essayes*, S. 146.

wachte Nacht – „Fill me a bowl of wine. Give me a watch" (5.3.61) – und wird anschließend von Gewissensqualen für seine Schreckenstaten heimgesucht.

Triumphal realisiert sich die von Richmond vorgebrachte Wunschformel wirklich souveräner Herrschaft – „sleeping *and* waking" mit Emphase auf der Konjunktion – erst in der romanzenhaften Idealwelt einer Wunderinsel, wie Shakespeare sie im Spätwerk *The Tempest*, seinem letzten Solostück (ca. 1611), gestaltet. In dieser Parabel über Macht- und Herrschaftstechniken steht Prospero im Fokus, ein Zauber- und zentraler Spielmeister, der nicht nur andere Figuren nach Belieben in Schlaf versetzen und aufwecken kann, sondern dem auch sein eigenes Ruhebedürfnis nicht schadet. Ausdrücklich heißt es von ihm, dass er nachmittags ganz gern ein Schläfchen hält (3.2.82–83), was die Verschwörer gegen ihn zum Attentat und Umsturz nutzen wollen. Anders aber als der alte Hamlet kann Prospero sich seinem Mittagsschlaf beruhigt hingeben und überlebt ihn souverän. Selbst wenn er die Augen schließt, kann er gewiss sein, dass alles, wie er es in Gang gesetzt hat, weiterläuft. Die Inselrebellion ist fruchtlos. Souverän ist demnach also, wer über den Schlafzustand entscheidet und ihn, wenn er denn will, in Anspruch nehmen kann.

Theaterschlaf

Im Kontext christlicher Lebensführung und Glaubensethik ist Wachsamsein ein kontinuierlicher Imperativ, der weder Ausnahmen noch Auszeiten erlaubt. Denn sonst, so Pastor Thomas Gataker in der bereits zitierten Auslegung von Christi Vigilanzwort „Watch", wird der Widersacher sich jede Unachtsamkeit zum eigenen Vorteil machen:

> Shall Satan be more vigilant in watching to doe vs a shrewd turne or a mischiefe, then we in watching to keepe our selues safe from his malice? Vndoubtedly if he watch thus continually to assault vs, vnlesse we watch as constantly on the other side to preuent him, we shall soone come to be surprised and vanquished againe of him. Continuall watch therefore is to be held of vs, because our enemie continually lies in waite for vs.[48]

Was der Geistliche beschreibt, nimmt sich wie ein Wachsamkeitswettkampf aus, ein Duell von Antagonisten, die sich wechselseitig beobachten und jede Aufmerksamkeitsschwäche des anderen sogleich für sich selbst nutzen. Dabei gleicht das so entworfene Szenario strukturell durchaus dem Playhouse, wo sich ebenfalls die Blicke kreuzen und Spieler wie Publikum einander mit erhöhter Auf-

---

[48] Gataker, *The Spiritvall Watch*, S. 7.

merksamkeit wahrnehmen. In einem dritten Diskussionsschritt ist daher jetzt zu fragen, was es für die kulturellen Phantasien und idealisierten Herrscherbilder, von denen die genannten Shakespeare-Texte zeugen, eigentlich bedeutet, dass sie ihr Zeugnis auf der Bühne ablegen, das heißt im Medium von Schauspiel und Theaterkunst mit seinen komplexen Beobachterverhältnissen und Wechselwirkungen von Schein und Sein. Und, zunächst ganz schlicht gefragt, wie wird Schlaf überhaupt im Theater dargeboten? Wenn es sich beim Schlafen, gemäß Marcel Mauss, um eine Körpertechnik handelt, wie verhält sie sich zur Schauspieltechnik, wie wäre sie also erlern- und simulierbar?

Offenbar nicht ganz so leicht. Anders als bei sonstigen Körpertechniken wie dem Weinen, das sehr wohl und gerade durch besonders hohe Körperkunst auf der Bühne willentlich herbeizuführen ist,[49] lässt sich Schlafen nicht erzwingen und kaum je beglaubigen. Schlaf eignet eine Eigentlichkeit, der wir uns körperlich überantworten und dabei unsere eigene Körperkontrolle aufgeben. Der Satz „Ich schlafe" ist ebenso unglaubwürdig wie der Satz „Ich bin tot."[50] So etwas im Theater sinnfällig zu machen, ist daher problematisch. Große Tragöden und Bühnenstars der Shakespeare-Zeit, wie beispielsweise Richard Burbage, waren für ihre starken Sterbeszenen berühmt;[51] von starken Schlafszenen dagegen ist nichts überliefert. Schlafen ist bewusster Selbstkontrolle entzogen, weil es gerade in der Suspendierung eigener Kontrollfunktionen liegt: ein Ausgeliefertsein, eine Entmächtigung, die sich weder mit dem Status von Monarchen noch mit dem von Schauspielern verträgt. Dazu gibt es ein Distinktionsproblem: Ein Schauspieler, der einen Schlafenden spielt, lässt sich kaum von einem unterscheiden, der einen Toten spielt. Schlaf und Tod sind nicht nur mythologisch, sondern auch mimetisch Brüder: Sie ähneln sich derart, dass Beobachter und Zuschauer das eine oftmals für das andere halten mögen – mit fatalen Folgen.

Genau das passiert im weiteren Verlauf von Shakespeares Königsdrama *Henry IV, Part 2*. Trotz aller wortreichen Klage über die Schrecken der Schlaflosigkeit zeigt uns der nächste Akt nämlich doch, wie King Henry einschläft und wie sein Sohn, der Kronprinz, über ihn wacht:

PRINCE
No, I will sit and watch here by the King.
    [*Exeunt all but the* PRINCE *and the* KING.]
Why doth the crown lie there upon his pillow,
Being so troublesome a bedfellow?

---

49 Vgl. Döring, How to do things with tears.
50 Vgl. Barthes, Textual Analysis.
51 Vgl. Döring, Writing Performance.

> O polished pertubation, golden care,
> That keep'st the ports of slumber open wide
> To many a watchful night! – Sleep with it now;
> Yet not so sound and half so deeply sweet
> As he whose brow, with homely biggen bound,
> Snores out the watch of night. [...]
> [...]   My gracious lord, my father!
> This sleep is sound indeed; this is a sleep
> That from this golden rigol hath divorced
> So many English kings. Thy due from me
> Is tears and heavy sorrows of the blood,
> Which nature, love and filial tenderness
> Shall, O dear father, pay thee plenteously.
> My due from thee is this imperial crown
> Which, as immediate from thy place and blood,
> Derives itself to me.
> [*He puts the crown on his head.*]
>   Lo, where it sits,
> Which God shall guard; and put the world's whole strength
> Into one giant arm, it shall not force
> This lineal honor from me. This from thee
> Will I to mine leave, as 'tis left to me.   *Exit.*
> KING [*awaking*]
> (*2 Henry IV*, 4.3.151–178)

Ohne diese Rede, die in mancher Hinsicht kontrastiv auf die Schlafdeutung von Lady Percy aus dem ersten Teil des Stücks, wie schon zitiert, bezogen ist, noch im Detail durchzugehen, dürfte klar sein, wie sie auf der Bühne die Uneindeutigkeit von Schlaf und Tod ironisch ausstellt und damit metatheatral auf die genannten Schwierigkeiten, Schlafende plausibel darzustellen, weist. Innerdiegetisch spielt sie also das Problem durch, das Schlafschauspieler regelmäßig trifft: Unter den Augen ihrer Zuschauer und Wächter können sie ihren Status nie recht klären. „I will sit and watch here by the King", sagt der Prinz, gewinnt aber schon bald den Eindruck, dass der Vater endgültig entschlafen, also gestorben sei. Woraufhin der Prinz die Szene in derselben Weise wendet wie auf dem oben diskutierten Tudor-Gruppenbild und den Todesschlaf als Übergangsritual zur eigenen Königswürde nutzt: eigenmächtig nimmt er die Krone, die neben dem Vater auf dem Kissen liegt, und setzt sie sich aufs Haupt. Mit dem Unterschied allerdings, dass der König kurz drauf erwacht und den Sohn zur Rede stellt. Er war ja gar nicht tot, hat nur geschlummert.

Bemerkenswert ist überdies, dass King James im anfangs zitierten programmatischen Traktat über das Wächteramt des Königs genau diese Szene nacherzählt[52] und durch die Art, in der er deren Ablauf wiedergibt, durchaus zu verstehen gibt, dass er dabei weniger die historische Quelle, die sogenannten *Chronicles* von Raphael Holinshed, die Shakespeare bearbeitet, sondern eben Shakespeares Bühnenversion vor Augen haben mochte: Auch vom Theater kann ein wacher Herrscher also etwas lernen. Dabei ist von King James selbst überliefert, dass er bei öffentlichen Anlässen – zumal, wenn er Theateraufführungen beiwohnte – gern die Augen für ein Schläfchen schloss.[53] Das konnte er sich offenkundig leisten und hat ihn keineswegs daran gehindert, das Theaterleben kräftig zu befördern und sogar das Patronat über Shakespeares Truppe auszuüben.

Was also lässt sich tentativ aus all dem folgern? Zum einen, dass wir Schlaf, anders als ein gängiges Vorurteil besagt,[54] nicht als einen defizitären, unproduktiven und daher am besten zu meidenden Zustand betrachten sollten, sondern im Sinne des oben Dargelegten als eine kulturelle Praxis, die nicht nur regenerativ, sondern generativ ist: zumal in Interaktionsszenarien wie den betrachteten generiert sie Bedeutung und soziale Bindung.

Zum anderen zeigt sich an dem frühneuzeitlichen Material, dass ohnehin die Grenze zwischen Schlafen und Wachen sich damals wohl viel weniger klar ziehen lässt, als sie uns geläufig scheint, weniger kategorisch, denn das eine wird nicht komplementär zum anderen gesetzt oder erlebt, sondern überlagernd wahr- und angenommen, changierend, interferierend, mit vielen Zwischenzuständen und Mischungsverhältnissen. Schon die erwähnte Ekirch-Diagnose vom segmentierten Schlaf läuft ja darauf hinaus, und die diskutierte Schlafszene der Percys legt gleichfalls nahe, dass im und durch das Schlafen viel geschehen kann, da auch das Bett eine soziale Bühne bildet, die vieles, was erst wirklich werden soll, schon einmal vorbereitet, erprobt oder vorwegnimmt.

So bleibt abschließend die Frage, ob sich diese Relation vielleicht auch umgekehrt verstehen ließe, ob also die Shakespeare-Bühne ein kultureller Ort sein mag, der uns in dem besagten produktiven Sinn einlädt, den Schlaf in unser Wachbewusstsein einzulassen. Immerhin ist Shakespeares eindrucksvollster und potentester Schläfer, der alte Ritter Falstaff, der in beiden *Henry IV*-Dramen einen starken Widerpart zum schlaflosen König bildet,[55] zugleich eine eminent metatheatrale Figur, die stückintern beständig Rollenspiel betreibt und ausweitet und sich sogar traut, den König darzustellen und dazu die Königskrone mit einem Kissen zu ersetzen (*1 Henry IV*, 2.4.345). Wäre also das Playhouse womöglich in

---

52 James VI and I, *A Paterne for a Kings Inauguration*, The Epistle Dedicatorie, n.p.
53 Parris, Sovereign sleep, S. 108.
54 Vgl. Lockley/Foster, *Sleep*, S. 1.
55 Vgl. Sullivan, *Sleep, Romance and Human Embodiment*, S. 81 f.

einem grundlegenden Sinne auch als Schlafhaus aufzufassen, als Ort veränderter, jedenfalls ausgelagerter Wachsamkeit, der Zuschauern die Chance bietet, für eine gewisse Zeit den Vigilanzimperativ einer Gesellschaft zu lockern, für die sie sonst ständig auf dem Quivive sein müssen?

„That you have but slumbered here, / while these visions did appear", heißt es im Epilog zu *A Midsummer Night's Dream*. Das immerhin wäre ein starker Grund für das genannte Faktum, dass Schlaf bei Shakespeare derart prominent verhandelt wird, auch wenn gewiss niemand behaupten will, dass alle Zuschauer bei seinen Stücken einschlafen. Zumindest aber wird man sagen können, dass die vieläugige Argos-Figur, der wir bei Ovid begegnen, ein sinnfälliges Modell, wenn nicht für den Herrscher, so doch sicher fürs Theaterpublikum abgibt: schlafend zu wachen sowie wachend zu schlafen. In diesem Sinne wäre es bei Shakespeare souverän zu nennen, und die „uneasy heads", von denen der Theaterkönig spricht, wären in Wahrheit die der Zuschauer. Ihre „uneasiness" ist es, ein ruheloser wie zugleich auch wachbefreiter Zwischenzustand, der eine Ermöglichungsbedingung kultureller Arbeit gibt.

Literaturverzeichnis

Althoff, Gerd: Das Grundvokabular der Rituale. Knien, Küssen, Thronen, Schwören. In: Stollberg-Rilinger, Barbara/Puhle, Matthias/Götzmann, Jutta/Althoff, Gerd (Hrsg.): *Spektakel der Macht. Rituale im Alten Europa 800 – 1800*. Darmstadt 2008, S. 149 – 180.

Aston, Margaret: *The King's Bedpost. Reformation and Iconography in a Tudor Group Portrait*. Cambridge 1993.

Barthes, Roland: Textual Analysis: Poe's „Valdemar" [1973]. In: Young, Robert (Hrsg.): *Untying the Text: A Post-Structuralist Reader*. Übers. von Geoff Bennington. London/New York 1981, S. 133 – 161.

Bevington, David: Asleep Onstage. In: Alford, John A. (Hrsg.): *From Page to Performance: Essays in Early English Drama*. Michigan 1995, S. 51 – 83.

Bulman, James C. (Hrsg.): *King Henry IV, Part 2. The Arden Shakespeare. Third Series*. London 2016.

Chalk, Brian: „The Heaviness of Sleep": Monarchical Exhaustion in *King Lear*. In: Simpson-Younger, Nancy L./Simon, Margaret (Hrsg.): *Forming Sleep. Representing Consciousness in the English Renaissance*. University Park 2020, S. 127 – 146.

Cogan, Thomas: *The Haven of Health*. London 1589.

Dohrn-van Rossum, Gerhard: *Die Geschichte der Stunde. Uhren und moderne Zeitordnungen*. München 1985.

Döring, Tobias: How to do things with tears: Trauer spielen auf der Shakespeare-Bühne. In: *Poetica* 33/3 – 4 (2001), S. 355 – 389.

Döring, Tobias: Writing Performance: How to elegize Elizabethan actors. In: *Shakespeare Survey* 58 (2005), S. 60 – 71.

Duncan-Jones, Katherine (Hrsg.): *Sir Philip Sidney. A Critical Edition of the Major Works*. Oxford 1989.

Ekirch, A. Roger: *At Day's Close. Night in Times Past*. New York 2005.

Elyot, Thomas Sir: *The Castle of Health*. London 1561 [1536].

Faraday, Christina Juliet: Tudor time machines: Clocks and watches in English portraits c.1530–c.1630. In: *Renaissance Studies* 33/2 (2018), S. 239–266.

Fretz, Claude: *Dreams, Sleep, and Shakespeare's Genres*. London 2020.

Fuller, Matthew: *How to sleep. The art, biology and culture of unconsciousness*. London 2017.

Garber, Marjorie: *Dream in Shakespeare. From Metaphor to Metamorphosis*. New Haven 2013 [1974].

Gataker, Thomas: *The Spiritvall Watch, or Christs Generall Watch-Word. A Meditation on Mark. 13. 37*. London 1619.

Greenblatt, Stephen/Cohen, Walter/Gossett, Susanne/Howard, Jean E./Maus, Katharine Eisaman/McMullan, Gordon (Hrsg.): *The Norton Shakespeare*. New York ³2016.

Hall, Ronald: Sleeping Through Shakespeare. In: *Shakespeare in Southern Africa* 12 (1999/2000), S. 24–32.

Handley, Sasha: *Sleep in Early Modern England*. New Haven 2016.

Hodgkin, Katharine/O'Callaghan, Michelle/Wiseman, S.J. (Hrsg.): *Reading the Early Modern Dream. Terrors of the Night*. London/New York 2008.

Humphreys, A.R. (Hrsg.): *King Henry IV, Part 2. The Arden Shakespeare. Second Series*. London 1988 [1966].

James VI and I: *A Meditation vpon the 27, 28, 29, Verses of the XXVII Chapter of St. Matthew, or A paterne for a Kings inauguration*. London 1620.

Kantorowicz, Ernst H.: *The King's Two Bodies. A Study in Medieval Political Theology*. Princeton 1997 [1957].

Koppenfels, Martin von: Macbeth: die Tragödie des Schlafs. In: *Psyche* 69 (2015), S. 962–984.

Linthicum, M. Channing: *Costume in the Drama of Shakespeare and his Contemporaries*. Oxford 1936.

Lockley, Steven W./Foster, Russel G.: *Sleep. A Very Short Introduction*. Oxford 2012.

Mauss, Marcel: Die Techniken des Körpers [1934]. In: Mauss, Marcel: *Soziologie und Anthropologie*. Bd. 2. Moldenhauer, Eva/Ritter, Henning/Schmalfuß, Axel (Übers.). München 1975, S. 199–220.

Montaigne, Michael Lord of: *Essayes written in French [...] done into English, according to the last French edition, by Iohn Florio*. London 1613.

Montrose, Louis: Shakespeare, the Stage, and the State. In: *SubStance* 25/2 (1996), S. 46–67.

Northbrooke, John: *Spiritus est vicarius Christi in terra. A Treatise wherein Dicing, Dauncing, Vaine Playes or Enterluds, with other Idle Pastimes, &c., commonly vsed on the Sabboth Day, are Reproued by the Authoritie of the Word of God and Auntient Writers*. London 1557.

Ovid: *Metamorphoses*. Übers. von Mary M. Innes. Harmondsworth 1955.

Parris, Benjamin: „The body is with the King, but the King is not with the body": Sovereign Sleep in *Hamlet* and *Macbeth*. In: *Shakespeare Studies* 40 (2012), S. 101–142.

Pfister, Manfred: *Das Drama. Theorie und Analyse*. München 1982.

Roberts, David: Sleeping Beauties: Shakespeare, Sleep, and the Stage. In: *The Cambridge Quarterly* 35/3 (2006), S. 231–254.

Sherman, William H.: Shakespearean Somniloquy: Sleep and Transformation in *The Tempest*. In: Healy, Margret/Healy, Thomas (Hrsg.): *Renaissance Transformations. The Making of English Writing 1500–1650*. Edinburgh 2009, S. 177–191.

Sullivan, Garrett A. Jr.: *Sleep, Romance and Human Embodiment. Vitality from Spenser to Milton*. Cambridge 2012.

Totaro, Rebecca: Securing Sleep in *Hamlet*. In: *Studies in English Literature 1500–1900* 50/2 (2010), S. 407–436.

Valentinus, Petrus Pomarius: *Enchiridion Medicum*. London 1609.

Venner, Tobias: *Viæ rectæ ad vitam longam, pars secunda. VVherein the true vse of sleepe, exercise, excretions, and perturbations is, with their effects, discussed and applied to euery age, constitution of body, and time of yeare. By To: Venner Doctor of Physicke in Bathe*. London 1623.

Whitelock, Anna: *Elizabeth's Bedfellows. An Intimate History of the Queen's Court*. London 2013.

Ewan Jones
Poetic Vigil, Rhythmical Vigilance

The close reader of literature tends to be a vigilant creature. He – the pronoun denotes the kind of critic that emerged through the strains of "New" or "Practical" Criticism that developed on either side of the Atlantic during the first half of the twentieth century – generally reads short extracts with great absorption. Works that are too large or various would disrupt the unilateral focus necessary to procure formalism's distinctive goods: interpretations, keen observations, pattern-recognition. Often this formalist attentiveness is explicitly or implicitly held itself to constitute a moral good, or even, in more reflexive variations upon the general methodology, a potential correction to the distractions and diremptions of modern culture. Michael Fried pleads emblematically for such an approach, when he describes the ideal spectator as one "so deeply absorbed in his meditation that it would be hard to distract him".[1]

To give a practical example of the critical approach that I am sketching out (as well as a foil for what I will later argue constitutes another way to approach literary works), take this appropriately short poem by Christina Rossetti. The work is entitled "In Progress":

> Ten years ago it seemed impossible
> That she should ever grow as calm as this,
> With self-remembrance in her warmest kiss
> And dim dried eyes like an exhausted well.
> Slow-speaking when she has some fact to tell,
> Silent with long unbroken silences,
> Centred in self yet not unpleased to please,
> Gravely monotonous like a passing bell.
> Mindful of drudging daily common things,
> Patient at pastime, patient at her work,
> Weary perhaps but strenuous certainly.
> Sometimes I fancy that we may one day see
> Her head shoot forth seven stars from where they lurk
> And her eyes lightnings and her shoulders wings.[2]

---

[1] Fried, *Absorption and Theatricality*, p. 69. Fried is referring here to Laugier's comment upon a philosopher depicted by Chardin, who for Fried serves as a mutually-reinforcing counterpart to the ideal spectator.
[2] Rossetti, *The Complete Poems* III, p. 286. *In Progress* was written in 1862.

"Close" reading might proceed in the following manner: this is a sad and oblique poem. The opening octet offers a self-renunciation that is all the painfuller for being so subtle: for the kissing speaker, "self-remembrance" means holding back rather than letting go. The litotes of "not unpleased to please" offers a dismally dutiful version of care. Assonance and alliteration ("dim dried eyes", "slow-speaking") underscore the vocal labour that describes and discharges the poem's theme. A series of stress-inversions produces a run of initial trochees ("Silent", "Centred", "Gravely"), which we might reasonably hope will come to an end with the ringing bell that announces the volta in this Petrarchan sonnet. But in fact the bell does not ring, only "pass". The ensuing sestet does not transfigure the theme so much as give us more of the same: still more alliterating repetitions of the same idea ("drudging daily common things"), still more lines that no sooner begin than they tire themselves out, beginning as they do upon trochaic inversions ("Mindful", "Patient", "Weary"). We have almost given up hope for variation or remittance by the time that the twelfth line brooks the example of every other line before it, being not end-stopped but rather enjambing freely into a visionary apocalyptic mode that is as arresting as it is abrupt. It is almost as if the first-person has so fully disassociated herself from the "she" that she is or once was, a disassociation marked by the casual surmise of "Sometimes I fancy that we may one day see", that the return of the repressed self occurs with belated fantastical violence: as the mindful quiet woman grows electric and sprouts wings.

This rapid précis of Rossetti's sonnet showcases some of the affordances of formalism: it connects structural features to a readerly experience that is fuzzily personal yet also generic. I admire this way of reading; I would even venture that my above analysis of *In Progress* is, in its own small way, true. Yet I also believe this mode of attentiveness to be lacking, in ways that touch directly upon the concerns of this collection of essays. To cast aspersions upon narrow formalism is nothing new: Jerome McGann, whose work offers one of the most spirited and persuasive contestations of "close" reading that is on offer, considers Rossetti as a specific case in point. Her body of devotional verse, McGann contends, proves resistant (my reading of *In Progress* notwithstanding) to the kinds of reduction that serves poets such as Keats or Tennyson so well. If we attend only to the surface of Rossetti's work, it may well appear merely conventional; yet if we restore it to the complex devotional contexts in which its author was so immersed, an unsuspected variety and subtlety comes into view.[3]

---

3 McGann, The Religious Poetry of Christina, pp. 127–144.

I wholeheartedly agree that Rossetti's work is subtle and various. Yet this essay argues for a slightly different emendation of narrowly formalist reading than McGann's, to my mind, somewhat artificial separation between a naively undialectical initial experience, on the one hand, and the restoration of historical context, on the other. Such an approach requires that we press pause on our engagement with the poem, in order to research its material circumstances. Verse itself often evaporates in this pressure-cooker of historical change: McGann for instance repeatedly praises the "exquisite [...] beauty" of Rossetti's *Song*, without reading a single line from the work.[4] In contrast to the belated superimposition of historical theme or content, I wish rather to supplement formalism with a broader consideration of readerly *practice:* of the accompanying routines or protocols by which subjects have attended or do attend to individual works. Such practices are no less historical than the devotional considerations that form the crux of McGann's analysis, such as Rossetti's possible adherence to the millenarian notion of Soul Sleep. Historical subjects read through attentional routines, habits, regimes. Yet while the routines, habits and regimes that predominated in the late-nineteenth century differ in many regards from those that operate today, there also exists a substantial overlap, not only because subjects continue to get automated in recognisable ways, but also because certain corporeal or temporal constraints continue – for the time being at least – to operate. We do not need to "add" history to our "original" experience; that experience already is historical – albeit in ways that may require our turning to the past so as to perceive them more clearly (or at all). To attend to this similarity-in-difference is to envisage a more fluid interaction between the experience of reading and the attentive practices that invariably condition it. It is to ask whether, if we expand our focus from the isolated, anthologised text, so as to consider more fully the cognitive and corporeal affordances and constraints that operate across larger temporal units, we may stand to learn something about both past and present culture.

Concretely, the structure of this essay is as follows. Of the various attentional routines in which the reading and composition of Rossetti's work is embedded, I isolate two in particular: the convention of poetic vigil, and the cognitive attitude of vigilance. These two foci are in reality two sides of the same coin: by concentrating upon them, I seek to enumerate an aesthetic attitude that goes beyond (or perhaps falls short of) absorption. Three salient features characterise the "pondering" spectator that a brief moment ago we witnessed Fried evoke: he pays attention as a singular subject, for a brief temporal moment, in a manner

---

4 Ibid., pp. 136, 137.

that does not require his body. The nineteenth-century culture of vigil(ance), by contrast, is significantly communal and corporeal; it enfolds across a temporal envelope whose length strains cognitive focus to the limit. I begin by demonstrating the ways in which poetry is embedded within, and contributes to, changing historical attitudes to attentional routine. I then segue into a brief discussion of the contemporary neurological concept of rhythmical vigilance, which grounds my subsequent reading of Rossetti's verse, returned not to a broad notion of "history", which in truth it never left, but to the more specific consideration of attentional routine.

* * *

Émile Durkheim famously detected within modern culture a series of only partially sublimated religious attitudes and practices, which lived on through (rather than despite) increasing secularisation.[5] The vigil is a curious example of this phenomenon, insofar as the sublimation is very partial indeed. Large groups of people who profess no fixed religious belief continue to gather frequently for activities (or non-activities) that Christians and other faith persuasions would find perfectly legible: to stay up through the night in an attitude of reverent watchfulness, with the mind turned towards a departed past entity or a future hoped-for event. On the morning that I began to write this article, while I was still attempting unsuccessfully to prevaricate my way away from the issue at hand, I read that protestors had occupied the Science Museum in London, with the intention of conducting a candlelit vigil in protest at the institution's continuing investment in fossil fuels.[6]

One of the reasons for the enduring cultural value of vigil is surely, as with so many such practices, that the partially-sublimated religious practice was itself a sublimation of earlier, non-Christian rites. The English term derives from Latin, as where Polybus, in speaking of the Third Punic War, divides the night into four watches, each lasting roughly three hours (*vigilia prima*, *vigilia secunda*, *vigilia tertia*, *vigilia quarta*). The developing Christian faith transformed but did not entirely eliminate this original military-political function: when Ambrose of Milan defended his Basilica from the siege of the Arian empress Justina, in the year 384, he employed both nightly vigil and antiphonal chant (a form of musical worship that he himself had done so much to establish) as a means of encouraging resoluteness and prospective martyrdom within his congregation.

---

5 Durkheim, *The Elementary Forms of Religious Life*.
6 https://www.theguardian.com/uk-news/2021/oct/27/climate-activists-occupy-science-museum-over-fossil-fuel-sponsors [last accessed: 22 November 2021].

Given the enduring importance of these rites of watchfulness, in addition to the well-attested historical links between prayer, meditation and psalmody, it is perhaps surprising that there has been no effort to isolate poetic vigil as a specific trans-historical mode.[7] Louis L. Martz's classic study, *The Poetry of Meditation*, reads seventeenth-century religious poets in accordance with the several forms of spiritual exercise that were then available: Saint Augustine's stipulations in Book XI of *The Confessions*, in addition to the vigilant routines and protocols that St. Bernard of Clairveaux and Ignatius Loyola established.[8] Literary critics from later periods are accustomed to consider the lyric verse of Wordsworth and Coleridge under the rubric of "meditative" or "retirement" poetry. Yet little effort has been made to join the dots between these distinct historical episodes, or to ask how the individual works that belong to such a tradition might make more specific demands than a general meditative "introspection": that poetic vigil, that is to say, might seek to train (or retrain) readerly vigilance, often in an extended temporal period (the long night), and set to work the human tendency to distraction (by either attempting to overcome it, or acknowledging its inevitability).

If we define the genre or sub-genre of poetic vigil in this manner, we begin not only to connect otherwise historically disparate works, but also to foreground the way in which they make specific demands upon the minds and bodies of their readers. For such work not only reflects or expounds upon attentiveness as theme; it would also subject the alert (or distracted) body to cognitive demands, so as to train or test it. My line of approach here takes a large cue from Gary Kuchar's perceptive analysis of George Herbert's seventeenth-century "failed prayer" poems, which, on his reading, repeatedly enact the moment at which a pious subject cannot bestow upon God an uncompromised focus that God alone can discharge.[9] A work such as Herbert's *Denial* offers a case-study in "distracted devotion", where distraction accrues a supernumerary association to its contemporary sense of cognitive dispersal, meaning also something like spiritual scattering. Crucially, *pace* Kuchar, Herbert's hymns do not only describe this failed rite. They also, to the extent that verse too is like a form of efficacious or inefficacious prayer, thwart a reader's own unifocal attentiveness, through the competing motley of imagery, prosody and variable theme.

As Kuchar points out, Herbert's failed-prayer-poems enjoy a rich and varied afterlife across Anglophone verse of the next two centuries. Yet I would like to

---

7 For an account of the early and abiding association between music, psalmody and vigil among the desert mystics, see McKinnon, Desert Monasticism, pp. 505–521.
8 Martz, *The Poetry of Meditation*.
9 Kuchar, Distraction and the Ethics, pp. 4–23.

focus now in greater depth upon one of his most self-conscious and self-proclaimed adepts, who did not only continue the Christian drama of (impossible) vigilance, but also substantially developed it through placing the individual poem within a broader context: the book, the body, time itself. The figure in question is Henry Vaughan, whose *Silex scintillans* (1650), written in the generation following Herbert's work, embodies the problem of distraction in the specific practice of vigil. This ongoing rite is here, as with the climate protestors who occupied the Science Museum, a significantly communal affair: Vaughan's collection is at one and the same time a series of private devotions and a wider mourning for a church that had been torn apart by the Civil War (Vaughan personally knew many of the Welsh bishops who had lost their positions during the Puritan ascendancy). Watchfulness, in this guise, is something that the devotional body performs, in addition to the attitude that the community adopts to a Church in ruins, whose return may one day arise. The three salient features that I identified in Fried's emblematic account of formalism – singular beholder, unspecified body, undistracted attention – are thus here present in negative form. Vaughan writes from a place and a time in which such absorption cannot ever be a natural attitude.

David Marno has written eloquently upon the shifting early modern cultures of attention, where *attentio* and *intentio* shift from being a spiritual condition necessary for the proper comprehension of God, to something far more like our contemporary understanding of cognitive function. Perfect vigilance was, according to different sources, either a special privilege reserved for God himself (as with Augustine, for whom distracted devotion was an inevitable consequence of the Fall); or a goal to which the pious subject could aspire (as with Ignatius of Loyola's *Spiritual Exercises*, which some believed to be heretical for their alleged positing of a perfectible attentiveness); or as one crucial plank in a developing culture of scientific empiricism, in which indifferent looking – to the point of courting distraction itself – could secure knowledge of the natural world.[10]

That Vaughan was keenly aware of such spiritual and cognitive attentional routines is evident from his now seldom-read prose work, *Mount of Olives* (1652), which recommends to the pious reader a series of prayers that accompany each part of the day, from "When Thou Art Awake", to the moment of dressing, to the journey to church, to the journey from church, to the setting sun, to the evening, to the moment of climbing into bed.[11] None of these workmanlike, programmatic exhortations rises to the poetic level of Vaughan's verse proper,

---

10 Marno, *Death Not be Proud*.
11 Christ slept beneath the mount of Olives on the night before Passover.

with the exception of "A Meditation at the setting of the sun, or the soul's elevation to the true light", which, as the subtitle suggests, engages in sustained dialectical play with daylight and night-dark. "Thou bright morning starre springing from on high, illuminate me", pleads Vaughan, "who am now sitting in darknesse and in the shadow of death".[12] Where the bright day often only encourages spiritual darkness, the eclipse of a day or life can give rise to true light. Vigil amounts to watching for this light.

This nocturnal watchfulness proves essential to any understanding of *Silex scintillans*. Equally essential, however, is the recognition that Vaughan's collection does not simply retrace in verse the same steps that his spiritual exercises would two years stipulate in prose. His poetry takes the conventional interplay between darkness and light, watchfulness and weariness, and elevates it to a higher dialectical power, so that what ensues is a complex meditation not only upon the several varieties of religious experience, but also upon the ways in which all humans, whether pious, unbelieving, or somewhere in-between, shuttle between focus and dispersal, mourning and hope, pretension and retention. They eloquently illustrate what we might call the antinomy of vigilance: that the more we attempt to direct ourselves tirelessly upon a given object (whether God or any other), the more the question of distraction comes into play. The way in which single or communal subjects contend with this distraction constitutes a spiritual drama quite aside from the specific question of doctrinal belief.

To communicate something of this drama involves a somewhat different attitude to that which I exhibited above, in my reading of Rossetti's *In Progress*. For Vaughan's antinomy of vigilance unfolds across larger temporal units than the generally short individual lyrics that constitute *Silex scintillans*, and which remain – through such frequently-anthologised works as "The World", "The Retreat", or "Night" – the central form in which his poetic legacy endures. (In this respect, formalism shares a common approach with a modern culture that it otherwise often deplores: both work often with the extract, with the single digestible unit.) These individual works are embedded within the broader context both of the book (a two-volume entity that thwarts as much as it records the teleological growth of a soul), and of the embodied reader, who depending upon their relative state of alertness or weariness may detect or overlook or tire of rhymes across many pages, imagery and words that recur to the point of intentional redundancy.

---

[12] *The Mount of Olives* can be found in *The Works of Henry Vaughan*, ed. Leonard Cyril Martin, I, pp. 137–210; subsequent references to this collected are given parenthetically in the text as *WHV*.

Watchfulness is a watch-word of the Christian sacred texts. Saint Mark has no sooner told his version of the Parable of the Budding Fig Tree (whose buds foretell the coming summer), than he entertains a more radically unknowing form of vigilance, with regard to the Second Coming of Christ:

> But of that day and hour no one knows, not even the angels in heaven, nor the Son, but only the Father. Take heed, watch and pray; for you do not know when the time is. It is like a man going to a far country, who left his house and gave authority to his servants, and to each his work, and commanded the doorkeeper to watch. Watch therefore, for you do not know when the master of the house is coming – in the evening, at midnight, at the crowing of the rooster, or in the morning – lest, coming suddenly, he find you sleeping. And what I say to you, I say to all: Watch! (Mark, 13,32–37)[13]

The psalms meanwhile often exhort vigilance as a punctual act rather than an enduring state: a wake-up call rather than a call to remain wakeful. "Awake up, my glory; awake, psaltery and harp: I *myself* will awake early" (Psalm 108,1–3). Herbert's *The Temple* frequently imports such exhortations from psalmody in poetry; in so doing, however, he generally minimises the specific setting of night and wakefulness so as to treat a more generic notion of spiritual buoyancy. "Rise heart; thy Lord is risen. / Sing his praise", his "Easter" famously begins, in a manner that is both like and unlike Psalm 57,8.[14] Later the same poem will (only metaphorically) ask his lute, rather than himself, to "awake"; yet there is little sense of a subject who struggles to get out of bed early.

Vaughan reintroduces the more temporally-delimited concept of nocturnal vigil as the prime setting and scope of his verse; this constitutes one of the few substantive ways in which he diverges from the poetic example of *The Temple*. Herbert's passing references to night utilise it as a stock metaphor, or a Neoplatonist play of contraries, or a stock cognate for death; we never feel that the poet is *inside* it. For Vaughan, by contrast, the exemplary speaking subject is the wakeful subject, upon whose tired eyes the morning breaks, or who exhorts themselves to renewed vigilance. This contrasting personal setting almost certainly indicates far broader historical differences: where Herbert's Anglicanism remains a constant source of support, Vaughan is forced to contend with the Church in ruins. This supra-personal significance helps to explain the remarkable variety of tonal effect that Vaughan generates from vigil, from nearly the very beginning of *Silex scintillans*. Night-time can be a moment of hallucinatory

---

13 Here as below I cite from the King James Version.
14 Herbert, *The Temple*, p. 36. Interestingly, Vaughan would later substitute the imperative "Awake" for "Rise" in his own poem *Easter-day*.

vividness, as when the subject, in "The Search" observes the breaking "clear day", whose intensity however proves less distinct than what he has witnessed in the dark. "[A]ll night have I / Spent in a roving Extasie", he declares, tempting us to lewd inference before enjambing into a more proper final cause, "To find my Saviour" (*WHV* II, p. 405). Yet though his nocturnal visions possess proper theological credentials (he "sees" in turn the Well of Sychar, the Hill of Calvary, the Cross upon which Jesus died, and so forth), the poem ends by calling such revelation into question. Mounting to a pitch of intensity, the "roving" dreams of God himself, accompanied by a dawning sun that may be the actual light through which the poem began, but may also be dreamed or hallucinated in exhaustion: from here the tired yet rhapsodic subject pictures forth "silent paths, what shades, and cells. / Faire, virgin-flowers, and hallowed *Wells* / I should rove in, and rest my head" (*WHV* II, p. 407). "The Search" concludes, finally, with a simple song, whose short disyllabic lines bring sudden relief to the racing decasyllabic couplets that had finally worn themselves out, lulling the poem almost to sleep with an admonishment not to seek God in exotic places, but rather dwell closer to home.

Many other individual works similarly trouble apparent distinctions between wakefulness and slumber, revelation and hallucination, dark and night. Shortly thereafter, the consecutive "Distraction" and "The Pursuite" offer sister-studies in the difficulty of remaining vigilant amid alarums of various kinds. Humans are invariably dispersed, according to the former, not through any cognitive shortfall, but rather just the opposite: an innate sensitivity and responsiveness to the world renders discrimination difficult ("The world / Is full of voices; Man is call'd, and hurl'd / By each; he answers all, / Knows every note and call" (*WHV* II, p. 413). This wanders dangerously far from the Augustinian line, according to which humans are distractable beings through lack rather than excess, redeemable only by the intercession of divine Grace. In Book X of the *Confessions*, Augustine berates himself for being distracted by a dog running in the fields, or a lizard catching flies, or a spider spinning its web, when the mind would be better-put inclining to God rather than to such putatively trivial sights.[15] Within Vaughan's verse, by contrast, restlessness simply is inseparable from the religious orientation. "The Pursuite" illustrates this amply, localising the dispersed subject, once again, within the precinct of night:

> Lord! what a busy restless thing
>   Hast Thou made man!
> Each day and hour he is on wing,

---

15 Saint Augustine, *Confessions*, pp. 274–75.

> Rests not a span;
> Then having lost the sun and light,
> By clouds surprised.
> He keeps a commerce in the night
> With air disguised. (WHV II, p. 414)

This might seem to dismiss nocturnal "commerce" as vain fancy: all that seems solid to the insomniac melts into air. Yet the other poems in *Silex scintillans* cannot ever fully renounce this pattern of striving: the subject has no longer announced his intention to give up such baubles, than he is again conducting another expectant vigil.

To perceive this, we need to proceed beyond the analysis of individual works, which has heretofore characterised my evocation of Vaughan's collection, so as to consider the seams or joins that exist between them. "Distraction" and "The Pursuite" already existed as a pair, not only because of their common theme (the antinomy of vigilance), but also because rhymes endured from one to another: here, most significantly, the conventional echo of "light", first with "sight", then, in the second poem, with "night". (Can one poem rhyme with another poem? Can yesterday rhyme with today?) This rhythmical patterning, which exists at the level of sequence and of prosody, similarly connects up other poems, forcing the reader that reads consecutively to experience, successively, vigilance, apprehension, hope and exhaustion.

Take the micro-sequence that runs from "Midnight", another poetic vigil that begins by with the subject's wakefulness "[w]hilst deep sleep others catches" (*WHV* II, p. 421). He watches the stars, "busy" like himself, waiting for divine premonition or sign. The following poems turn through several emotions, like a restless person tossing in bed for whom no position remains comfortable for more than a few minutes. "Content", asserts modest self-sufficiency (*WHV* II: 422), before "Joy of my life while let me here!" returns us to the extended night:

> Stars are of mighty use; the night
> Is dark, and long;
> The road foul, and where one goes right,
> Six may go wrong. (WHV II, p. 423)

Note the way in which Vaughan's catalexis (the halving of the line from eight to four syllables) forces us to feel the "long" night, through the extra stress with which we accent these diminished words, and through the painful pause that we thereby observe. He does much the same thing later in the same poem, in the process transforming the nocturnal from endless sentence into final consummation. All this again by means of "long" catalexis:

> God's saints are shining lights: who stays
>   Here long must passe
> O're dark hills, swift streames, and steep ways
>   As smooth as glasse;
> But these all night,
>   Like Candles, shed
> Their beams, and light
>   Us into Bed.   (*WHV* II, p. 423)

The second half of this latest conventional "night" / "light" rhyme pivots from an adjective into a verb, lightening the subject's passage into bed. But they cannot find lasting repose. "The Storm" unleashes "boiling streams that rave" and "Enlarg'd, inraged air" (*WHV* II, p. 424) – whose association with night we recall – that "[u]ncalms". "The Morning-watch" subsequently glories in the dew that succeeds "All the long hours / Of night and Rest" (*WHV* II, p. 424). But by the following poem we are back, once again, at *The Evening-Watch*, where a colloquy between watchful soul and tired body leaves finally unresolved the question, "How many hours do you think till day?" (*WHV* II, p. 425).

In the course of five poems, then, Vaughan drags out his nocturnal conceit until we can no longer clearly distinguish illumination and eclipse. Edmund Burke's *A Philosophical Enquiry into the Origin of Our Ideas of the Sublime and Beautiful* (1757) taught us how to appreciate oxymorons as "darkness visible", as a specific effect that poetry (unlike painting) could achieve.[16] Yet Vaughan establishes such paradoxes not just through the simple act of writing verse, but through the employment of sustained repetition and restless prosodic variation that cumulatively tires the reader into a zone of indistinctness. This tension between the establishment and dissolution of temporal experience emerges not only through the unfolding of successive poems, as above, but also through the contention of different temporal attitudes across larger textual windows. "Rules and Lessons" tries, as did *The Mount of Olives*, to establish a vigilance grounded in the proper observance of time: the pious subject should rise early; give thanks when eating at the appointed time; settle their accounts; limit revelry with friends; "when night comes, list thy deeds"; and, before the day is out, spend an hour in the grave so as to familiarise herself with death (*WHV* II, pp. 436–439). All this continues in regular ABAB pentameters that balances the spiritual ledger.

Yet other works fatally undermine this processional order, in both theme and rhythm. The rather trite cheerfulness of the "Easter Hymn" – "Graves are beds

---

[16] Burke, *A Philosophical Enquiry*.

now for the weary. / Death a nap, to wake more merry" (*WHV* II, p. 457) – cannot abide, despite the forced rhyme. The later "Misery" disappoints such conceits in perhaps the fullest and most poignant manner: in couplets that ironically recall the earlier adamantine laws of "Rules and Lessons", the poem recounts a subject unable to stick to any single resolution, for whom pleasure-roving and sudden fits of penitence come to seem like much of a muchness. The distinction here is not between piety and profanity, but rather between inconsistency and impossible consistency: the subject can no more be a committed alcoholic than a steadfast penitent. The speaker retreats from the bright day of worldly excess into what only appears to be the quiet of vigil:

> No man can more the world despise,
> Or Thy great mercies better prize;
> I school my eyes, and strictly dwell
> Within the circle of my cell;
> That calm and silence are my joys.
> Which to Thy peace are but mere noise;
> At length I feel my head to ache,
> My fingers itch, and burn to take
> Some new employment, I begin
> To swell and foam and fret within. (*WHV* II, p. 473)

This condensed passage offers one of the most remarkable poetic depiction of nervous tics, restless table-tapping, as the tightly end-stopped couplets burst free from their self-appointed bounds, to twitch into enjambment ("burn to take / Some new employment"). "Man", one of the most beautiful of Vaughan's lyrics, later phrases this more programmatically still: "God ordered motion, but ordained no rest" (*WHV* II, p. 477).

While the second and concluding part of *Silex Scintillans* does present a more collected pious subject, the anxiousness and variability of these earlier vigils precludes total self-possession. Indeed, when the nocturnal setting, which until this moment had proven strangely in abeyance, recurs, it does so with still greater and more unsettling force. "The Night" is one of Vaughan's most-anthologised single poems. It departs from the story of Nicodemus, who visited Jesus at night (John 3,1–21). As before, Vaughan declares himself to have left off worldly things (the apostrophised night is "this world's defeat; / The stop to busy fools; care's check and curb"). Yet as throughout the whole first section, this self-declaration does not suffice to admit him into the secrets of night, so much as reinstall a tired restlessness:

> But living where the Sun
> Doth all things wake, and where all mix and tire
> Themselves and others, I consent and run
> To eve'y myre;
> And by this worlds ill-guiding light,
> Err more than I can do by night.   (*WHV* II, p. 523)

"The Night" thereby dissolves the boundaries between night and day, obscurity and clarity, into a distilled phrase that could serve as summary for the whole: the "deep, but dazzling darkness" that is God. The subject's understandable inability to dwell in this nocturnal darkness makes *Silex Scintillans* a poem of continual relapse or rehab, whose pious revelations are continually counteracted by restlessness, or the fear that such visions may be no other than night-hallucinations. Even verse itself is a habit that the recovering subject is unable to kick, as in "Idle Verse" ("Go, go, quaint follies, sugared sin, / Shadow no more my door!" (*WHV* II, p. 446–447)), when a pure piety has to formulate itself in words that cannot but pick up rhythm. Through the recursiveness of his theme, the variability of his prosody, the purposeful redundancy of his imagery, Vaughan produces in the reader the very same restless searching or nervous vigilance that is his collection's theme. To cognise this, we need to read on, beyond the original works that find their way into anthologies of the seventeenth century, over longer stretches that enable us to train our vigilance, and which allow us to be defeated by distraction.

★ ★ ★

I earlier described how the practice vigil endures through long historical spans, notwithstanding the drastic shifts in belief that communities undergo. This does not mean, however, that the rite never comes under strain. At precisely the moment that Vaughan was writing his own poetic vigils, parliament was seeking to dispense with the *Book of Common Prayer*, in which night-watch continued to play a central role within the liturgical calendar. The *Book of Common Prayer*, first published in 1549 before undergoing several revisions, had been a compromise issuing from the Reformation: it sought to conciliate the newly-founded Anglican Church with established forms of communal worship. It stipulated the calendar of the church year, in addition to the prayers suitable for morning, noonday and evening: one of the morning prayers opens with a passage from the Gospel of Mark very similar to that which we observed above ("Watch, for you do not know when the master of the house will come, in the evening, or at midnight, or at cockcrow, or in the morning, lest he come suddenly and find you asleep" (Mark 13,35–36)).

The Puritan movement against the prescription of liturgical time only intensified when King Charles I had been driven from the throne. A parliamentary subcommittee ultimately succeeded in proscribing the *Book of Common Prayer*, which was taken to have only have only superficially broken from Catholic ostentation, and to prescribe communal forms of worship that should remain at the discretion of the individual. Vigil was problematic in both these aspects: it both enforced liturgical time and forced individual bodies together. While it was seldom used in comparison to the Book of Common Prayer, the *Directory for Public Worship*, which replaced it through parliamentary ordinance in 1644, offers a significantly altered form of worship. It purposefully avoided liturgical prescription; bodily expression (genuflection, turning to the East); call-and-response; and communal uniformity of worship. Virgil is unsurprisingly entirely absent from its specifications. If we consider these theological emendations together, the corporeal, communal, dialogic and emphatically calendrical nature of Vaughan's vigil suddenly appears more controversial than it might otherwise seem to would-be secular modern eyes and ears. Nathaniel Hawthorne's *The Scarlet Letter* gives an evocative account of the suspicion with which nonconformism regarded vigil. Set within Puritan Massachusetts in the mid-seventeenth century, the novel's Chapter 12 ("The Minister's Vigil") demonstrates how nighttime vigilance moves from communal practice into a private dark night of the soul. Buffeted by conscience, the minister Arthur Dimmesdale ascends to a scaffold, where "No eye could see him, save that ever-wakeful one"; tormented by his perceived sin, Dimmesdale shrieks aloud, only for his cry to go unheeded by the soundly sleeping townsfolk.[17]

Yet even this terrifying spectacle reveals a potential use for vigil, provided that it could be shorn of its excessively communal or corporeal aspects: the night-watch could reveal the conscience that was so essential to Puritanism. Following the Restoration, the practice returned, not only with the reintroduced Book of Common Prayer, but also through a series of works that sought to establish a less ostentatious and more individual form of vigilance. Robert Nelson's *Companion to the Fasts and Festivals of the Church of England* (1704) converts public ritual into private routine: "How [pious observers] spend the Vigils, in preparing their Minds for a due Celebration of the ensuing Solemnity, is more private but not less commendable. And the great care they take to suppress the Dawning of Enthusiasm, and to discountenance the first Appearances of any vicious Practices among their Members." Such practice constitutes "a preparation

---

[17] Hawthorne, *The Scarlet Letter*, p. 178.

of the Minds of the Laity for the reception of that Discipline that is wanted in the Church".[18]

Across the eighteenth-century, this divide – between a privatised form of watchfulness, and a more public observation of vigil that can only occur under specified conditions – deepens. A good example of the former arrives with Edward Young's influential long poem *Night-Thoughts* (1742–1745), whose nocturnal subject is watchful in a very different manner to Vaughan's sequence. Where *Silex Scintillans*'s metrical variations communicate restless shifts both within the subject's states of mind and between subject and world, Young's unvarying blank verse communicates a private subject removed from communal practice. Where Vaughan's fingers "itch, to take up some new employment", *Night Thoughts* rather gives us a mind tying itself in knots; it was not for nothing that this long poem would so influence the blank verse meditations of Wordsworth and Coleridge.

John Wesley was sufficiently moved by Young's work to incorporate portions of it into his *Collection of Moral and Sacred Poems* (1744). (*Night Thoughts* was at that point still-unfinished; Young's publisher Robert Dodsley received a financial settlement, having complained at this breach of the copyright law that had been introduced in 1710.) Wesley chose those moments in Young's work where the poet assumed a lofty and pious tone: his introductory address to the reader specifies that he has overlooked "*childish conceits*", along with the more "*perplext* and *obscure*" moments that allegedly often mar *Night-Thoughts*, in favour of "those motives of consolation, which alone may render certain griefs supportable".[19] Night-poetry clearly sparked Wesley's imagination: his *Collection* also excerpted Thomas Parnell's *A Night-Piece on Death* (1722), which also adopts a lofty, contemplative attitude.

We cannot separate this poetic work from Wesley's own reforming religious practice, which among other things leads to the most significant re-envisaging of vigil in the post-Restoration era. As a figure suspicious (like Cromwell before him) of liturgical conformity, we might reasonably expect the founder of Methodism to be opposed to any prescription of night-worship. In reality the opposite proved the case: Wesley imported from the Moravians the concept of the "Watch Night", which – perhaps so as to stress its English character – he strikingly justified with an appeal to the Book of Common Prayer. "Sir", he wrote in a 1750 letter to Mr. Bailey, "did you never see the word *Vigil* in your Common-Prayer Book? [...] it was customary with the ancient Christians to spend whole

---

18 Nelson, *A Companion to the Fasts and Festivals*, pp. ix–x.
19 Wesley, *Collection of Moral and Sacred Poems*.

nights in prayer [...] we have not only the authority of our own national Church, but of the universal Church, in the earliest ages."[20] This practice quickly became widespread throughout nonconformist forms of Christian worship. What began as an only semi-organised nightly meeting (tied to the full moon) soon became primarily associated with the New Year. In a fascinating twist of historical fate, the Watch Night became an essential commemoration of the Emancipation Proclamation of 31 December 1862, where thousands of enslaved Afro-Americans gathered to await the dawn of their freedom.

Yet the Moravian and Methodist Watch Nights posited a different sort of wakeful subject to those earlier vigils that had preceded the feast-days of Saints. Vaughan's collection, we recall, produced a dialectical play between self and world, renunciation and revelation, focus and distraction. Wesley, by contrast, postulated a subject defined above all else by its unerring *vigilance*. Hymnody translated the private mediations of Young or Parnell into a public worship that did not so much as watch over as *guard* the night. Matthew 24,43 ("But know this, that if the goodman of the house had known in what watch the thief would come, he would have watched, and would not have suffered his house to be broken up") became an enduring biblical touchstone in this respect. The many hymns that John and Charles Wesley composed returned obsessively to this theme. The latter's first "Hymn for the Watch-Night" undergoes a far smoother renunciation of the profane world than Vaughan's subject was ever able to accomplish:

> Oft have we pass'd the guilty night
> In revellings and frantick mirth:
> The creature was our sole delight,
> Our happiness the things of earth;
> But O! Suffice the season past,
> We choose the better part at last.[21]

Such works do not only thematise repentant watchfulness; they also enforce it, through an unwavering long metre that again contrasts with Vaughan's metrical vicissitudes. Consolation is vouchsafed from a God whose infinite Grace redeems man's littleness ("For this do we keep / A sad vigil, and weep, / The fruit of our tears that in joy we may reap; / While sent from above / The comfort we prove, / The unspeakable gift of thy ransoming love"). Charles Wesley's "Sober Vigilance" (sometimes also anthologised as "For the Morning") similarly borrows

---

20 Wesley, *The Works of John Wesley* IX, p. 81.
21 Wesley, *Hymns for the Watch-night*.

from Thessalonians 5,6 ("Therefore let us not sleep, as others do, but let us watch and be sober"), so as to equate watchfulness with cognitive clarity:

> This slumber from my spirit shake;
> Warned by the spirit's inward call,
> Let me to righteousness awake,
> And pray that I may never fall;
> Or give to sin or Satan place,
> But walk in all thy righteous ways.[22]

In short, the "distracted prayer" of Herbert and Vaughan has by the later eighteenth century given rise to cognitive vigilance. The micro-genre of the poetic vigil falls apart into the two poles that it once had mediated: private meditation and public worship, both of which enforce comparatively greater rhythmical consistency. However much a later work such as Bernard Barton's *Poetic Vigils* (1824) may advertise itself as a successor to *Silex scintillans* (featuring as it does a quotation from Vaughan's *The Night* as an epigraph), it is clear that the previous structure of nocturnal feeling – in which the restless subject also expresses the vicissitudes of the external world) has become unavailable.[23] The Quaker poet Barton's *The Abbott Turned Anchorite*, cannot even begin to imaginatively reconstruct the fourteenth-century mystic John Grene, who renounced his abbacy ("A most impressive change it must, / Methinks, to such an one have been, / To abdicate the abbot's trust' / And seek this solitary scene").[24] His "vigil", in short, is little more than a metaphor. In its place comes an undivided and unconcerned vigilance, in which God redeems the terrors of night that a subject no longer can or must endure. As Barton's appropriately titled "Call to Vigilance" breezily puts it:

> If, in the fancied shades of night,
> Our souls have trusted, – Oh, display
> The dawning of that heavenly light,
> Which ushers in thy cloudless day![25]

* * *

---

22 Wesley, *Hymns and Sacred Poems* II, p. 244. It is interesting, as an aside, to speculate whether the opening line of Wordsworth's great strange poem *A slumber did my spirit seal* borrows from (and reverses) the equivalent first line of Wesley's own hymn.
23 Barton, *Poetic Vigils*.
24 Barton, *Poetic Vigils*, p. 36.
25 Barton, *Devotional*, p. 203.

This episodic survey of theological and poetic vigil in Anglophone culture from the seventeenth to the nineteenth century enables us to resituate the poetry of Christina Rossetti that opened discussion. It does so in two ways, which are to my mind inseparable. On the one hand, there is the historical process by which the specific rite of vigil becomes unacceptable to the Puritan disposition, being bound up as it is with a form of liturgical prescription, before its redemption in a modified form, through the Watch Night of the Moravians and subsequently the Methodists. On the other, however, is the notion of corporeal *vigilance*, no less historical, but which also requires us to consider our own temporal phenomenology. Herbert, Vaughan, Wesley, Barton *et al* do not only describe watchfulness; they also seek to generate or train or exhaust it, across the temporal unit of the lyric, the book collection, or the sung hymn.

Christina Rossetti intuits this theological and phenomenological history as profoundly as any poet. As a sympathiser with the Tractarian movement, she knew well the fault-line between liturgical rite and private piety: Rossetti felt compelled to call off her engagement to James Collinson, upon his conversion to Catholicism in 1850. Even nineteenth-century works that attempted to stress a return to the liturgical calendar of the Book of Common Prayer, over against the increasingly individualistic reading habits of developing print media, such as John Keble's remarkably popular *Christian Year* (1827), reintroduce communal rite in a significantly guarded manner: vigil is entirely absent; night-time in general remains peripheral. (It is worth noting that Keble first published the work anonymously.)[26]

Rossetti's verse represents the most concerted attempt to remodel poetic vigil, in wake of the fissure that had opened up between communal rite and private meditation. Her work does not in any simple way return to earlier practices that nonconformism had challenged: while her poem *The Convent Threshold* (1858) imaginative reconstructed the differing motivations that might lead an individual to retire from the world, she rarely writes from such subject-positions. Her work rather recovers Vaughan's sustained poetic vigil in a rather different manner: the watchful subject is made over into a watchful *reader*. Where for Keble the dissemination of print media risked an increasing atomisation of spiritual practice, Rossetti rather employed practices of sustained reading – her own sustained reading – as a means of recovering a vigilance that could be a common aspiration for all. She accomplished this most particularly in three works that have typically received less attention than her earlier more obviously arresting lyrics: *Time Flies: A Reading Diary* (1885), *The Face of the Deep* (1892),

---

26 Keble, *The Christian Year.*

which offered a sustained exegesis of the Book of Revelation, and *Verses* (1893), which collected the verse interludes of these prose works.

These texts, all of which were published by the Society for Promoting Christian Knowledge, return obsessively to vigil as both an anchor of the liturgical calendar, and as a personal experience. Yet Rossetti gives us something rather different to the voluble, restless, primary existential drama of *Silex scintillans*. Her watchful subject is quieter and more modest: yet the power of her rhythmical and expressive vicissitudes resides in their subtlety. This subtlety can easily escape us, if we extract individual poems and entries from the broader calendar of living in which they are embedded. It is for that reason that I seek to add some flesh to the bones of David A. Kent's perceptive contention, that Rossetti cared deeply about the sequencing of her poems (a preference that was not always properly respected by editors such as her brother William).[27]

For a start, we should note that the ritual alternation of vigils and feasts – which Rossetti does, unlike Keble, mark explicitly – allows a similar dialectical play of contraries to that which we observed in Vaughan's own continuing sequence. In addition to other calendrical markers, *Time Flies* unfolds across the Vigils of the Annunciation, of the Ascension, and of many named saints. "A vigil", notes Rossetti on 31 October, the Vigil of All Saints, "is a period wherein to fast, pray, watch; repent of the past, amend the present, prepare and long for the future".[28] The definition seems clear enough: yet throughout this and other works, Rossetti puns on the word "long", which becomes both an anxious desire, and a present-tense endurance whose extension calls such deliverance into question. These sudden reversals are crucial to her thinking: on 24 July, she commemorate the Vigil of Saint James the Great by noting that, as vigils prepare for feasts, and feasts mark the death of a saint, that life itself is a vigil, and death a feast. "But when ourselves come into question", continues Rossetti, "we seem to see all reversed: our own life, that is, appears as something of a festival, though chequered; our own death as an appalling and beyond experience anxious vigil."[29]

The question thus becomes how (or whether) the subject can experience life as a positive vigil. Several of the poems that intersperse *Time Flies* battle between the contrary impulse to bring the watch to a close, and so embrace the feast of death, and to continue in a steadfast vigilance that only half-conceals its desire to keep hold of life. What often results are productive experiments in

---

[27] Kent, Sequence And Meaning, pp. 259–264.
[28] Rossetti, *Time Flies*, p. 209.
[29] Ibid., p. 141.

poetic boredom, of watching for something that never quite happens. Take this verse entry from 28 September:

> Our life is long Not so wise Angels say,
> Who watch us waste it, trembling while they weigh
> Against eternity one squandered day.
>
> Our life is long – Not so the Saints protest,
> Filled full of consolation and of rest:
> Short ill, long good, one long unending best.
>
> Our life is long – Christ's word sounds different:
> Night cometh: no more work when day is spent.
> Repent and work to-day, work and repent.
>
> Lord, make us like Thy Host, who day nor night
> Rest not from adoration, their delight,
> Crying Holy, Holy, Holy, in the height.
>
> Lord, make us like Thy Saints who wait and long
> Contented: bound in hope and freed from wrong
> They speed (may be) their vigil with a song.
>
> Lord, make us like Thyself, for thirty-three
> Slow years of toil seemed not too long to Thee
> That where Thou art there Thy Beloved might be.[30]

This poetry derives expressive force from sheer tedium. The "long" of the first line expresses a complaint, for the span of living with which the subject must contend. The day in fact is short, with "Night" near-at-hand. Yet while the angelic host might deliver this message, it is quite another matter to live through it. Notice, for instance, how when the Saints "long", this third appearance of the word converts it into a verb of desire, which, however, comes to a sudden end with the enjambed "Contented" of the following line. The poem tempts us to seek to skip ahead to promised deliverance, before correcting us back into a steadfast vigilance whose process, rather than its object, represents the lesson to hand. It might be that the saints can "speed [...] their vigil with a song". Yet this poem falls back into a length whose painfulness it wears as badge: Rossetti overloads the penultimate line ("Slow years of toil seemed not too long to thee") with monosyllabic stress, where previously duple metre had prevailed. This consummate (if painful) evocation of the act of watching requires that we understand Rosset-

---

30 Ibid., p. 187.

ti's vigil not, as Dolores Rosenblum asserts, in terms of vision, but rather in terms of temporal endurance.[31]

In many respects, this poetic vigil pursues a similar path to *In Progress*, only to finally take a separate path. That poem, we recall, also staged a false turn, before giving us a delayed and thereby more surprising *volta* with the woman who sprouts wings and takes fire. "Our life is long" similarly accrues a nervous energy through trudging monotony, only to then have nowhere to go, remaining by the close of the poem a promise deferred. Just as with *Silex scintillans*, we have to read such works not in isolation, but as they unfold across larger temporal units, in which the contention between compliant or frustrated vigilance emerges yet more powerfully. Take, for example, the poems that close the sequence of *Some Fasts and Feasts*, from within *Verses*, most of which are culled from *Time Flies*, but which accrue new force in this distilled form.[32] "The Vigil of St. Bartholomew" begins in familiar guise, beseeching the Lord "to Thine own grant watchful hearts and eyes". Unruffled patience ("So rapt in prayer that half they dwell in heaven") might seem the end of the story, only for waiting to take on a more troubling aspect as it endures through other works. The feast-day of St. Bartholomew brings praise, only for the subject to return to a vigil – this time for all saints – that now feels significantly harder to endure. "Up, my drowsing eyes!" exhorts the speaker to herself, before concluding with a weary resolution ("Yet a little while, / Yet a little way, / Saints shall reap and rest and smile / All the day. Up! let's trudge another mile.") None of these works are exceptional in their own right: what distinguishes them, however, is their remarkable apprehension of a subject pushed to the limit of vigilance, who both desires and recoils from the end of her watch. After "All Saints: Martyr" asks another barrage of questions ("How Long?"), we finally, in the *Sunday Before Advent* with which the section closes, experience deliverance. Constance W. Hassett has written eloquently about the "patience" of Rossetti's style, its capacity for temporal withholding.[33] Here, however, it is not so much that patience pays off, as that the act of waiting involves a bodily exhaustion that ultimately overcomes the watchful subject: "We all / Stand in the balance trembling as we stand; / Or if not trembling, tottering to a fall."[34] This could be the Day of Judgment; but it could also be the legs of the sleepless subject (the sleepless reader) giving out from under her.

---

31 Rosenblum, Christina Rossetti's Religious Poetry, pp. 33–49.
32 Rossetti, *Verses*, pp. 93–98.
33 Hassett, *Christina Rossetti*.
34 Rossetti, *Verses*, p. 98.

Rossetti's verse thus both describes and itself tests corporeal vigilance. It does so not only through the repetition and transmutation of lexical items such as "long", but also through a rhythmical repertoire that again derives its force from smaller adjustments than those that we found in *Silex scintillans*. Rossetti's late devotional verse generally sticks to a metrical blueprint: its deviations are minor, as with the overloading of stress in the penultimate line of "Our life is long". Yet such micro-adjustments test our vigilance all the more keenly; test that it is true vigilance. Take for example a short lyric that first found its way into Rossetti's reading of the Book of Revelation:

> The twig sprouteth,
> The moth outeth,
> The plant springeth,
> The bird singeth:
> Tho little we sing to-day,
> Yet are we better than they;
> Tho growing with scarce a showing,
> Yet, please God, we are growing.
>
> The twig teacheth,
> The moth preacheth,
> The plant vaunteth,
> The bird chanteth,
> God's mercy overflowing
> Merciful past man's knowing.
> Please God to keep us growing
> Till the awful day of mowing.[35]

The apocalypse of this poem is the more abrupt for the mundanity out of which it springs. The first stanza teaches a cute little story about the growth of things both large and small. We might almost overlook, in this context, how the appropriately swelling syllable-count (from four to six to seven to eight) retracts in the final line, where it not for that sudden truncation that curtails the poem as a whole ("Till the awful day of mowing"), which it thereby in retrospect foreshadows. The quietness of Rossetti's apocalypse is to a large part conditioned by the complex theological history to which her own life succeeded. This fact communicates a broader truth regarding rhythmical vigilance in general. Biology teaches us that individual responsiveness ("motor vigilance") varies according to the subject's biorhythms: a morning person will prove more alert in the morning, a night-worker more watchful at night. Yet recent research has also demonstrated

---

[35] Rossetti, *The Face of the Deep*, p. 42.

that subjects can better perform certain tasks – tasks that involve creative or associational forms of thinking – when such biorhythms are disrupted.[36] Where Charles Wesley induced "sober vigilance" through metrical regularity, Rossetti's verse tests the extent to which we notice small divergence. When it does not diverge from its own example, her poetry probes whether there might be certain states of mind – visionary, fearful, desirous – that arise precisely through, rather than despite, the exhaustion of watchfulness.

When at the top of this essay I read *In Progress*, I did through the seeming neutrality of "the formalist reader". But I can now come out of the closet as a scholar with a body, who did not read that work for the first time from a vantage-point of objective absorption, but at the end of a "long" bout of reading Rossetti's verse, fearing that it had nothing to say to me, struggling to digest a large lunch, realising only belatedly that the message of the poem lay precisely in its frustration, its postponement, its exhaustion, all of which I had been attempting to move beyond in order to get to its meaning. My over-extended vigilance was precisely the point. To admit that I was digesting my lunch might seem to introduce scandalously subjective contingencies into the serious business of literary criticism. But that is the thing with contingencies: they are never only our own. We know that judges sentence criminals more leniently, when they have already eaten lunch.[37]

I believe that there are ways to mobilise Rossetti's insight regarding the dialectic of vigilance, which she inherited and transfigured from Vaughan's example, turning it in the process into a comment upon the experience of reading. We can imagine, that is to say, forms of pedagogy that do not only turn upon Freudian absorption, unifocal attention, the minimisation of the distracting browser tab, but which regard distraction or over-exertion not merely as inevitable, but also as potentially productive. These need not require students to wake themselves up in the pitch of night to read a poem (although this, too, could be of interest). I myself have been developing several such exercises, catalysed by the requirement to reform our pedagogical practice, which the ongoing pandemic places upon us.

In one of these, I ask my students to walk the short distance from my office to the Fitzwilliam Museum in Cambridge (now that it is once again open). There, they must look at a single art object (or artefact, or item of furniture), for twenty minutes. This already is hard enough: we know that museum attendees typically exhaust their finite cognitive capital on the earliest rooms of an exhibition,

---

36 Wieth, Time of day effects on problem solving, pp. 387–401.
37 Kahneman, *Thinking Fast and Slow*.

which tend also to be the busiest.[38] Following this period, they leave the museum, trying to remember or to reimagine the object or artefact or furniture item as they fall asleep. Two days later, they return to observe the same object, to see whether it accords with their recollections, or whether other factors (the light cast through the window, the footfall in the museum, what the beholder had for breakfast) change the experience in some way. They again leave the museum and again think of the object as they fall asleep (or try to). Finally, two days later, they prevail upon a friend to accompany them on the third and final observation of the same object, for the same length of time, to see whether the act of seeing varies when it is a communal undertaking. By so taking, they can take Vaughan and Rossetti's dialectic of vigilance, which mediates between self and world, focus and distraction, not merely as an object of enquiry, but as a manual for practice.

Bibliography

Augustine, Saint: *Confessions*. Trans. Maria Boulding. New York 1997.
Barton, Bernard: *Poetic Vigils*. London 1824.
Barton, Bernard: *Devotional Verses*. London 1826.
Burke, Edmund: *A Philosophical Enquiry into the Origin of Our Ideas of the Sublime and Beautiful*. London 1757.
Climate activists 'occupy' Science Museum over fossil fuel sponsorship. In: *The Guardian* (2021). https://www.theguardian.com/uk-news/2021/oct/27/climate-activists-occupy-science-museum-over-fossil-fuel-sponsors [last accessed: 22.11.2021].
Durkheim, Emile: *The Elementary Forms of Religious Life*. London 1957.
Fisher, Philip: Session V: Lecture & Panel Discussion: Museum Distraction. In: *A Culture Of Engulfment*, Salmagundi 139/140 (2003), pp. 189–200.
Fried, Michael: *Absorption and Theatricality. Painting and Beholder in the Age of Diderot*. Chicago 1980.
Hassett, Constance W.: *Christina Rossetti. The Patience of Style*. Charlottesville 2005.
Herbert, George: *The Temple*. London 1865.
Kahneman, Daniel: *Thinking Fast and Slow*. London 2011.
Keble, John: *The Christian Year. Thoughts in Verse for Sundays and Holydays throughout the Year*. New York 1896.
Kent, David A.: Sequence And Meaning. In: *Christina Rossetti's Verses*, Victorian Poetry 17/3 (1979), pp. 259–264.
Kuchar, Gary: Distraction and the Ethics of Poetic Form in The Temple. In: *Christianity & Literature* 66.1 (2016), pp. 4–23.
Hawthorne, Nathaniel: *The Scarlet Letter*. Boston 1874.
Marno, David: *Death Not be Proud. The Art of Holy Attention*. Chicago 2016.

---

[38] Fisher, Museum Distraction, pp. 189–200.

Martz, Louis L.: *The Poetry of Meditation*. New Haven 1954.
McKinnon, James: Desert Monasticism and the Later Fourth-Century Psalmodic Movement. In: *Music & Letters*, 75.4 (1994), pp. 505–521.
McGann, Jerome: The Religious Poetry of Christina Rossetti. In: *Critical Inquiry* 10/1 (1983), pp. 127–144.
Nelson, Robert: *A Companion to the Fasts and Festivals of the Church of England. With Prayers and Collects For Each Solemnity*. London 1704.
Rosenblum, Dolores: Christina Rossetti's Religious Poetry: Watching, Looking, Keeping Vigil. In: *Victorian Poetry* 20/1 (1982), pp. 33–49.
Rossetti, Christina: *The Face of the Deep. A Devotional Commentary on the Apocalypse*. London 1892.
Rossetti, Christina: *Verses*. London 1894.
Rossetti, Christina: *Time Flies. A Reading Diary*. London 1897.
Rossetti, Christina: *The Complete Poems. A Variorum Edition*. Baton Rouge 1979–2000.
Vaughan, Henry: *The Works of Henry Vaughan*. Ed. by Leonard Cyril Martin. Oxford 1914.
Wieth, Mareike B.: Time of day effects on problem solving: When the non-optimal is optimal. In: *Thinking & Reasoning*, 17/4 (2011), pp. 387–401.
Wesley, Charles: *Hymns and Sacred Poems*. Bristol 1749.
Wesley, Charles: *Hymns for the Watch-night*. London 1750.
Wesley, John: *Collection of Moral and Sacred Poems*. Bristol 1744.
Wesley, John: *The Works of John Wesley*. Grand Rapids 1978.

Christiane Brenner
Konjunkturen der Wachsamkeit. Kampagnen gegen Prostitution in der sozialistischen Tschechoslowakei

Wachsamkeit war eine der wichtigsten Tugenden im sozialistischen Wertekanon. In der Tschechoslowakei, wo die Kommunistische Partei (KSČ) seit 1948 allein regierte, gehörten „bdělost" und „ostražitost" – nahezu bedeutungsgleich „Achtsamkeit" und „Wachsamkeit" – zu den Kernbegriffen des kommunistischen Diskurses.[1] Auch hatte der Imperativ, wachsam zu sein, hier ein Gesicht: Er trug die Züge des kommunistischen Schriftstellers und Widerstandskämpfers gegen den Nationalsozialismus, Julius Fučík. Fučík, der 1943 in Berlin-Plötzensee hingerichtet worden war, hinterließ die „Reportagen, unter dem Strang geschrieben".[2] Sein Vermächtnis endet mit dem Auftrag an die Überlebenden und kommende Generationen: „Menschen, ich hatte Euch lieb. Seid wachsam!"[3]

Das idealisierte Porträt des jungen Fučík und die Zeile „Seid wachsam!" waren in der sozialistischen Tschechoslowakei vierzig Jahre lang allgegenwärtig. Sie fanden sich auf Briefmarken und Fahnen, auf Auszeichnungen und Ausweisen.[4] Von der Polizei bis zum Jugendverband machten sich viele Organisationen sein Motto zu eigen. Fučík stand für das Ideal einer durch und durch vigilanten Gesellschaft.[5]

Die Liste der Feinde des Sozialismus, für deren Gefährlichkeit die Massen sensibilisiert werden sollten, war lang. Faschisten, Imperialisten, Amerikaner und ganz allgemein der Westen verschmolzen in den 1950er Jahren zu einer gewaltigen Drohkulisse, in deren Schatten die Tschechoslowakei ihren Sozialismus aufbaute.[6] Dieses Projekt schien aber auch zunehmend von inneren Feinden bedroht.[7]

---
1 Kaška, *Neukáznění a neangažovaní*, S. 53.
2 Fučíks „Reportagen" erschienen nach dem Zweiten Weltkrieg in unzähligen Auflagen, das Werk wurde in 89 Sprachen übersetzt. Allerdings handelte es sich um eine zensierte Fassung, in der Passagen, die der Parteiführung widerstrebten, fehlten. Erst 1995 erschien der ursprüngliche tschechische Text, die Edition dokumentiert auch frühere Eingriffe und Manipulationen. Fučík, *Reportáž*.
3 Ebd., S. 91; Macura, *Šťastný věk*, S. 85–100.
4 Zwicker, „*Nationale Märtyrer*", Kapitel 3.
5 Zum Begriff der Vigilanz als Aufmerksamkeit der Vielen, die im Dienste kollektiver Ziele mobilisiert wird vgl. Brendecke, Warum Vigilanzkulturen?
6 Volf, *Über Riesen und Zwerge*, Kap. 2/4; Zavacká, *Kto žije za ostatným drôtom?* S. 142–154.
7 Satjukow/Gries, Feindbilder des Sozialismus.

Das waren in erster Linie politische Widersacher, „Abweichler von der Parteilinie" und sogenannte Renegaten. Dazu kamen Menschen, die nicht direkt als politische Gegner galten, aufgrund ihres Lebensstils jedoch als Bedrohung für die wirtschaftliche Prosperität und den sozialen Frieden wahrgenommen wurden; „asoziale Elemente" oder „Parasiten" hießen sie in der Sprache des Regimes.[8] Auch Menschen in Prostitution wurden dieser Gruppe zugeordnet, die im „Realsozialismus" der 1970er und 1980er Jahre mit dem neuen Label „unangepasste Bürger" versehen wurde. Anders aber als zum Beispiel sogenannte Arbeitsbummelanten, um nur eine zentrale Kampagnenfigur zu nennen, spielten sie in der Propaganda des Regimes kaum eine Rolle. Was nicht heißt, dass sie nicht kriminalisiert und marginalisiert worden wären. Dass Prostitution nicht der Stoff war, aus dem die Kommunisten ihre Kampagnen machten, hatte vor allem mit ideologischen Prämissen zu tun.[9]

Prostitution war ein randständiges Thema, dem sich die tschechoslowakische Politik die längste Zeit über nicht direkt, sondern nur im Verbund mit anderen unerwünschten Phänomenen widmete. Dennoch – oder vielleicht gerade deswegen – lohnt der Blick auf die kurzen Phasen, in denen es aus der Latenz heraustrat und im Zentrum der Aufmerksamkeit stand. Drei dieser Konjunkturen möchte ich im Folgenden vorstellen und analysieren, wann und mit welchen Agenden Prostitution zwischen den späten 1940er und den 1970er Jahren skandalisiert und zum Thema öffentlichkeitswirksamer Aktionen gemacht wurde. Dieser Text widmet sich also nicht der Prostitution als Form der Erwerbstätigkeit und Lebenswirklichkeit.[10] Vielmehr rekonstruiert er die allmähliche Veränderung von Feindbildern und Krisendiagnosen am Beispiel des Umgangs mit diesem Phänomen. Und er geht der Frage nach, wie sich dabei die Beschreibung von Wachsamkeitspflichten wandelte; auch wenn die zentrale Symbolfigur der Wachsamkeit – in der Tschechoslowakei der mahnende Fučík – stets die gleiche blieb.

---

8 Die gründlichste Analyse des „Asozialen"-Paradigmas hat Korzilius am Beispiel der DDR vorgelegt. Korzilius, *„Asoziale" und „Parasiten"*.
9 Zu Prostitution in den sozialistischen Staaten gibt es mittlerweile einiges an Forschungen, an dieser Stelle möchte ich nur auf die Arbeit von Brüning, Prostitution in der DDR; von Dobrowolska zu Polen: Zawodowe dziewczyny und von Hearne zur UdSSR hinweisen: Selling Sex under Socialism.
10 Ich spreche in diesem Text zumeist von „Prostitution" und „Prostituierten". Unserer Gegenwart angemessenere Begriffe wie „sexuelle Arbeit" und „Sexarbeit(erinnen)" lassen sich ohne eine umfassende Auseinandersetzung mit dem sozialistischen Verständnis von Arbeit kaum auf die historische Situation der sozialistischen Tschechoslowakei übertragen. Zur Begrifflichkeit: Laite, *Common Prostitutes*, S. 25–28.

Razzia 1948

Die erste Konjunktur fällt in die stalinistische Periode, das heißt in die Zeit zwischen der kommunistischen Machtübernahme in der Tschechoslowakei im Februar 1948 und der Mitte der 1950er Jahre. Nach Kriegsende hatte die erste, noch halb-demokratische Mehrparteienregierung eine kontroverse Debatte über den künftigen Umgang mit Prostitution geführt. Hier prallten sozial- und gesundheitspolitische Anliegen mit ordnungspolitischen Postulaten zusammen. Der „Siegreiche Februar" 1948 setzte der Diskussion über eine Regelung, die „mit dem Geist der Volksdemokratie vereinbar ist", ein Ende.[11] Denn für die Kommunisten stand außer Frage, dass Prostituierte im Kapitalismus Opfer von Klassenherrschaft und Geschlechterungleichheit gewesen waren. Unter den neuen Verhältnissen aber mussten sie als Kriminelle gesehen werden, schließlich existierte nun für jeden Menschen die Möglichkeit, den Lebensunterhalt mit ordentlicher Arbeit zu verdienen. Zudem bestand eine allgemeine Arbeitspflicht.[12]

Prostitution, so die Verheißung der zeitgenössischen Propaganda, werde sich als Problem erübrigen, wenn der Sozialismus erst einmal verwirklicht sei. Sie gehörte also zu der Welt, die zum Absterben bestimmt war, und das machte Prostituierte zu „gestrigen Leuten", potentiellen Gegnerinnen der neuen Ordnung, deren historisch vorbestimmtes Verschwinden der Staat mit allen Mitteln beschleunigen musste.[13]

Zwischen Ende 1948 und den frühen 1950er Jahren fanden in der Tschechoslowakei regelmäßig Razzien statt mit dem Ziel, Prostitution aufzudecken und zu unterbinden.[14] Sie galten vor allem städtischen Vergnügungslokalen, Park- und Bahnhofsanlagen, sowie einschlägig bekannten Straßen und Vierteln. Mit Menschen, die der Prostitution verdächtigt wurden, wurde kurzer Prozess gemacht, viele von ihnen kamen zu dieser Zeit in Arbeitslager. Die Pressekampagnen, die diese vorwiegend nächtlichen Aktionen begleiteten, liefen in Intervallen von jeweils einigen Wochen. Sie vollzogen sich als Wechselspiel aus Zeitungsberichten, oft nur kurzen Meldungen, und Leserbriefen von Einzelpersonen und Kollektiven, die nicht selten zu noch entschiedenerem Durchgreifen aufriefen. Zeitgleich erschienen ohne ausdrücklichen Bezug zum aktuellen Geschehen Berichte über das

---

11 Procházka, Boj proti prostituci, S. 6.
12 Havelková, Pracovní právo, S. 494–499.
13 Alle für die Zeit charakteristischen Argumente bündelt die Broschüre zum „Kampf gegen die Geschlechtskrankheiten": *Boj proti pohlavním chorobám*.
14 *Boj proti pohlavným a kožným chorobám*; [st.] *Veľká razia na zaháľčov a prostitútky*.

verheerende Ausmaß von Prostitution in der westlichen Welt und darüber, dass die Sowjetunion dieses Übel längst besiegt habe.[15]

Die Argumentationsweise dieser Kampagnen zeigt sich vorbildhaft in einem Beitrag aus der Zeitschrift für die Polizei, das sogenannte Korps für die Nationale Sicherheit (Sbor národní bezpečnost, SNB). Das Magazin, das zweiwöchentlich erschien, hieß schlicht *SNB*.[16] Der mit vielen Details ausgeschmückte Bericht über eine Razzia in der Prager Innenstadt, die im Oktober 1948 stattfand, enthält alle Elemente des für den Stalinismus typischen dichotomischen Denkens. Zusätzlich verdeutlicht werden die Konfliktlinien der Gegenwart durch die Illustration, die sich über beide Seiten des Textes zieht. Sie zeigt einen Polizisten, der im hellen Lichtkegel seiner Taschenlampe jene Geschöpfe auftauchen lässt, die nicht mit der neuen Zeit gehen. Der Ordnungshüter ‚entdeckt' im Wortsinn die verborgenen Widersacher der historisch notwendigen Transformation (Abb. 1).

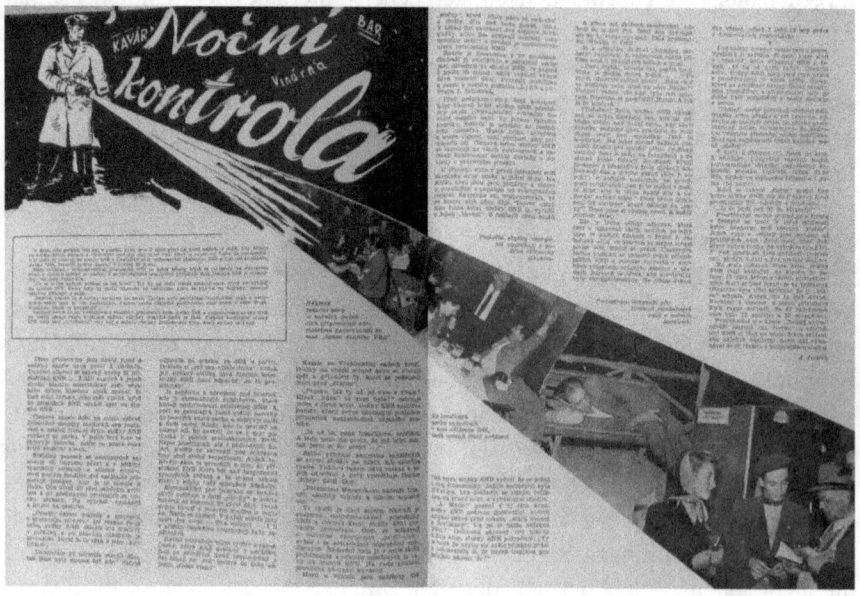

Abb. 1: Der Wachsamkeitsexperte von der SBN entdeckt die Geschöpfe der Vergangenheit. In: Jiráček, Noční kontrola.

---

15 *V Sovětském svazu neexistuje prostituce*; Janda, Pohlavní choroby a prostituce.
16 Jiráček, Noční kontrola.

Die Konfrontation zwischen der Polizei und verschiedensten Repräsentant:innen der Reaktion beginnt – klassisch – am Ende der Nacht, an der Schwelle zum Tag.[17] Bei dem Kontrollgang durch einen Park zerren die SNB-Männer mehrere Prostituierte ans Licht. Der wahre Coup gelingt ihnen dann in einem bekannten Nachtklub. Hier, wo dichter Zigarettenrauch den Blick zunächst vernebelt, verhaften sie schließlich die Begleiterin zweier Unternehmer und stellen fest, dass es sich um eine Deutsche handelt, die in der Tschechoslowakei als Prostituierte arbeitet. Damit ist die Nachtschicht erfolgreich beendet, und der Moment für ein positives Fazit gekommen:

> Die Polizisten schreiten mit ihrer Beute ins Freie, wo bereits das Licht über die nächtliche Dunkelheit gesiegt hat, wo in der Gegend um den Nachtclub Werktätige zu ihrer täglichen Arbeit für die Republik gehen. Was für ein Kontrast das ist: Auf der einen Seite Arbeiter, die begeistert für die Erfüllung des Plans arbeiten […] auf der anderen Seite Faulenzer, Schmuggler, einstige Fabrikbesitzer und volksfeindliche Elemente […] in der Gesellschaft von Prostituierten! […] Wie ist das möglich in der heutigen Zeit, wo jede Kraft zum Aufbau unseres Staates gebraucht wird? […] Hier muss eine Korrektur vorgenommen werden, die darin besteht, alle Nachtklubs […] zu schließen, wo sich ohnehin nur Leute treffen, die sich vor der Arbeit drücken. […] Zugleich ist es nötig, dass die Prostituierten streng bestraft werden, nicht nur mit zwei Tagen im Gefängnis, sondern mit 5 oder 10 Jahren Zwangsarbeit![18]

Der Text, der mit der Opposition von Tag und Nacht, Helligkeit und Dunkelheit, Vergangenheit und Zukunft arbeitet, transportiert eine unmissverständliche Botschaft: In den Monaten, die seit der Machtübernahme der Kommunisten im Februar 1948 vergangen sind, haben sich die Verhältnisse noch nicht ausreichend verändert, die Umwälzungen müssen weitergetrieben, alles, was ihnen entgegensteht, muss bekämpft werden. Die Polizei übernimmt nicht nur die Durchführung der erfolgreichen Säuberungsaktion, sondern damit auch eine wichtige Wächterrolle über die Revolution und über die Aufbauarbeit, der sich die Arbeiter dank ihrer ungestört widmen können. Zwar gilt das Gebot der allseitigen und allzeitigen Wachsamkeit aller. Damit die „Werktätigen" aber ihrer Hauptaufgabe nachgehen können, wird ein entscheidender Teil dieser Wachsamkeit an die Spezialisten vom Korps der Nationalen Sicherheit delegiert.[19]

Weitere Motive liegen auf der Hand: etwa, dass die „gestrigen Menschen", die hier auftreten, für eine überkommene Klassenordnung stehen, wie die beiden Unternehmer, oder nicht der eigenen Nation angehören, sondern mit Feinden

---

17 Dušková, Between East and West, S. 26–33.
18 Ebd., S. 2.
19 Zum Zusammenhang von Vigilanz, dem Aufbau des Sicherheitsapparates, politischen Prozessen und dem Aufbau der sozialistischen Ordnung: Pucci, *Security Empire*.

jenseits der Grenzen verbunden sind. Im Text steht dafür die Figur der deutschen Prostituierten und mit ihr eine Repräsentantin der in dieser Zeit am vehementesten abgelehnten Nation.[20] Nicht zuletzt setzt die klassenkämpferische Rhetorik zeittypisch auf Sozialneid und es wird an eine geteilte kleinbürgerliche Geschlechter- und Sexualmoral appelliert. Dieser Moral war ein starker Gender Bias eingeschrieben. Damit lag der Fokus auf der Überwachung von Frauen, die für die Unmoral von Männern verantwortlich gemacht wurden.[21]

Gesetzlich geregelt wurde der Umgang mit Prostitution aber weder 1948 noch in den folgenden Jahren. Es galt ein Flickenteppich aus Vorschriften, die aus der Zwischenkriegszeit stammten,[22] und neuen sozialistischen Rechtsnormen, welche „die grundlegenden Regeln des Zusammenlebens der Bürger" oder die Moral schützen sollten.[23] Indes schien die Praxis weniger stark von alten oder neuen Gesetzen bestimmt gewesen zu sein, als vom Geist der Kriegs- und Okkupationsjahre. Um das Ziel der Arbeitskräfterekrutierung durchzusetzen, wurden Gesetze zum Teil ignoriert, zum Teil sehr frei ausgelegt.[24] Unter den Menschen, die als „Arbeitsscheue" in Zwangsarbeiterlager eingewiesen wurden, waren auch Frauen, die als Prostituierte galten; für sie existierten in den Lagern gesonderte Einheiten.[25]

Erst 1956, also nach der Hochphase des Stalinismus, wurde ein Gesetz verabschiedet, das Prostitution als eine von mehreren Formen des „Parasitismus" unter Strafe stellte. Alle sozialistischen Staaten erließen ein solches Gesetz, das Verstöße gegen die allgemeine Arbeitspflicht kriminalisierte. Das tschechoslowakische, das zum 1. Januar 1957 in Kraft trat, war allerdings das erste seiner Art in Ostmitteleuropa. Es handelte sich um eine komplizierte Rechtsnorm, die eine doppelte Bedingung für die Erfüllung des Straftatbestandes stellte, zum einen den fortgesetzten Verstoß gegen die Arbeitsdisziplin, zum anderen den Nachweis, dass die nicht arbeitende Person ihren Lebensunterhalt aus „unlauterer Quelle"

---

20 Brenner, *Zwischen Ost und West*, S. 176–183.
21 Havelková B., *Blaming all Women*, S. 25 f.
22 Zu Prostitution in der Zeit der Ersten Tschechoslowakischen Republik: Lenderová, *Chytila patrola*, und Kleinová, *Nočné motýle*. Nach dem Zweiten Weltkrieg konnte Prostitution u. a. nach Paragraphen geahndet werden, die die Bedrohung der Jugend, der öffentlichen Ordnung oder die Verbreitung von Geschlechtskrankheiten betreffen. Vgl. Havelková, *Prostitution Law*, S. 272 f.
23 § 127 Sbírka zákonů republiky Československé 1950/88 und § 134 1950/86. URL: http://ftp.aspi.cz/opispdf/1950/040-1950.pdf. und: https://www.zakonyprolidi.cz/cs/1950-86
24 Pucci, *Security empire*, S. 114 f.
25 Grundlegend zum Thema: Borák/Janák, *Tábory nucené práce*, die die Gründe für die Einweisung (zu Prostitution, S. 96), die soziale Struktur und das Zahlenverhältnis von Männern und Frauen in den Lagern rekonstruierten. Vgl. auch Sivoš, *Bez rozsudku!* S. 127–131 und S. 178.

bestritt.²⁶ Über Jahrzehnte kritisierten Jurist:innen diese Konstruktion, die Richter:innen die Urteilfindung oft unnötig schwer machte.²⁷ Aus der Perspektive eines Staates, der von sich behauptete, Prostitution praktisch schon überwunden zu haben, hatte der Parasitismusparagraph allerdings einen großen Vorzug: Er ermöglichte es, Prostitution zu verfolgen und zu ahnden, ohne dass diese explizit als solche genannt werden musste. Prostituierte verschwanden gewissermaßen in der strafrechtlichen Sammelkategorie der „Parasiten". In der Folge war viel von Problemen mit der Arbeitsdisziplin die Rede, aber kaum noch von Prostitution.

„Wir leben nicht im Paradies"

Genau an diesem Punkt setzte die ‚Wiederentdeckung' der Prostitution gegen Mitte der 1960er Jahre an. Die zweite Konjunktur des Themas, das ein Jahrzehnt lang weitgehend aus den Medien verschwunden war, gestaltete sich deutlich anders als die erste. In den 1960er Jahren war nicht die politische Führung die treibende Kraft, vielmehr ergriffen sowohl leitende Mitarbeiter der SNB als auch Sozialwissenschaftler:innen und Journalist:innen die Initiative und adressierten Prostitution. Dafür nutzten sie die entstehenden Freiräume in der Öffentlichkeit.

Mehrere große Zeitungen und Zeitschriften druckten Berichte über die florierende Prostitution vor allem in der Hauptstadt Prag. Zwischen Februar und April 1968 brachte etwa das populäre Magazin *Svět v obrazech* unter dem Titel „Leicht zugängliche Fräulein" eine Artikelserie über Frauen, die der Prostitution nachgingen und ließ diese von Fachleuten kommentieren.²⁸ Die Fälle, die als „leider wahr" präsentiert wurden, spielten unverhohlen mit dem Voyeurismus eines an *Sex and Crime* in der heimischen Presse nicht gewohnten Publikums. In „sieben von zehntausenden von Geschichten" wurden angeblich typische Wege in

---

26 Das Gesetz charakterisierte Prostitution unter § 188a als eine Form unethischen Gelderwerbs. Es erfuhr eine Reihe von Nachbesserungen und Novellen, die der Konkretisierung und der Erhöhung des möglichen Strafmaßes dienten. Zwar wurde Prostitution nicht in allen Versionen explizit genannt. Dass sie dennoch stets gemeint war, beweist nicht nur die Gerichtspraxis, sondern auch die Tatsache, dass der sogenannte Parasitismus-Paragraph, ab 1961 als § 203 geführt, zum Synonym für Prostitution avancierte.
27 Zur zeitgenössischen Debatte: Nezkusil/Císařová, *K aktuálním otázkám příživnictví*; Szabó, *Poznámky k výkladu § 188*; Vieska, *O deklasovaných živlech*; Ders.: *O příživnictví v pojetí § 203 trestního zákona*. Zur Diskussion der 1970er und 1980er Jahre: Vlček, *K problematice postihu prostituce*; Ders., *Příživnictví v československém trestním právu*.
28 Štorkán, *Slečny lehce přístupné*.

die Prostitution vorgestellt, wobei Protagonistinnen wie das „Engelchen"[29] und das „Partygirl"[30] als Zwitterwesen zwischen fast noch kindlicher Unschuld und Verruchtheit erschienen, denen Männer nachgerade hilflos ausgeliefert waren. Der primär männliche Blick auf das Thema setzte sich in den Fotografien fort, mit denen die Beiträge illustriert waren. Sie kontrastierten Bilder von nächtlichen Ausschweifungen (Abb. 2) mit solchen, die offensichtlich sehr junge weibliche Angeklagte beim Polizeiverhör oder vor Gericht zeigten (Abb. 3). Die Serie war so erfolgreich, dass sie, ergänzt um Ausschnitte aus Leserbriefen, als schmales Buch erschien.[31] Neben Zeitungsartikeln wie denen in *Svět v obrazech* gab es Radiofeatures und öffentliche Diskussionsveranstaltungen mit Polizisten und Ärztinnen, Soziologen und Psychologinnen[32] und sogar einen kurzen Zeichentrickfilm über „Blanka", ein sogenanntes Dollar-Fräulein, also eine Frau, die sich für Devisen prostituierte.[33]

Die Debatte, die sich zwischen 1966 und 1968 entwickelte, erscheint in ihrer Vielstimmigkeit geradezu verwirrend. Damit war sie typisch für die Zeit unmittelbar vor dem „Prager Frühling", in der alles, was bis dahin gegolten hatte, auf den Prüfstand gestellt wurde.[34] Bei dieser Revision ging es auch um Fragen der Moral und um das Verhältnis zwischen den Geschlechtern.[35] Diskutiert wurde über den Verfall von Werten in der Folge der gewaltigen sozialen Umwälzungen, die das Land seit 1948 durchgemacht hatte, über die Schattenseiten der Emanzipation, die zu den Kernelementen des sozialistischen Projekts gehörte, und um eine im Sozialismus aufgewachsene Generation von Eltern (im Klartext: von Müttern), die ihre Kinder vernachlässigte. So führte Otokár Osmančík, der medial

---

29 Štorkán, *Slečny lehce přístupné* (1). Unter der ersten Folge der Serie stand: „Die Namen sind erdacht, die Fakten unglücklicher Weise wahr", wobei „unglücklicher Weise" fett und kursiv gedruckt war. Das Anliegen, die Authenzität der Berichte hervorzustreichen, war also überdeutlich.
30 Štorkán, *Slečny lehce přístupné* (3).
31 Auch die Buchversion, die 1969 erschien, trug den Titel „Slečný lehce přístupné". Statt mit Fotos ist sie mit Grafiken illustriert. Die Höhe der Auflage lässt sich nicht feststellen, sie kann aber nicht klein gewesen sein, das Buch findet sich noch heute auf den Angebotslisten vieler tschechischer online-Antiquariate.
32 Wissenschaftler:innen wie die Psychiaterin Božena Rudlová, Autorin der ersten Dissertation zum Thema Prostitution seit der Zwischenkriegszeit, präsentierten ihre Forschungsergebnisse vor einem breiten Publikum. Vgl. *Reservujete si čas!; Je u nás delikvence mládeže problémem?*
33 Der Kurzfilm ist in einer populären Geschichtssendung des Tschechischen Fernsehens zu sehen: *Česká televize*, Retro vom 08.01.2011, Thema příživnictví, URL: https://www.ceskatelevize.cz/porady/10176269182-retro/211411000360002/, Min. 0:20 – 1:04.
34 Schulze Wessel, *Der Prager Frühling*.
35 McDermott, *Communist Czechoslovakia*, S. 152–171.

Abb. 2: Die Illustrationen in *Svět v obrazech* vermittelten ein verlockendes Bild der nächtlichen Welt von Prostituierten und solcher, die es werden würden. In: Štorkán, *Slečny lehce přístupné*, Nr. 10, o. S.

Abb. 3: Auch im Blick auf das ‚gefallene Mädchen', das vor Gericht seine Strafe erhielt, war Voyeurismus. In: Štorkán, *Slečny lehce přístupné*, Nr. 4, o. S.

immer wieder präsente Leiter des Kriminologischen Instituts,[36] selbst Initiator einer Pilotstudie zu Prostitution,[37] die Tatsache, dass „die Familie schrittweise aus dem Zentrum des gesellschaftlichen Lebens an dessen Peripherie verdrängt" worden sei, als einen wichtigen Grund für die Zunahme von Prostitution an.[38]

Aber es ging in der Debatte, die weite Kreise zog, um mehr als nur konservative Gegenwartskritik: *Ein* Skandal bestand darin, dass Prostitution in einem sozialistischen Staat überhaupt existierte. Die optimistische Prophezeiung der stalinistischen Aufbauzeit, sie werde sich gemeinsam mit allen anderen negativen Begleiterscheinungen des Kapitalismus einfach auflösen, hatte sich offensichtlich nicht erfüllt. Darauf spielte die populäre Zeitschrift *Mladý svět* an, die ihren Vierteiler zum Thema Prostitution mit der Zeile „Wir leben nicht im Paradies" betitelte.[39]

Einen noch viel größeren Skandal sahen viele Kommentatoren allerdings darin, dass diese Tatsache so lange vertuscht worden war. Erst die Leugnung von Prostitution habe diese zu einem wirklich großen Problem werden lassen, kritisierten Polizisten und Kriminologen (mit der Forderung nach mehr Mitteln und Kompetenzen),[40] Juristen (mit Ratschlägen dazu, wie der „Parasitismusparagraph" ergänzt werden könne),[41] sowie Soziologen und Sexologen mit dem Hinweis auf ihre eigene Expertise und die Hilfe, die sie bei der Suche nach Wegen aus der Krise anbieten konnten.[42]

Auf den Punkt brachte diesen Vorwurf der Demograf Jiří Prokopec, der als Experte für Fragen der Bevölkerungsentwicklung der in den 1960er Jahren einflussreichen „Populationskommission" vorstand.[43] Im Januar 1968 referierte er vor Abgeordneten der Tschechischen Nationalversammlung über Prostitution,[44] im Februar schrieb er für *Vlasta*, der Zeitschrift des Tschechoslowakischen Frauenverbandes, über das Phänomen:

> Ich denke, dass die Prostitution bei uns vor allem deswegen so ein Ausmaß erreichen konnte, weil über lange Jahre bereits die Tatsache ihrer Existenz verheimlicht wurde. Nur

---

36 Zu Osmančík: Dudová, Prostitution and Trafficking in Czechoslovakia, S. 13–16.
37 Osmančík/Vacková, *Zpráva o výsledku pilotáži k výzkumu prostituce*.
38 Osmančík, *Kriminalita a problémy kolem ní*.
39 Holler, Nežijeme v ráji.
40 Osmančík, *Kriminalita a problémy kolem ní*; *Prostituce problém k řešení*.
41 Baláš, Prostituce a boj proti ní.
42 Kapr, O prostituci z pohledu sociologa; Die Prager Sexologen Iva Šípová und Karel Nedoma führten 1967/68 eine großangelegte Studie über Prostituierte durch, deren Ergebnisse in den 1970er Jahren publiziert wurden, vgl. Brenner, Sex and Scientific Observation.
43 Havelková, H., (De)centralizovaná genderová politika, S. 274, S. 286.
44 Prokopec, Současná problematika prostituce v ČSSR.

wenn ein ausreichender Wille besteht, qualifizierte Bemühungen und die Mittel sowohl zur objektiven Erforschung dieser Tatsache als auch zur Beseitigung der Wurzeln dieses unseligen sozialen Phänomens [vorliegen], kann es uns allmählich gelingen, die Prostitution bei uns einzudämmen."[45]

Prokopec Argumentationsweise unterscheidet sich in mehrfacher Hinsicht grundlegend von der der 1950er Jahre. Da war zum einen die offene Kritik an der politischen Führung; zum anderen entfaltete Prokopec bei der Identifikation des durch Missmanagement entstandenen Problems eine völlig andere Zeit- und Zielperspektive als die bisher gewohnte.[46] In seinen Augen war die endgültige Abschaffung von Prostitution nicht realistisch, die Bemühungen konnten sich nur auf eine allmähliche Verbesserung der gegebenen Situation richten. Bei der Krisenbewältigung nahm er auch eine Verlagerung der Pflichten vor. So sollten die Beobachtung und Behandlung des Problems Prostitution nicht länger Sache allein der Sicherheitsorgane sein, auch die Forschung war dazu aufgerufen, ihren Beitrag zu leisten. Selbstredend sprach Prokopec hier in eigener Sache. Die Wissenschaft mit ins Spiel zu bringen, hieß aber auch, die Möglichkeit neuer Deutungen von Devianz zu eröffnen. Mehr noch: Wenn abweichendes Verhalten nicht automatisch mit Kriminalität identifiziert wurde, erschien auch ein ausschließlich punitiver Umgang mit solchen Verhaltensweisen fragwürdig.[47]

Die Zukunft sah nie wieder so strahlend aus wie im Stalinismus. Doch schafften es die Reformsozialisten, Menschen mit der Vision von der Erneuerung des Sozialismus zu mobilisieren. Im Kontext des zeitgenössischen Krisendiskurses entfalteten Symbolfiguren des gesellschaftlichen Verfalls wie „die Prostituierte" eine starke Wirkung, widersprachen sie doch älteren (klein-)bürgerlichen Moralvorstellungen ebenso wie dem Ideal der sozialistischen Lebensweise.

Der Staat schafft Ordnung

Nur wenige Monate später war Jiří Prokopec seiner Funktion als Sekretär der Populationskommission enthoben; so wie zahllose andere mit dem Reformsozialismus verbundene Wissenschaftler – Parteimitglieder und Nicht-Mitglieder. Auf das gewaltsame Ende des „Prager Frühlings" folgte die sogenannte Politik der „Normalisierung", in deren Zuge die meisten Reformschritte zurückgenommen

---

45 Prokopec, Jak je to u nás s prostituci?
46 Schulze Wessel, Temporal Orders during the Prague Spring.
47 Brenner, Sex and Scientific Observation, S. 14 f.

wurden.[48] Zugleich begannen umfassende Säuberungen und eine Welle von politischen Prozessen.

Begleitend dazu leitete die neue moskautreue Regierung unter Gustáv Husák Großaktionen zur „Wiederherstellung von Ordnung und Sicherheit" ein. Sie wurden flankiert von rasch verabschiedeten Gesetzen, die drastische Maßnahmen ermöglichten, zum Beispiel die neueingeführte „Schutzaufsicht"[49] oder Aufenthaltsverbote, eine Strafe, die eine lange Tradition hatte und in den frühen 1970er Jahren ein Comeback erlebte. Die Konturen der Jagd auf Feindgruppen waren bewusst unklar gehalten. Kriminalisiert wurden Menschen ohne feste Arbeit und Wohnung, unangepasste Jugendliche, aber auch Bürger, denen man Nähe zu den Protagonisten des Reformsozialismus nachsagte, sowie Gruppen, die weiterhin gegen die Politik der Normalisierung protestierten. Nach der gleichen Logik, nach der die Propaganda den „Prager Frühling" zum Ausbruch eines kollektiven Wahns erklärte, in den die Reformer Teile der Bevölkerung 1968 geführt hätten,[50] wurden die Störer der Ordnung, die es nun wiederherzustellen galt, als „abnormal" diffamiert.[51]

Auch Sex und insbesondere käuflicher Sex gehörten fest in dieses Bild. Prostitution als Symbol des Verfalls erlebte dabei eine weitere Konjunktur, dieses Mal mit einer stärker politischen Konnotation. So berichtete die Presse, dass sich unter den Trittbrettfahrern der reformsozialistischen Bewegung notorische Arbeitsverweigerer und Prostituierte befunden hätten, die ungehindert in die Hauptstadt geströmt seien, wo niemand die Einhaltung von Regeln und Gesetzen überwachte. Dort hätten sie im Windschatten großer politischer Debatten mit dem Geld naiver Reformenthusiasten Orgien gefeiert und dabei Geschlechtskrankheiten verbreitet.[52] Diese Gegengesellschaft drohe Prag „in ein kleines Chicago" zu verwandeln,[53] immerhin entspreche die Zahl der nach § 203 verurteilten Menschen der der Einwohner einer mittelgroßen Stadt.[54] Vor dieser unheilvollen Entwicklung sollte die Politik der Normalisierung die Mehrheitsgesellschaft durch erhöhte Wachsamkeit schützen, und zwar mit harter Hand. Dies geschah auf deren aus-

---

48 McDermott, *Communist Czechoslovakia*.
49 Válková, *Výkon ochranného dohledu*.
50 Činátl, *Jazyk normalizační moci*, S. 39.
51 Brenner/Pullmann/Tippner, *After Utopia*, S. 5, S. 12.
52 [rá], *Vybrané hnízdo v maringotce*; Král, *Příživníci*.
53 [rá], *Město tíží zločiny*.
54 Vopička, *Město příživníků*. Der Autor zieht die nordmährische Stadt Prostějov als Vergleichsgröße heran, um zu verdeutlichen, dass Prag, so die Titelzeile, die „Hauptstadt der Parasiten" sei.

drückliches Verlangen, wie ein Vertreter der Polizei in einem Fernsehbericht zur (Wieder-)Einführung von Aufenthaltsverboten im März 1969 betonte:

> Schließlich zeigt die Vielzahl von Briefen, die wir [die Polizei] von Bürgern erhalten, [...] die Berechtigung unserer Forderung. Diese Bürger wollen nicht irgendwelche undemokratischen Dinge einführen, aber sie fordern, nicht Opfer dieser Personen zu werden.[55]

Auch wenn die „Erneuerung der Ordnung" als kollektives Projekt präsentiert wurde, glich ihre Inszenierung doch vor allem einer Leistungsschau der Sicherheitskräfte. Etwa wenn die Presse im Juli 1969 über einen „Schlag gegen die Unterwelt berichtete", dessen Ergebnis – „400 Festnahmen, darunter 62 gefährliche Wiederholungstäter und 58 Prostituierte" – gerade wegen des lautlosen Vorgehens in tiefer Nacht so erfolgreich ausgefallen sei.[56]

1969 und 1970 fanden große Einsätze und Kampagnen gegen sogenannte Parasiten statt, an denen sich in zuvor genau festgelegten Rollen auch gesellschaftliche Organisationen wie die „Kommission für den Erhalt der öffentlichen Ordnung" beteiligten.[57] Sie bildeten so etwas wie die Blaupause für die ab Mitte der 1970er Jahre turnusmäßig abgehaltenen „Aktionen Parasitismus" (*Akce příživnictvo*). Die Feinde, gegen die sie sich richteten, wurden als Gruppe konstruiert, die außerhalb der Gesellschaft und gegen diese stand; außerhalb aufgrund der Verletzung gültiger Normen, gegen die Allgemeinheit durch die Verweigerung produktiver Arbeit. Im Fall von Frauen wurde dabei zumeist Prostitution vermutet, schließlich habe es, konnte man 1969 in einem Zeitungskommentar lesen „so ein Weibsbild einfach näher zu diesem unlauteren Lebensstil".[58]

Die große Diskussion über Prostitution als Symbol einer gesellschaftlichen und politischen Fehlentwicklung, die 1968 die Gemüter erhitzt hatte, war beendet. Dafür sorgte bereits die Wiedereinführung der Zensur Ende August 1968. Doch Motive der über das Thema Prostitution verhandelten Krisendiagnose der späten 1960er Jahre überdauerten die politische Zäsur und lassen sich im publizistischen Diskurs der gesamten Normalisierungszeit nachweisen. Sie fanden sich zum Beispiel in Presseberichten über Justizfälle. Solche Reportagen druckte die Jugendzeitschrift *Mladý svět* unter dem Titel „Ein Vorfall, der sich ereignet

---

55 [vov], Zakázat Prahu recidivistům?
56 [rá], Zásahy proti podsvětí.
57 Am Beispiel des Bezirks Prag-Žižkov, der damals stark proletarisch geprägt war und in dem viele Roma lebten, während der frühen 1970er Jahre vgl. Mejzr, „*Kdo nepracuje, ať nejí*", Kap. 5.
58 Vopička, Město příživníku.

hat"[59] im Stil kritischer Sozialreportagen, aber auch *Večerní Praha*, ein Abendblatt mit hoher Auflage, das mit schlüpfrigen Geschichten über „leichte Frauen" dem Genre der Boulevardpresse, das es im Sozialismus eigentlich nicht gab, schon recht nahekam.

Zwei der Figuren des Moraldiskurses der Normalisierungszeit waren ebenso bekannt wie einfach zu dechiffrieren. Da war zum einen die vernachlässigte weibliche Jugendliche, die über bindungslosen Gelegenheitssex in die Prostitution abgleitet. Wie schon in den 1960er Jahren funktionierte dieses Narrativ vor dem Hintergrund des diagnostizierten Verlusts traditioneller Werte, der der Gesellschaft als Ganzes attestiert wurde. Reportagen über die unheilvolle Dynamik sozialer Entgleisung, die in Gang kam, wenn junge Frauen den Verlockungen eines leichten Lebens erlagen, sollten indessen nicht nur Mütter an ihre Erziehungspflicht erinnern, sie enthielten auch, und in Reportagen von *Mladý svět* ganz direkt, eine Mahnung an die Adresse junger Frauen. Da die Trennlinie zwischen dem richtigen und dem falschen Leben so leicht überschritten werden konnte – oft genügten kleine Frustrationserlebnisse in der Schule oder Ausbildung, die zu einer wachsenden Zahl von Fehltagen und langen Nächten in falscher Gesellschaft führten – waren höchste Vorsicht im eigenen sozialen Umfeld und eine nach innen gerichtete Wachsamkeit angezeigt.[60]

Bei der zweiten sattsam bekannten Figur handelte es sich um die „leichte Frau" mit „asozialer Lebensweise", die Männer zum falschen Leben verführt. Sie hatte einen festen Platz in der Rubrik „Schwarze Chronik" von *Večerní Praha*. Fast immer, wenn es hier in den 1970er Jahren um Frauen ging – und es ging oft um Frauen – war von käuflichem Sex die Rede. Viele dieser kurzen Geschichten, die in leutselig-ironischem Ton dargeboten werden, präsentieren gradlinige Täterinnenbiografien, deren Anti-Heldinnen wie zwangsläufig im Gefängnis enden. Die Männer, die diesen notorischen Prostituierten ins Netz gehen, erscheinen indessen oft eher als Opfer – wenn auch ihrer Verführbarkeit und ihrer durch Alkohol sowie die zumeist weit vorgerückte Stunde beschränkten Urteilskraft.[61] So weit, so

---

[59] *Mladý svět* war das populärste Jugendmagazin der Tschechoslowakei. Im ersten Teil fanden sich stets staatstragende Artikel, für die Leserschaft waren die Rubriken von großem Interesse, die sexuelle Aufklärung oder kritische Reportagen über das Leben junger Menschen brachten. Dazu gehörte die Serie „Případ, který se stal", die während der 1980er Jahre erschien und von den bekannten Journalisten Jiří Franěk, Roman Lipčík und Radek John verfasst wurden. Letzterer machte sich auch als Regisseur einen Namen.

[60] Lipčík, Případ šestnáctileté; Franěk, Pozdní příchod; ders., Rozhovor se zámklami.

[61] *Mladá příživnice; Loupeživá společnost; Pro dobrotu na žobrotu; Konec rychlé známosti;* [leb.], *Pánové, pozor na dámy*; [PP]: *Tanečnice*. Einer der wenigen Artikel, die von einem Mann handeln, der Frauen ausnimmt: [ad]: Začalo to o Dušičkách.

offensichtlich der vorausgesetzte moralische Konsens zwischen Autoren und Leserschaft.

Die Geschichte von der notorischen Verführerin konnte und sollte als eine über soziale Abweichung gelesen werden. Wie während des „sozialistischen Aufbaus" wurde diese Abweichung mit der Nacht identifiziert. Die klischeehaften Bezeichnung von Prostituierten als „Nachtfalter" trennte die Zeit der „ordentlichen" von der der gefährlichen und schädlichen Menschen.[62] Und sie diente als Legitimationsfigur für das harte Vorgehen des Staates gegen die „unangepassten Bürger" am gesellschaftlichen Rand.[63] Neben diesem Narrativ, das soziale Distinktion stärken sollte, kam in den 1970er Jahren aber ein weiteres, beunruhigendes auf. Dieses handelte nicht von Alkoholikern, Arbeitsbummelantinnen oder Angehörigen der Roma-Minderheit. Hier ging es vielmehr um ganz normale Frauen, denen ihre ganz normale Existenz irgendwann nicht mehr genug war. So hatte „Veronika", über deren Fall *Večerní Praha* im Oktober 1973 schrieb, ein „ehrenhaftes Leben" geführt, Verkäuferin gelernt, mit 19 Jahren „ihren Jirka geheiratet", bald kam ein Töchterchen und die Familie konnte in eine Genossenschaftswohnung ziehen. Doch als Veronika, die „nicht blind war", sich dessen bewusst wurde, wie viele Männer ihr auf der Straße begehrliche Blicke zuwarfen, nahm das Unglück seinen Lauf: In Veronika kam Sehnsucht nach Abwechslung, einem leichten Leben und Luxus auf, die sie, während ihr „lieber Mann" auf Montage war, in der nächsten Kreisstadt mit schnellem Sex auslebte. Um dann bald von der Wirklichkeit – also der Polizei, dem Gericht und einer Haftstrafe – eingeholt zu werden. Unnötig zu sagen, dass die Familie zerstört und ein Kind mutterlos geworden war. „Vielleicht", schließt der Autor seinen Beitrag nicht ohne Häme, „hätte sich Veronika doch besser ihrer Tochter widmen sollen".[64]

Geschichten wie diese lesen sich wie eine Parabel auf die Tschechoslowakei im Jahr 1968, den Reformsozialismus und das gewaltsame Ende, das die militärische Intervention diesem Experiment gesetzt hatte. Ihre Botschaft war unmissverständlich: Auf unbescheidene, unrealistische Träume folgt notwendigerweise ein tiefer Sturz. Der Auftrag der Normalisierung an die Bürger:innen lautete also, sich mit dem zu begnügen, was man hatte und mit ordentlicher Arbeit und Geduld erreichen konnte. Damit erging auch eine Aufforderung an jede Frau, aufmerksam in sich selbst hineinzuhorchen, um vermessene Wünsche erst gar nicht aufkommen zu lassen.

---

62 Kleinová, Nočné motýle.
63 Burgr, Marcelinda; [rá], Akce pražské Bezpečnosti.
64 Z. B. [mis], Příživnice v roli právničky; [po], Kamilka; [Kž], Diplomatka.

Zwar war die politische Ordnung der Normalisierungszeit von Männern gemacht und wurde von ihnen dominiert.[65] Stabil konnte sie aber nur sein, solange die ungezügelten (sexuellen) Wünsche der Frauen, die Männer im tiefen Innern ihres Wesens erschreckten, gebändigt waren.[66] Von der Konformität der Frauen hing der soziale Frieden im Land ab.

Von der revolutionären zur sozialistischen Wachsamkeit

Die kommunistischen Parteien Ostmitteleuropas haben, nachdem sie die Macht erlangt hatten, den Ausnahmezustand zumindest rhetorisch immer wieder verlängert. Im Systemwandel von der halb-autoritären Volksdemokratie zum Stalinismus wurde in der Tschechoslowakei nach 1948 ein Kampf zwischen zwei absoluten Gegnern inszeniert: zwischen dem Sozialismus im Werden, und all denen, die seine Durchsetzung verlangsamten oder gar zu verhindern suchten. „Die Prostituierte" stand hier symbolisch für eine überkommene Lebensweise, vor allem aber verstieß sie gegen das oberste Gebot der Zeit, das zu produktiver Arbeit für den Aufbau des Sozialismus.

In der Kritik am Stalinismus eineinhalb Jahrzehnte später wiederum diente Prostitution als ein Beispiel für die fatalen Konsequenzen der zeittypischen Vertuschung unbequemer Wahrheiten. Vermittelt über Prostitution wurde aber auch der moralische Verfall verhandelt, zu dem es in der Folge der gewaltigen Transformationsprozesse nach dem Zweiten Weltkrieg gekommen war. Das bezog sich ausdrücklich auch auf die Genderordnung, die während der 1950er Jahre entstanden war und die berufstätige Frau und das fremdbetreute Kind zur Norm erklärt hatte. Schließlich stand Prostitution für das Scheitern einer staatlichen Ordnungspolitik, die primär in den Händen der Polizei lag und auf unerwünschte gesellschaftliche Entwicklungen und Phänomene ausschließlich mit Repression zu antworten wusste.

Ordnung wiederherzustellen war ein zentrales Versprechen der Normalisierungspolitik. Dazu gehörte eine radikale Distanzierung von der Liberalisierungspolitik der 1960er Jahre, ihren führenden Köpfen und ihren Anhängern. Diese sollten in den Augen der passiven Mehrheitsbevölkerung auch dadurch

---

65 Brenner, Männer, Frauen, Dada?
66 Lišková argumentiert, dass die Normalisierung nicht nur eine konservative Wende in den Geschlechterverhältnissen, sondern auch die sexuelle Unterordnung von Frauen unter Männer bedeutet habe. Lišková, *Sexual Liberation*.

diskreditiert werden, dass sie die Propaganda in die Nähe von „Asozialen" und Prostituierten rückte. Bei den Aktionen gegen allmögliche Feinde vermischten sich die Zuschreibungen politischer, sozialer und sexueller Abweichung. Neben Demonstrationen staatlicher Entschlossenheit und der Fähigkeit, den „asozialen Rand" der Gesellschaft unter Kontrolle zu halten, erging auch eine Warnung an alle Normalbürger:innen, unerlaubte Gedanken und Sehnsüchte in sich selbst unter Kontrolle zu halten. Schließlich hatte der „Prager Frühling" erwiesen, dass das Potential der Abweichung in jedem und jeder von ihnen schlummerte – und welche fatalen Konsequenzen es aus der Sicht des Regimes haben musste, wenn diese Anlage ausgelebt wurde. Der Auftrag zu Introspektive und Selbstdisziplinierung erging über das Bild vom verbotenen, außerehelichen, bezahlten Sex.

Im Verlauf der 40 Jahre, in denen die Tschechoslowakei ein zunächst volksdemokratischer und dann sozialistischer Staat war, büßte Wachsamkeit ihre Bedeutung als sozialistische Tugend zu keinem Zeitpunkt ein. Das Gebot der Wachsamkeit, omnipräsent im Porträt des jugendlichen Julius Fučík, blieb durchgehend aktuell.

Was sich veränderte, war die Beschreibung von Wachsamkeitspflichten, das heißt, wer über wen zu wachen hatte und was es zu bewachen galt. Die Aufgabe der dauerhaften Vigilanz wurde an Wachsamkeitsexperten delegiert, damit die Menschen arbeiten und in Ruhe leben konnten. Fortan genügte eine latente Wachsamkeit, die gegebenenfalls aktiviert und für die Unterstützung der Sicherheitskräfte in staatlich organisierten Formaten eingesetzt werden konnte. Aus der im Kampf um den Sozialismus geforderten „revolutionären Wachsamkeit" wurde eine Haltung, die darauf gerichtet sein sollte, die Verwirklichung des Sozialismus im Blick zu halten und gegebenenfalls Fehlentwicklungen zu korrigieren. Als Korrektur des sozialistischen Projekts, die auf Wissenschaft setzte, konnte die Reformbewegung der 1960er Jahre noch einmal die Massen für eine gesellschaftliche Modernisierung mobilisieren. Indessen fehlte in den 1970er und 1980er Jahren jedwede dynamische Zukunftsperspektive. Das schlug sich auch in der Definition von Wachsamkeit nieder. Nun galt der Imperativ, das Erreichte – den „Realsozialismus" – zu bewachen und zu behüten. Dabei hatte sich die Wachsamkeit der Bürger:innen nicht allein gegen Systemfeinde und Abweichler in den eigenen Reihen zu richten, sondern auch gegen die drohende Möglichkeit der Abweichung, die jede:r sozialistische Normalbürger:in in sich trug.

Literaturverzeichnis

[Kž]: Diplomatka. In: *Večerní Praha* 22.10.1973, S. 5
[mis]: Příživnice v roli právničky. In: *Večerní Praha* 8.3.1971, S. 2
[po]: Kamilka. In: *Večerní Praha* 19.1.1972, S. 5
[rá]: Akce pražské Bezpečnosti. In: *Večerní Praha* 18.2.1969, S. 2
[rá]: Město tíží zločiny. In: *Večerní Praha* 7.3.1969, S. 3
[rá]: Vybrané hnízdo v maringotce. In: *Večerní Praha* 31.1.1969, S. 2
[rá]: Zásahy proti podsvětí. In: *Večerní Praha* 4.7.1969, S. 2
[st.] Veľká razia na zaháľčov a prostitútky. In: *Pravda* 11.12.1948, S. 5.
[vov]: Zakázat Prahu recidivistům? In: *Večerní Praha* 26.3.1969, S. 1, 3.
Baláš, Otakar: Prostituce a boj proti ní. In: *Socialistická zákonnost* 16 (1968), S. 16–22.
Bartůněk, Jaroslav: Poznáky k otázce prostituce. In: *Zprávy populační komise* 6 (1967), S. 28–30.
Borák, Mečislav/Janák, Dušan: *Tábory nucené práce v ČSR 1948–1954*. Opava 1996.
Brendecke, Arndt: Warum Vigilanzkulturen? Grundlagen, Herausforderungen und Ziele eines neuen Forschungsansatzes. In: *Mitteilungen des Sonderforschungsbereiches 1369 ‚Vigilanzkulturen'*, 1 (2020), S. 10–17. URL: https://epub.ub.uni-muenchen.de/73409/1/Mitteilungen%20SFB1369%2001_20.pdf.
Brenner, Christiane: Frauen, Männer, Dada? Tschechische Geschlechterverhältnisse. In: *Osteuropa* 71/4–6 (2021), S. 165–182.
Brenner, Christiane/Pullmann, Michal/Tippner, Anja: After Utopia: Introductory Remarks on Normalization in Czechoslovakia. In: Dies. (Hrsg.): *After Utopia. Czechoslovak Normalization between Experiment and Experience, 1968–1989*. München 2022, S. 1–16.
Brenner, Christiane: *„Zwischen Ost und West". Tschechische politische Diskurse 1945–1948*. München 2009.
Brenner, Christiane: Sex and Scientific Observation. Research on Prostitution in Socialist Czechoslovakia. In: *Mitteilungen des Sonderforschungsbereiches 1369*. ‚Vigilanzkulturen' 1 (2020), S. 10–18. URL: https://epub.ub.uni-muenchen.de/75600/1/SFB_Vigilanzkulturen_Mitteilungen_01_2021.pdf
Brüning, Steffi: *Prostitution in der DDR. Eine Untersuchung am Beispiel von Rostock, Berlin und Leipzig, 1968 bis 1989*. Berlin 2020.
Burgr, Josef: Marcelinda. In: *Večerní Praha* 12.2.1969, S. 3.
Dobrowolska, Anna: *Zawodowe dziewczyny. Prostitucja i praca seksualna w PRL*. Warschau 2020.
Dudová, Radka: Prostitution and Trafficking in Czechoslovakia / the Czech Republic from 1950 until Today. Research Report. In: *Bodily Citizenship* work package 5, FEMCIT project, (November 2010).
Dušková, Lucie: Between East and West: Night in Czechoslovak Mass Culture. In: *Études et travaux d'Eur'ORBEM*. (décembre 2017) S. 23–48.
Fučík, Julius: *Reportáž, psaná na oprátce. První úplné, kritické a komentované vydání*. Prag 1995.
Haveková, Hana: (De)centralizovaná genderová politika. Role Státní populační komise. In: Havelková, Hana/Oates-Indruchová, Libora (Hrsg.): *Vyvlastněný hlas. Proměny genderové kultury české společnosti 1948–1989*. Prag 2015. Hier nach dem Wiederabdruck in:

Sokolová, Věra/Kobová, Ľubica (Hrsg.): *Odvaha nesouhlasit. Feministické myšlení Hany Havelkovy a jeho reflexe.* Prag 2019, S. 256–304.
Havelková, Barbara: Blaming all Women: On Regulation of Prostitution in State Socialist Czechoslovakia. In: *Oxford Journal of Legal Studies* 36/1 (2016), S. 165–191.
Havelková, Barbara: Pracovní právo. In: Bobek, Michal/Molek, Pavel/Šimíček Vojtěch (Hrsg.): *Komunististické právo v Československu. Kapitoly z dějin bezpráví.* Brünn 2009, S. 478–512
Havelková, Barbara: Prostitution Law and Policy in the Czech Republic. In: Økland Jahnsen, Synnøve/Wagenaar, Hendrik (Hrsg.): *Assessing Prostitution Policies in Europe.* London/New York 2018, S. 272–285.
Hearne, Siobhán: Selling Sex under Socialism: Prostitution in the Post-War USSR. In: *European Review of History: Revue européenne d'histoire* 29/2 (2022), S. 290–310.
Holler, Josef: Nežijeme v ráji. In: *Mladý svět* 12 (1966), S. 8 f.
Holler, Josef; Nežijeme v ráji. Část druhá: bahno. In: *Mladý svět* 13 (1966), S. 8 f.
Holler, Josef: Nežijeme v ráji. Třetí část: u Apolináře. In: *Mladý svět* 14 (1944), S. 10 f.
Soeldner, Ivan: Láska na prodej. In: *Mladý svět* 24 (1969), S. 13–20.
Janda, Josef: Pohlavní choroby a prostituce v kapitalistických státech. In: *Věstník československých lékařů* 62 (1950), S. 546–548.
Jiráček. A.: Noční kontrola. In: *SNB. Čtrnáctí denník národní bezpečnosti* 1, 15.10.1948, o.P.
Franěk, Jiří: Pozdní příchod. Příběch, který se stal (78). In: *Mladý svět* 24 (1985), S. 31.
Franěk, Jiří: Rozhovor se zámlkami. Příběch, který se stal. In: *Mladý svět* 24 (1984), S. 19.
Činátl, Kamil: Jazyk normalizační moci. In: Bílek, Petr A./Činatlová, Blanka (Hrsg.): *Tesilová kavalérie: Popkulturní obrazy normalizace.* Příbram 2009, S. 28–42.
Kapr, Jaroslav: O prostituci z pohledu sociologa. In: *Reportér* 4/12 (27.03.1969), S. VI–XII.
Kaška, Václav: *Neukáznění a neangažovaní. Disciplinace členů Komunistické strany Československa v letech 1948–1952.* Prag/Brünn 2014.
Kleinová, Dominika: Nočné motýle alebo vredy spoločnosti? Svet prostitúcie na území Slovenska vo víre 20. storočia. In: Nešťáková, Denisa (Hrsg.): *Moc sexu. Sex a sexualita v moderných dejinách Slovenska.* Bratislava 2021, S. 117–136.
Korzilius, Sven: *„Asoziale" und „Parasiten" im Recht der SBZ/DDR. Randgruppen im Sozialismus zwischen Repression und Ausgrenzung.* Köln/Weimar/Wien 2005.
Král, Václav Otto: Příživníci. In: *Večerní Praha* 4.9.1969, S. 2.
Laite, Julia: *Common Prostitutes and Ordinary Citizens. Commercial Sex in London, 1885–1960.* London 2012.
Lenderová, Milena: *Chytila patrola aneb prostituce za Rakouska i republiky.* Prag 2002.
Lipčík, Roman: Případ šestnáctileté. Příběch, který se stal (58). In: *Mladý svět* 6 (1985), S. 31.
Lišková, Kateřina: *Sexual Liberation, Socialist Style: Communist Czechoslovakia and the Science of Desire, 1945–1989.* Cambridge 2018.
Macura, Vladímir: *Šťastný věk a jiné studie o socialistické kultuře.* Prag 2000.
Mejzr, Martin: *„Kdo nepracuje, ať nejí": Fenomén „příživnictví" v socialistickém Československu.* Diplomová prace, Filosofická fakulta Univerzity Karlovy v Praze. Prag 2019. URL: https://dspace.cuni.cz/handle/20.500.11956/110498.
McDermott, Kevin: *Communist Czechoslovakia, 1945–89. A Political and Social History.* Basingstoke/Hampshire/London 2015.
Nezkusil, Jiří/Císařová, Dagmar: K aktuálním otázkám příživnictví. In: *Socialistická zákonnost* č. 4 (1958), S. 217–226.

Osmančík, Otakar: Kriminalita a problémy kolem ní. In: *Reportér* 24.4.1969, Jg. 4, Nr. 14, S. 11–13.
Osmančík, Otakar/Vacková, Iva: *Zpráva o výsledku pilotáži k výzkumu prostituce*. Unpublished manuscript. Institut for Criminology. Prag 1969.
Procházka, Karel: Boj proti prostituci z hlediska aboličního zákona. In: *Zdravotní revue* 22 (1947), S. 6–9.
Prokopec, Jiří: Jak je to u nás s prostituci? In: *Vlasta* 20/7 (14.02.1968), S. 6–7.
Prokopec, Jiří: Současná problematika prostituce v ČSSR. In: *Zprávy státní populační komise: Informační bulletin o populačních otázkách* 1 (1968), S. 35–40.
Pucci, Molly: *Security Empire. The Secret Police in Communist Eastern Europe*. New Haven 2020.
Reservujete si čas! In: *Zdravotnické noviny* 16.2.1966, S. 5.
Satjukow, Silke/Gries, Rainer: Feindbilder des Sozialismus. In: Dies. (Hrsg.): *Unsere Feinde. Konstruktion des Anderen im Sozialismus*. Leipzig 2004, S. 13–70.
Schulze Wessel, Martin: *Der Prager Frühling. Aufbruch in eine neue Welt*. Stuttgart 2018.
Schulze Wessel, Martin: Temporal Orders during the Prague Spring. In: Ders. (Hrsg.): *The Prague Spring as a Laboratory*. Göttingen 2019, S. 7–18.
Štorkán, Karel: Slečny lehce přístupné. In: *Svět v obrazech* 6 (13.02.1968), 7 (20.02.1968), 8 (27.02.1968), 9 (05.03.1968), 10 (12.03.1968), 11 (19.03.1968), 12 (26.03.1968), 13 (02.04.1968), 14 (09.04.1968), 15 (16.04.1968).
Štorkán, Karel: *Slečny lehce přístupné*. Prag 1969.
Szabó, D.: Poznámky k výkladu § 188 a tr. zákona o příživnictví. In: *Právní obzor* 6 (1959), S. 370–374.
V Sovětském svazu neexistuje prostituce. In: *Rudé právo* 30.11.1948, S. 2.
Válková, Hana: Výkon ochranného dohledu. In: *Československa kriminalistika* 13/4 (1984), S. 345–352.
Vieska, Juraji: O deklasováných živlech a boji proti nim. In: *Soudce z lidu* 8/9 (1957), S. 126–131.
Vieska, Juraji: O příživnictví v pojetí § 203 trestního zákona. In: *Socialistická zákonnost* 1 (1963), S. 38–45.
Vlašimská, H.: Je ú nas delikvence mládeže problémem? In: *Zdravotnické noviny* 23.03.1966, S. 3
Vlček, Martin: K problematice postihu prostituce v československým trestním zákoně. In: *Právník* č. 10 (1975), S. 923–929.
Vlček, Martin: *Příživnictví v československém trestním právu*. Prag 1985.
Volf, Darina: *Über Riesen und Zwerge. Tschechoslowakische Amerika- und Sowjetunionbilder 1948–1989*. München 2017 (Schnittstellen. Studien zum östlichen und südöstlichen Europa 7).
Vopička, Václav: Město příživníků. In: *Večerní Praha* 12.3.1969, S. 3
Zavacká, Marína: *Kto žije za ostnatým drôtom? Oficiálna zahraničnopolitická propaganda na Slovensku, 1955–1962: teórie, politické smernice a spoločenská prax*. Bratislava 2005.
Zwicker, Stefan: *„Nationale Märtyrer": Albert Schlageter und Julius Fučík. Heldenkult, Propaganda und Erinnerungskultur*. Paderborn/München/Wien/Zürich 2006.
[o.A.]: Boj proti pohlavným a kožným chorobám. In: *Pravda* 3.11.1948, S. 5.
[o.A.]: Mladá příživnice. In: *Večerní Praha* 15.1.1969, S. 2.
[o.A.]: Loupeživá společnost. In: *Večerní Praha* 30.6.1969, S. 2.

[o. A.]: Pro dobrotu na žobrotu. In: *Večerní Praha* 24. 7. 1969, S. 2.
[o. A.]: Konec rychlé známosti. In: *Večerní Praha*, 29. 8. 1969, S. 2.
[leb.]: Pánové, pozor na dámy. Roste počet venerických chorob. Každá druhá příživnice nakažená. In: *Večerní Praha* 31. 7. 1970, S. 2.
[PP]: Tanečnice. In: *Večerní Praha* 21. 8. 1973, S. 5.
[ad]: Začalo to o Dušičkách. In: *Večerní Praha* 3. 11. 1969, S. 3.

Eveline Dürr und Catherine Whittaker
Wachsamkeit als Alltagspraxis. Dekolonisierung von Zeit und Raum im Chicano Park in San Diego, Kalifornien

Einleitung

Wachsamkeit besitzt für Chicanxs eine herausragende Bedeutung in ihrem Alltag.[1] Sie selbst beschreiben diese Praxis als „being trucha"[2] und betrachten Wachsamkeit als ein Wesensmerkmal, das prägend für ihre Lebensweise ist und einen essentiellen Teil ihres Selbstgefühls ausmacht. Diese Wachsamkeit speist sich weitgehend aus Misstrauen gegenüber der angloamerikanischen Lebensweise und Weltanschauung, die in unseren Gesprächen als „gringo way" bezeichnet wurde und als Antwort der Chicanxs auf rassistische Strukturmerkmale der US-amerikanischen Gesellschaft gelesen werden. Die Aufforderung, stets auf der Hut zu sein, wird von einer Generation an die nächste weitergegeben – oftmals als ein wichtiges Thema innerhalb der Familie.

Diese Prozesse, die Wachsamkeit als alltagsweltliche Praxis konstituieren, werden im Folgenden dargelegt und theoretisiert. Im Fokus dieses Beitrags stehen Chicanxs in San Diego, die ihre Aufmerksamkeit auf potenzielle, oft rassistisch begründete Formen der Benachteiligung richten und sowohl Diskriminierung als auch andere – aus ihrer Sicht kolonialistische – Übergriffe, wie Landnahme, Vertreibung oder die Einschränkung von Bürgerrechten, aufmerksam verfolgen und bereit sind, gegebenenfalls dagegen einzuschreiten. Ihr Engagement wurzelt in den Bürgerrechtsbewegungen, die in den USA während der 1960er Jahre aufflammten und gegen soziale Ungleichheit, Rassismus, Imperialismus und Gewalt, einschließlich des Vietnamkrieges, aufbegehrten. Heute ist es der älteren Generation ein großes Anliegen, den „struggle" in Gang zu halten und auch die

---
[1] Dieser Beitrag speist sich im Wesentlichen aus einer Feldforschung, die von Catherine Whittaker von Februar bis Dezember 2020 durchgeführt wurde. Aufgrund der Covid-19 Pandemie wurden vermehrt online Interviews und soziale Medien in den Feldforschungsprozess integriert (siehe auch Whittaker u.a., *Watchful Lives*). Für die Gespräche über Wachsamkeit danken wir allen Akteuren, die sich an dieser Forschung beteiligt haben, insbesondere auch Alberto López Pulido, Professor für Ethnic Studies an der University of San Diego, der sich via E-Mail zu diesem Thema äußerte und wichtige Impulse für diesen Aufsatz lieferte.
[2] Für eine sprachliche Herleitung und Diskussion des spanischen Begriffs „trucha" (wörtlich: Forelle), siehe Kammler, Trucha.

jüngere Generation für den Kampf gegen Ungleichheit und Ungerechtigkeit zu sensibilisieren. Gerade dies ist keineswegs selbstverständlich, da Wachsamkeit nicht gleichbleibend aufrechtzuerhalten ist.[3] Vielmehr bedarf es besonderer Mechanismen, um die Brisanz und Aktualität eines gemeinschaftlichen Zieles immer wieder zu erzeugen. Zudem muss Ungerechtigkeit als solche erkannt und nicht nur auf der kognitiven Ebene beobachtet und bewertet werden, sondern es ist ein Handlungsimpuls zu erzeugen, um die sozialen Bedingungen nachhaltig zu verändern.[4]

Die Wachsamkeit der Chicanxs für ihre Anliegen ist in einen historisch gewachsenen, kulturellen Kontext eingebettet und nährt sich aus dem Widerstand gegen US-amerikanische Hegemonie. Im Zuge ihres Widerstandes entwerfen Chicanxs eigene Zeit- und Raumkonstellationen, wobei sich Bezüge aus der politischen Geschichte des US-amerikanisch-mexikanischen Grenzraumes mit einschlägigen Erfahrungen von Benachteiligung der Akteure in Alltagssituationen auf der Mikroebene verflechten. Die sich davon ableitenden, performativ gestalteten und generationenübergreifenden Mahnungen, stets auf der Hut zu sein, sich für die Gemeinschaft zu engagieren und ihre Ziele nicht aus den Augen zu verlieren, lösen zeitlich strukturierte Praktiken und Subjektivierungseffekte aus, die zur Emanzipation von Fremdwahrnehmung und Fremdbestimmung beitragen. Zeitlichkeit ist dabei in mehrerlei Hinsicht zentral: Die Vergangenheit wird als machtgebundenes Konstrukt reflektiert und die Gegenwart stellt eine Art Übergangszeit dar, in der Entscheidungen von weitreichender Bedeutung getroffen werden, um eine selbstbestimme Zukunft zu etablieren.

Der gemeinschaftsbildende Kristallisationspunkt, in dem sich Wachsamkeit besonders prominent abzeichnet, ist der Chicano Park in Barrio Logan in der Grenzstadt San Diego. Aus Sicht der Chicanxs handelt es sich bei diesem Park um eine Manifestation von Aztlán, das den mutmaßlichen Ursprungsort der Azteken (Mexíca) bezeichnet. Aztlán steht jedoch nicht nur für einen geographischen Raum, sondern besitzt für Chicanxs auch identitäre Bezüge in der Gegenwart und vermittelt Heimat und Geborgenheit, aber auch Energie und Widerstandsfähigkeit.[5] Damit vereint Aztlán mehrere Zeiten, Räume und Bedeutungsebenen. Auf die Nutzung des Parks im Sinne der Chicano-Bewegung achten insbesondere die Mitglieder der *San Diego Brown Berets National Organisation*, eine revolutionäre, semi-militante Organisation, die wie die afroamerikanische *Black Panther Party* im Zuge der amerikanischen Zivilrechtsbewegung der 1960er

---

3 Brendecke, Attention and Vigilance as Subjects of Historiography.
4 Dürr, Beobachter:in.
5 De León/Griswold del Castillo, *North to Aztlán*; Hidalgo, *Revelation in Aztlán Scriptures*.

Jahre entstanden ist,⁶ und des *Chicano Park Steering Committee*, die den Park verwalten und mit der Stadtverwaltung und anderen Akteuren verhandeln. Die Mitglieder des *Chicano Park Steering Committee* sind teilweise auch bei den *Brown Berets* aktiv.

Unser Beitrag basiert auf einer ethnographischen Feldforschung in San Diego und folgt einer lebensweltlich orientierten, akteurszentrierten Perspektive, die von der Eigensicht der Chicanxs im Kampf gegen ihre Benachteiligung in der US-amerikanischen Gesellschaft ausgeht. Eine Grenzstadt wie San Diego eignet sich besonders gut als Lokus für das Anliegen dieses Beitrags, da sich dort aufgrund der in jüngerer Zeit zugespitzten gesellschaftlichen Spannungen durch die Migrationsdebatte, Wachsamkeit und Argwohn gegen mexikanisch-stämmige bzw. nicht-‚weiße' Personen in verdichteter Form abzeichnen. „Americas finest city", wie San Diego auch genannt wird, ist zwar durch die starke Präsenz des Militärs konservativ geprägt, gilt aber als *sanctuary city* (Zufluchtsstadt) zumindest nominell auch als aufgeschlossen gegenüber Anliegen wie Migration und Flucht. Allerdings scheint sich dieser Status im Alltag weder auf das Leben von nicht-weißen Personen noch auf die Maßnahmen der politischen Entscheidungsträger spürbar auszuwirken. Vielmehr haben Personen, die aufgrund ihres Phänotypus nicht immer von migrierten Einwohner:innen zu differenzieren sind, Benachteiligungen zu befürchten – selbst dann, wenn sie tatsächlich nie migriert sind oder seit vielen Generationen in den USA leben. Gerade dies schürt die Wachsamkeit der Chicanxs, deren Lebenswelt in besonderer Weise von diesem Grenzraum geprägt ist. Denn die wechselvolle Geschichte und Gegenwart der *borderlands* zeichnet sich durch mehrfache Vigilanz im Sinne des Beobachtens, Klassifizierens und Separierens der Bevölkerung aus. Befeuert werden diese Praktiken durch mediale Bedrohungsszenarien und rassifizierte Diskurse über Zugehörigkeit in der Gesamtgesellschaft, begleitet von einer materiellen Infrastruktur und Technologie des Überwachens, die sich paart mit Imaginationen von drohender Gefahr aus dem Süden.⁷

Um die Wirkmacht des historischen Bedingungsgefüges auf die Wachsamkeit der Chicanxs nachzuvollziehen, folgt zunächst eine Diskussion ihrer Gemeinschaftsbildung und ihres Selbstverständnisses, das sich durch Heterogenität, *mestizaje* und Widerstand gegen kolonialistische Strukturen auszeichnet. Anschließend wird die Bedeutung von Aztlán als ein wirkmächtiger dekolonialer Gegenentwurf zu dominanten Zeit- und Raumvorstellungen diskutiert, die sich in Chicano Park manifestieren. Hier entfalten sich Wachsamkeitsformen, die sowohl

---

6 Palacios, Multicultural Vasconcelos.
7 Chávez, *The Latino Threat*.

mit Subjektbildung verbunden sind als auch von Selbstbestimmung und Ermächtigung der Akteure zeugen.

Heterogenität und Ambiguität als Chicanx-Selbstverständnis

In Kalifornien setzte sich die Chicano-Bewegung besonders für die Rechte der meist mexikanisch-stämmigen Erntearbeiter:innen ein, organisierte Streiks und rief unter der Führerschaft von César Chávez und Dolores Huerta Gewerkschaften ins Leben.[8] Darüber hinaus ging die Bewegung Allianzen mit zahlreichen anderen Gruppierungen ein, die sich für soziale Gerechtigkeit engagierten und insbesondere die mexikanisch-stämmige Bevölkerung unterstützen.[9] Außerdem solidarisierten sich in Kalifornien Studierende aus den Städten mit den Anliegen der Landarbeiter und formierten sich in einer eigenen aktivistischen Gruppe, der *Movimiento Estudiantil Chicana/o de Aztlán* (*M.E.Ch.A.*) (Abb. 1).

Von Beginn an zeichnete sich die Chicano-Bewegung durch Heterogenität aus und betonte programmatisch das Mestizische als Gegenentwurf zu homogenisierenden Vorstellungen einer Nation. Das Recht, anders und dennoch gleich zu sein, verlangte nach sozialer Gerechtigkeit ungeachtet von Herkunft, Hautfarbe und Status.[10] In diesem Anliegen wurzelt das politische Bewusstsein, das Chicanxs bis heute auszeichnet und für ihr Selbstverständnis zentral ist, angetrieben von der Suche nach einem Gegenentwurf zur kolonialistischen Idee von ‚Reinheit' und des ideologisierten ‚Weißseins'.[11] Für dieses Bestreben eignet sich das Mestizische in besonderer Weise, da es sich einer eindeutigen kulturellen Verankerung entzieht und das Dazwischensein (*in-betweenness*) nicht als Normwidrigkeit deklassifiziert, sondern als Eigenbeschreibung favorisiert und bewusst nicht an

---

8 Garcia, *From the Jaws of Victory*.
9 Palacios, Multicultural Vasconcelos.
10 Rosaldo, Cultural Citizenship.
11 Vgl. dazu die Überschneidungen zum Konzept von „raza", das im Zuge des Nationbuildings in Mexiko von José Vasconcelos entwickelt wurde. Es bezieht sich auf die Vorstellung einer „raza cósmica" als Entwurf einer mexikanischen Nation, die das indigene Erbe inkludiert. Allerdings ist dieser Ansatz nicht frei von Rassismen, vielmehr sollten „schlechte" Züge einer „Rasse" durch die Vermengung aufgelöst werden (Palacios, Multicultural Vasconcelos). Gegenwärtig wird der Begriff verwendet, um die unterschiedliche Abstammung der Akteure zu überwinden und ihren gemeinsamen Kampf in den Vordergrund zu stellen.

Abb. 1: *The M.E.Ch.A.*, Mural, 2003, Chicano Park.

nationalstaatliche oder kulturelle Grenzen bindet.¹² In ihrer wegweisenden Schrift *Borderlands/La Frontera* stellt die feministische Chicana Autorin Gloria Anzaldúa dies eingehend dar und weist auch auf die damit einhergehenden Spannungen hin, die es auszuhalten gilt:

---

12 Alaniz/Cornish, *Viva la Raza*; Amado, The „New Mestiza", the Old Mestizos; Schönwald, Ein Blick auf Chicanos; Hernández, *Coloniality of the US/Mexico Border*, S. 20; Pisarz-Ramirez, *MexAmerica*, S. 35, 37.

> The new *mestiza* copes by developing a tolerance for contradictions, a tolerance for ambiguity. She learns to be an Indian in Mexican culture, to be Mexican from an Anglo point of view. She learns to juggle cultures.[13]

Die Überschreitung von kulturellen Grenzen steht im Zeichen der Suche nach eigenen Formen der Selbstdefinition und führt zur Herausbildung eines neuen Bewusstseins (*new consciousness*), das auf der kritischen Reflexion der soziopolitischen Vergangenheit und Gegenwart des US-mexikanischen Grenzraumes basiert. Als Identitätsmarker bezeichnet das neue Bewusstsein eine innere Haltung, die selbstkritisch auch eigene imperialistische Züge, Paradoxien und Ambivalenzen thematisiert – mit dem Ziel, diese schließlich zu überwinden und die Gesellschaft zu transformieren.

Das bedeutet aber auch, dass aus Chicanx-Perspektive nicht nur die Gesamtgesellschaft hinsichtlich kolonialistischer Praktiken unter Beobachtung steht, sondern auch die eigene Gemeinschaft. Darüber hinaus muss das Selbst als ausgesprochen ambivalentes Subjekt wachsam beobachtet werden: Denn Chicanxs sehen sich selbst nicht nur als Opfer, sondern reflektieren auch ihre Täterschaft im Rahmen der Kolonialgeschichte. Ihre kulturellen Mehrfachzugehörigkeiten sowie ihre zwiespältigen Bezüge zur Vergangenheit verlangen ein umfassendes, kritisches Geschichtsbewusstsein sowie eine intensive Auseinandersetzung mit der eigenen Positionalität im unauflöslichen Geflecht gleichzeitiger Bezüge von Eroberung, Ausbeutung und Emanzipation. Das ständige Aushandeln von Zugehörigkeit, das Leben an kulturellen Kreuzungen und die damit verbundene konstante Identitätsarbeit kann im Alltag zu einer dauerhaften mentalen und psychischen Herausforderung werden.[14] Diese kann einerseits Stress, Sorge und Schmerz auslösen, andererseits aber auch als Nährboden für Handlungsmacht und Kompetenz fungieren, um sich in angespannten Situationen zurechtzufinden und in verschiedenen kulturellen Kontexten kompetent zu navigieren.[15]

Im Laufe der Chicano-Bewegung vergrößerte sich ihre Heterogenität durch die Integration mehrerer Generationen mit ganz unterschiedlichen Problemlagen und Erfahrungen. Beispielsweise sind heute zahlreiche Chicanxs wirtschaftlich erfolgreich und sozial mobil – denn die US-amerikanische Gesellschaft ist nicht nur rassistisch diskriminierend, sondern auch durchlässig und Wohlstand er-

---

13 Anzaldúa, *Borderlands/La Frontera*, S. 101.
14 Anzaldúa, *Borderlands/La Frontera*, S. 99–104.
15 Hammad, Border Identity Politics; Lizárraga/Gutiérrez, Centering Nepantla Literacies from the Borderlands.

möglichend.[16] Dennoch reflektieren auch besser situierte Chicanxs soziale Ungleichheit und institutionalisierten Rassismus als Strukturmerkmale ihrer Gesellschaft, auch wenn sie selbst davon in ganz unterschiedlicher Weise betroffen sind. Diese kritischen Diskurse nähren das politische Potenzial dieser Community und wirken assimilierenden Tendenzen entgegen.

Ein weiterer, spezifischer Aspekt der Chicanx-Community besteht darin, dass „Chicanx" als politisch-emanzipatorisches Projekt im Rahmen von postkolonialen Ansätzen ein willkommenes Echo auf wissenschaftlicher Ebene gefunden hat. So etablieren sich in den USA an mehreren Universitäten „Chicanx Studies" als eigene Studiengänge, wodurch im Unterschied zu anderen Bürgerrechtsbewegungen „Chicanx" auch zu einem intellektuellen Projekt avancierte. Die Vertreter:innen der Chicanx Studies richten ihr Augenmerk auf koloniale Strukturen, die alle gesellschaftlichen Bereiche durchziehen und dadurch normalisiert werden. Diese „Kolonialität der Macht"[17] schließt nach ihrer Auffassung auch nicht-westliche Zeitverständnisse ein, die als inkonsequent, widersprüchlich und nicht-rational ausgegrenzt werden. Diese Form der kolonialistischen Verzeitlichung zeigt sich beispielsweise in der angenommenen Beschaffenheit von Zeit mit einem als ‚natürlich' erscheinenden Verlauf, einschließlich dessen Einteilung in Perioden. Dazu zählt auch die Positionierung von Kulturen auf Zeitachsen, die sich mit unterschiedlichen Geschwindigkeiten zu entwickeln scheinen und als fortschrittlich oder rückständig klassifiziert werden.[18] Diese hierarchisierenden Annahmen haben weitreichende Folgen, da Zeitverständnisse wichtige Entscheidungsgrundlagen für (chrono)politisches Handeln darstellen. In diesem Sinne wäre Zeit eine politische Größe und auch eine Legitimationsquelle für kolonialistische Praxis.[19]

Gegen universalistische Annahmen von Zeit stellen sich dekoloniale Bestrebungen und verweisen auf deren Kontextgebundenheit und machtbezogenen Charakter.[20] Darüber hinaus kritisieren sie die unhinterfragte Reproduktion epistemologischer Grundannahmen und betonen im Gegenzug Ko-Produktion, Verflechtung von Wissen, kulturelle Mehrfachverortungen und konträr laufende Diskurse. In diesen Diskussionen geht es auch um den Entwurf von alternativen sozialen Ordnungen, die nicht lediglich eine Verkehrung der Machtstrukturen

---

16 Für eine weitere Differenzierung der Großgruppen Hispanics bzw. Latino vgl. Gutiérrez/Almaguer, *The New Latino Studies Reader*.
17 Quijano, Colonialidad del poder y clasificación social; Quijano, Coloniality of Power, Eurocentrism, and Latin America; Hernández, *Coloniality of the US/Mexico Border*.
18 Vgl. Fabian, *Time and the Other*; Meinhof, *Die Kolonialität der Moderne*.
19 Wallis, Chronopolitics; Klinke, Chronopolitics.
20 Chakrabarty, *Provincializing Europe*; Wilk, Colonial Time and TV Time.

vorsehen, sondern stärker für eine Pluralisierung von Sozietäten und Wissensbeständen plädieren, die sich nicht an europäischen Werten zu orientieren haben. Dieses ‚Grenzdenken' – *border thinking* oder *border epistemologies* – ist nicht nur bei Chicanxs prominent, sondern auch bei zahlreichen lateinamerikanischen Intellektuellen, die im Zuge der Dekolonisierung von Wissen einen Paradigmenwechsel fordern.[21]

Ein solches Projekt konkretisiert sich in Aztlán, das außerhalb der Geschichtsschreibung angloamerikanischer Prägung steht und dessen Genese eng mit der Chicano-Bewegung verbunden ist. Auf der *First National Chicano Liberation Youth Conference* in Denver im Jahr 1969 wurde ein Manifest namens „El Plan Espiritual de Aztlán" angenommen, das der aus San Diego stammende Dichter Alurista verfasst hatte. Darin wurde Aztlán mit dem Südwesten der USA assoziiert und als Art Geburtsort der Chicanxs präsentiert. Dieses dynamische Konzept hat sich im Laufe der Jahre kontinuierlich transformiert und ausdifferenziert.[22]

Aztlán als dekolonialer Gegenentwurf kolonialer Verzeitlichung

Unter den Vorzeichen von Zivilisierung und Missionierung erfolgte unter spanischer Herrschaft die Vereinnahmung des Territoriums und seiner Bevölkerung in die europäische Konzeption historischer Zeit. Beschleunigt wurde dieser Prozess nach dem Mexikanisch-Amerikanischen Krieg Mitte des 19. Jahrhunderts, infolgedessen große Teile des mexikanischen Gebietes an die USA fielen. Angetrieben vom Ausbau des Eisenbahnnetzes und des Goldrausches, ideologisch untermauert durch die Imaginationen von wirkmächtigen Konzepten wie *frontier* und *manifest destiny*, erfolgte ein massiver Bevölkerungsanstieg durch die Einwanderung von englisch-sprachigen Siedlern, die den Anbruch einer „neuen Zeit" beschworen.[23] Gemäß ihrer Vorstellung nimmt die Geschichte nach göttlichem Willen unaufhaltsam ihren Lauf, wobei der Mensch als Ausführungsorgan einer irreversiblen, sozialdarwinistisch geprägten Transformation in Richtung „vorwärts" auf der Zeitschiene der Zivilisation fungiert. Auch hier zeigt sich die politische Dimension von Zeit – allerdings verlaufen diese zwischen Zivilisation und

---

21 Vgl. u. a. Walsh, „Other" Knowledges, „Other" Critique; Mignolo/Walsh, *On Decoloniality*.
22 Vgl. Cooper Alarcón, *The Aztec Palimpsest*, S. 22–25; Watts, Aztlán as a Palimpsest; De La Torre/Gutiérrez Zúñiga, Chicano Spirituality in the Construction of an Imagined Nation.
23 Mills, The Chronopolitics of Racial Time, S. 309. Siehe auch Veracini, *Settler Colonialism*.

Wildheit changierenden Prozesse mit unterschiedlicher Geschwindigkeit, weshalb sich die Entwicklung von Gesellschaft in einer Art Kontinuum von rückständig und traditionell hin zu modern und fortschrittlich vollzieht.

Mitte des 19. Jahrhunderts stiegen wirtschaftlich erfolgreiche Anglo-Americans zur neuen politischen Elite auf und verdrängten die spanisch-sprachigen Rancheros aus wichtigen gesellschaftlichen Positionen.[24] Die sozialen Konsequenzen dieses Prozesses sowie die Aufteilung der spanisch-sprechenden beziehungsweise indigenen Bevölkerung nördlich und südlich der Grenze in getrennte Sphären sind bis heute immens. So gut wie über Nacht wurden die Einwohnenden nördlich der Grenze zwar zu US-amerikanischen Bürgern, allerdings nicht auf Augenhöhe mit den wirtschaftlich und politisch dominanten, als ‚weiß' klassifizierten Anglo-Americans. Gleichzeitig vergrößerte sich durch den schnellen industriellen Aufschwung und dem Zuzug mexikanischer Arbeitskräfte das sozio-ökonomische Ungleichgewicht in Kalifornien.

Mit dem Eintritt der USA in den zweiten Weltkrieg wurden mehr Arbeitskräfte im Land benötigt. Das Bracero-Programm (1943–1964) ermöglichte es mexikanischen Arbeitskräften, temporär auf US-amerikanischen Farmen zu arbeiten. Im Rahmen dieser Initiative kamen mehr als 4,8 Millionen Mexikaner:innen legal in die USA. Ein Großteil von ihnen kehrte nach Beendigung des Programms nicht zurück nach Mexiko und wurde somit von einer legalen Arbeitskraft zum „illegalen Fremden".[25] Gleichzeitig fürchteten die USA zu dieser Zeit das Eindringen von feindlichen Agenten über die Südgrenze, sahen ihre nationale Sicherheit bedroht und forcierten die Grenzkontrollen.[26]

Als Gegenentwurf zu dieser vorherrschenden Geschichtsdarstellung rekurrieren die Chicanxs auf Aztlán als eigenen räumlichen und zeitlichen Bezugsrahmen. Der Begriff Aztlán bezieht sich auf den Heimatort der Azteken, die aus dem „Norden" kommend in das Hochbecken des heutigen Mexiko eingewandert sind. Sie etablierten sich dort vom 14. bis zum 16. Jahrhundert und betrieben eine auf Krieg und Tributpflicht basierende Expansionspolitik, die erst mit der Eroberung durch das spanisch-tlaxcaltekische Heer zum Erliegen kam. Neben der vorspanischen Konnotation bezeichnet Aztlán Teile des heutigen Südwestens der USA, der bis zum Vertrag von Guadalupe Hidalgo von 1848 zu Mexiko und vormals zum Vizekönigtum Neuspanien gehörte.[27] Von herausragender Bedeutung ist je-

---

24 Kühne/Schönwald, *Eigenlogiken, Widersprüche und Hybriditäten*, S. 71.
25 Arfsten, *The Minuteman Civil Defense Corps*, S. 63 f.
26 Nevins, *Operation Gatekeeper and Beyond*, S. 38.
27 In vorspanischer Zeit war das derzeitige Kalifornien von verschiedenen indigenen Gemeinschaften besiedelt. Im Gebiet des heutigen San Diego lebten die Vorfahren der Kumeyaay Nation, und das Land gehörte bis zur Unabhängigkeit Mexikos 1821 zum Vizekönigreich von Neuspanien.

doch, dass sich Aztlán den dominanten Vorstellungen definierbarer Epochen entzieht. Vielmehr folgt Aztlán einer eigenen Chronologie. Es verweist zurück in eine bessere Vergangenheit, besitzt aber auch gleichzeitig das Vorwärts eines Zukunftsentwurfs. Aztlán reicht von den vorspanischen Kulturen bis in die Gegenwart, wodurch nationalstaatliche Grenzziehungen obsolet werden. In diesem Sinne dreht sich auch die dekoloniale Diskussion weniger um die Öffnung oder Schließung von Grenzen, sondern um ihre generelle Infragestellung.[28] Der Slogan „somos un pueblo sin fronteras" bringt zum Ausdruck, dass kartographischer wie epistemischer Ungehorsam als Gebot der Stunde gelte. Ähnlich verhält es sich mit kulturellen Differenzierungen – auch hier geht es weniger um eindeutige Zuordnungen, sondern um Verwischungen und *mestizaje*. Cooper Alacrón verweist auf das dynamische Potenzial von Aztlán als Palimpsest, das sowohl verschiedene Zeiten als auch die Vielfalt der Chicanx-Identitäten beheimaten kann.[29] Gleichzeitig befindet sich Aztlán kontinuierlich in Transformation, wobei Spuren der verschiedenen Elemente sichtbar bleiben. Ausdrücklich geht es eben nicht darum, die vorspanische Vergangenheit oder einen anderen Zeithorizont zu verabsolutieren oder zu hierarchisieren, sondern darum, die Diversität sowie die Überlappung von Zeiten, Kulturen und auch von gegenläufigen Narrativen zuzulassen. Aufgrund des ständigen in Flux-seins von Aztlán und seines betonten Gegenwartbezugs greifen Begriffe wie ‚Mythos', ‚Geschichte' oder ‚Utopie' zu kurz – Anzaldúa beschreibt Aztlán als Beheimatung von Grenzgängern und *mestizaje*, die sich zeit-räumlichen Fixierungen entziehen.[30]

Das Konzept ‚Aztlán' entfaltete große Wirkmacht. Es entwickelte sich zum zentralen identitären Entwurf sowie zum politischen Kampfbegriff der Chicano-Bewegung (Abb. 2). Diese differenzierte sich im Laufe der Zeit immer stärker aus und brachte neben moderaten Kräften auch separatistische bzw. nationalistische Strömungen hervor, die Teile des Südwestens als eigenes Territorium reklamierten. Im Zuge dessen werden auch gegenwärtig aufgrund des hohen mexikanisch-(stämmigen) Bevölkerungsanteils immer wieder Unabhängigkeitsforderungen oder auch Angliederungsbestrebungen des Südwestens an Mexiko laut, die als Re-Conquista firmieren. Angestrebt wird eine Chicanx-Nation, die eine postkoloniale Bürgerschaft mit eigenem Staatsgebiet für sich beansprucht. Da diese Vorhaben dem kolonialistischen Modell jedoch verwandt sind und eher ein sta-

---

[28] Hernández, *Coloniality of the US/Mexico Border*, S. 187.
[29] Cooper Alacrón, *The Aztec Palimpsest*. Kritisch wäre zu Palimpsest anzumerken, dass es bei Aztlán nicht nur um den Fortbestand der heterogenen Elemente geht, sondern auch um deren Verschmelzung.
[30] Anzaldúa, *Borderlands/La Frontera*. Vgl. auch Watts, Aztlán as a Palimpsest.

Abb. 2: *Nuestra Tierra Sagrada*, 2012, Mural, Chicano Park.

tisches, monolithisches und ahistorisches Modell von Zeit und Raum aufrufen,[31] grenzen sich andere Strömungen der Chicano-Bewegung dezidiert davon ab und plädieren ganz bewusst für einen alternativen Entwurf zu den bekannten Strukturen.[32] Diese unterschiedlichen Strömungen zeigen, dass Aztlán in seiner Beschaffenheit umstritten ist und nicht nur als vereinendes Element der Chicanxs fungiert, sondern auch zur deren Spaltung beitragen kann.[33]

Ungeachtet dieser ideologischen Differenzen hat Aztlán für eine Gruppe von Chicanxs in San Diego eine greifbare Gestalt angenommen, und zwar im Chicano Park, im Stadtviertel Barrio Logan (Abb. 3).[34] In diesem Park errangen die Chi-

---

31 Cooper Alcarón, *The Aztec Palimpsest*, S. 7; Watts, Aztlán as a Palimpsest, S. 311.
32 Vgl. Hernández, *Coloniality of the US/Mexico Border*.
33 Cooper Alcarón, *The Aztec Palimpsest*, S. 10.
34 Ibarra, El Campo, S. 132.

Abb. 3: *La Tierra Mia/Chicano Park*, Logo, Mural, Chicano Park.

canxs in den 1970er Jahren einen Sieg über die Planungsvorhaben der Stadtverwaltung, wodurch der Park zum Zeugnis ihres politischen Kampfes avancierte und schließlich auf der Mikroebene als Aztlán zu ihrem „homeland" wurde, das sakralen Charakter besitzt. Dieses gilt es zu bewahren, zu bewachen und zu verteidigen.

Chicano Park als Manifestation von Aztlán

Barrio Logan ist ein Stadtteil im südlichen San Diego, der wesentlich von mexikanisch-stämmiger Einwohnerschaft geprägt ist. Bedingt durch die Arbeitsmigration und die Nachwehen der mexikanischen Revolution stieg der Anteil dieses Bevölkerungssegments hier bereits seit den 1930er Jahren deutlich an. Nach dem Zweiten Weltkrieg entstand im Barrio Logan eine der größten mexikanisch-amerikanischen Gemeinden der Westküste.[35] Diese Verdichtung resultierte auch aus einer verräumlichten Diskriminierung, die durch die Praxis des *redlining* im Stadtbild fixiert wurde.[36] Eine Konsequenz dieser Ausgrenzung besteht darin, dass sich Barrio Logan durch eine relative Homogenität auszeichnet, die weitgehend positiv als eine Gemeinschaft von Gleichen gesehen wird – auch wenn die ideologische Vorgabe der Chicano-Bewegung eher auf Vielfalt ausgerichtet ist. Ein weiterer Effekt besteht darin, dass nicht mexikanisch-stämmige Personen deutlich wahrgenommen werden, insbesondere vor dem Hintergrund der Gentrifizierung und Touristifizierung, die sich in diesem Stadtviertel aufgrund seiner Lage in Zentrumsnähe vollziehen.[37] Dennoch bietet das Barrio einen weitgehend angstfreien, geschützten Raum mit Möglichkeiten der Selbstentfaltung, die in stärker heterogenen Stadtvierteln nicht in gleicher Weise gegeben wären.

Ein bedeutender Einschnitt vollzog sich in den 1960er Jahren, als der Bau der Auffahrtsrampen sowie die wuchtigen Brückenpfeiler der Coronado Bridge (Abb. 4),[38] die eine vorgelagerte Insel mit dem Festland verbindet, zu Zwangsumsiedlungen in Barrio Logan führte. Mülldeponien und Fabriken setzten die Bevölkerung zusätzlichen gesundheitlichen Risiken aus, wogegen sich schließlich breiter Widerstand mobilisierte. Die Einwohner:innen forderten die Errichtung eines Gemeindeparks unter den Brückenpfeilern, dem die Stadtverwaltung schließlich 1969 zustimmte. Allerdings sollte 1970 ohne Konsultation mit den Einwohner:innen unter der Brücke eine Polizeistation für die Autobahn errichtet werden, was zu erneuten, diesmal überregionalen Protesten führte. Im Zuge der aufflammenden Chicano-Bewegung erfuhren die Widerständler aus Barrio Logan nun Unterstützung von Studierendenorganisationen aus Los Angeles und Santa Barbara sowie von teilweise militant auftretenden *Brown Berets*. Diesem Bündnis gelang es gemeinsam mit dem neu gegründeten *Chicano Park Steering Committee* die Stadtverwaltung umzustimmen, so dass der Park schließlich am 22. April 1971 eingeweiht werden konnte.[39]

---

35 Falser, Chicano Park, S. 2.
36 „Redlining" bezieht sich auf kartographische Markierungen von Stadtvierteln aufgrund von rassistischen und diskriminierenden Kriterien mit roter Farbe (vgl. Rothstein, *The Colour of Law*).
37 Vgl. dazu Sánchez, Chicanas in the Arts, 1970–1995, S. 202; Schönwald, Ein Blick auf Chicanos, S. 359; Kühne u. a., Bottom-up memorial landscapes; Le Texier, The Struggle against Gentrification in Barrio Logan.
38 Vgl. dazu Alderman/Whittaker, A Bridge that Divides. Zu bemerken ist, dass sich die Wahrnehmung dieser Brücke im Gesamtkontext von San Diego deutlich unterscheidet. Während sie für die Bewohner:innen von Coronado Land den ungehinderten Zugang zum Festland sichert und als Wahrzeichen der Stadt gilt, ist sie für Chicanxs ein Symbol der Benachteiligung und Fremdbestimmung (Kühne/Schönwald, *Eigenlogiken, Widersprüche und Hybriditäten*, S. 207).
39 Martínez, The Border and Human Rights, S. 228; Ortiz, „¡Sí, Se Puede!".

Abb. 4: Coronado Bridge.

„Mit der Besetzung von *Chicano Park* wandelte sich der Mythos von *Aztlán* in Realität",[40] proklamiert Marco Anguiano im Jahr 2000 anlässlich der jährlichen Gedenkfeierlichkeiten zur Gründung des Parks. Als Mitglied im *Chicano Park Steering Committee*, das den Park im Sinne der Gründer verwaltet, verdeutlicht Marco damit, dass Aztlán eben nicht als eine Imagination einer mythischen Zeit abzutun ist, sondern sich Hier und Jetzt an diesem spezifischen Ort konkretisiert. In seiner weiteren Rede verweist Marco auf den emblematischen Charakter des Parks, der sich als Wahrzeichen der Chicanx-Gemeinschaft in San Diego etabliert hat und diese im Kontext der Stadt sichtbar macht. Gleichzeitig verdichtet sich im Park als eine Art Mikro-Kosmos die Sozialgeschichte der Chicanxs von der Landnahme nach dem mexikanisch-amerikanischen Krieg bis hin zur rassifizierten Diskriminierung in der Gegenwart. Dies zeigt sich etwa durch die Zwangsumsiedlungen sowie durch *redlining* als diskriminierende Praxis seitens

---

40 Falser, Chicano Park, S. 5; siehe auch *Chicano Park Steering Committee* https://chicanopark.com/cpscbattleof.html [letzter Zugriff: 28.06.2022]: „By taking Chicano Park, the ‚myth' of Aztlán metamorphosed to reality".

der Stadtverwaltung. Allerdings ist der Park aber auch Beweis des erfolgreichen Widerstandes, des Heroismus und des Sieges über Ausgrenzung und Übervorteilung.

Dennoch – und das ist ein zentraler Aspekt aus Sicht der Chicanxs – lehrt sie die gemachte Erfahrung, dass ‚Land' wieder genommen werden kann, weshalb es umso wichtiger ist, den Park zu bewahren, zu bewachen und kontinuierlich als Aztlán zu markieren, um einer Übernahme durch andere Kräfte vorzubeugen. Dazu dienen zum einen performative, mit gewisser Regelmäßigkeit durchgeführte Praktiken, wie etwa Tänze mit aztekischen Attributen, Musikveranstaltungen sowie politische Aktionen und Kunstprojekte, die im ideologischen Kontext der Chicanx-Kultur stehen. Zum anderen haben die plakativen Wandgemälde die Aufgabe, den „struggle" aus Chicanx-Perspektive abzubilden. Anknüpfend an die mexikanischen Muralisten verfolgen die Wandmalereien erzieherische Ziele und beziehen sich auf die Genealogie und Heldenfiguren der Bewegung (Abb. 5).

Abb. 5: *Muralistas Mexicanos. „Los Grandes"*, 1978, Mural, Chicano Park.

Sie greifen ganz bewusst Motive aus verschiedenen Zeiten, Kulturen und Ereignissen auf und richten ihre Botschaften sowohl an die Chicanxs selbst als auch an Außenstehende.[41] Die Wandgemälde dienen zur Schärfung des politischen Bewusstseins und stellen eine kontinuierliche Mahnung zur Wachsamkeit gegen Übergriffe dar, da sie Landnahme und Übervorteilung als inhärente Merkmale der Chicanx-Geschichte zeigen (Abb. 6).

Ungeachtet dessen ist der Park zunächst ein öffentlicher, frei zugänglicher Raum unter den Brückenpfeilern. Diese Offenheit, die auch dem Ideal von *mestizaje* entspricht, erweist sich allerdings als tückisch mit Blick auf die Bewahrung und Bewachung des Parks. Aufgrund der nicht-essentialisierenden Selbstbeschreibung der Chicanxs, die Inklusion, Pluralität und Diversität betont und Anknüpfungspunkte für Gleichgesinnte bieten will, soll eine Exklusion vermieden werden. Dennoch ist der Park eben nicht ein Raum für alle, denn es handelt sich um Aztlán, das insbesondere vom *Chicano Park Steering Committee* aufmerksam bewacht und vor Gefahren geschützt wird. Diese Gefahren sind allerdings diffus. Sie können jederzeit auftreten und unterschiedliche Formen annehmen. Sie reichen von Vandalismus an den Wandgemälden oder nicht vom *Chicano Park Steering Committee* autorisierte Aktivitäten wie die Verwendung des Parks als Kulisse für Werbespots, Trainingsübungen der Polizei oder auch Übergriffe von Gangs und *white supremacists*. Der Druck des Beobachtens und des Suchens nach Bedrohungs- beziehungsweise Zugehörigkeitsmerkmalen erhöht sich zusätzlich durch die sozio-ökonomische Transformation von Barrio Logan, was dem Eindringen von Nicht-Chicanx-Kräften Vorschub leistet und den Chicanx-Charakter des Barrio bedroht.

Diese diffuse Bedrohung verkompliziert die Aufgabe der Bewahrung und Bewachung des Parks, die zwischen dem Erkennen von Zugehörigkeit bei maximaler Heterogenität changiert. Denn diese begründet die Besonderheit der Chicanx-Community, deren Gemeinschaftsbildung sich maßgeblich über ähnliche Lebenserfahrungen ihrer Mitglieder konstituiert, die jedoch bewusst Differenzmerkmale nicht ausschließt. Vielmehr ist gerade das Spiel mit Differenzen die Grundlage dieser Gemeinschaftsform, was eine klare Konturierung von Zugehörigkeitsmerkmalen unmöglich macht.[42] Die daraus resultierende Bandbreite an Heterogenität verlangt eine noch intensivere Beobachtung der Parkbesucher:innen.

Sollte jedoch verdächtiges, als respektlos oder bedrohlich empfundenes Verhalten auftreten, kann die Beobachtung allein nicht zum Ziel führen, sondern

---

41 Vgl. Mccaughan, „We Didn't Cross the Border, the Border Crossed Us".
42 Pisarz-Ramirez, *MexAmerica*, S. 214.

Abb. 6: *Mexican History*, 1978, Mural, Chicano Park.

es bedarf zusätzlich einer Handlung, um Aztlán zu verteidigen. Es geht darum, im richtigen Zeitfenster einzuschreiten – bevor es zu spät ist – um Übergriffe abzuwenden und damit den Zielen der Bewegung von einer Zukunft ohne Unterdrückung und Kolonialität näher zu kommen.

Im folgenden Fallbeispiel wird gezeigt, wann und wie eine wahrgenommene Bedrohung in einen Handlungsimpuls umschlägt. Durch das Eingreifen eines wachsamen Mitglieds der *Brown Berets* „im richtigen Moment" soll ein Übergriff seitens der Polizei auf Obdachlose verhindert werden. Das Eingreifen ist der Moment, in dem der Akteur durch eine Handlung dem Ziel der Chicano-Bewegung hin zu einer selbstbestimmten Zukunft näherkommt und sich Diskriminierung entgegenstellt. In diesem Moment fallen verschiedene temporale Erfahrungs- und Erwartungshorizonte zusammen: die Geschichte der Vertreibung und Diskriminierung sowie das eigene Erleben von Benachteiligung, gepaart mit einer negativen Wahrnehmung der unmittelbaren Gegenwart, das heißt der Fortführung von Übergriffen. Diese düstere Wirklichkeit kann durch das Einschreiten zum richtigen Zeitpunkt in eine alternative Chicanx-Wirklichkeit verwandelt werden.

Wachsamkeit als soziale Praxis und Handeln im ‚richtigen Moment'

Joaquín[43] ist gerade dabei, freiwillige Helfer für den nahenden *Chicano Park Day* zu rekrutieren, als er beobachtet, wie sich Polizisten einer Gruppe von Obdachlosen nähern – vermutlich, um sie aus dem Park zu verweisen und dabei womöglich zu schikanieren. Joaquín erkennt darin ein Gefahrenpotenzial und vermutet aufgrund seiner Erfahrungen einen willkürlichen, unangemessenen Akt von Polizeigewalt. Dies ist im Chicano Park nicht ungewöhnlich und Joaquín hatte auch schon vormals beobachtet, dass Personen aus dem Park gewaltsam abtransportiert wurden. Als angehender *community leader* und neues Mitglied der *Brown Berets* fühlt er sich besonders verantwortlich für die Aufrechterhaltung und den Schutz der Gemeinschaft – und beschließt einzugreifen. Dieser junge Mann, Mitte 20, mit weichen, aber ernsten Gesichtszügen und kurzgeschorenen schwarzem Haar, Schnurrbart und brauner Haut, bekleidet mit einem für Chicanos typischen zugeknöpften, übergroßen Holzfällerhemd, nähert sich langsam der Szene. Um die Situation nicht zu eskalieren, schlendert er mit seinen Händen in den Hosentaschen in seiner weiten Jeans langsam auf die Gruppe zu und fragt, was los sei. Die Polizisten reagieren auf sein Eingreifen gerade deshalb verschärft, weil Joaquín seine Hände in den Hosentaschen verbirgt und sie eine mögliche Bewaffnung vermuten. Nach der Zurückweisung durch die Polizei empört sich Joaquín über deren Mutmaßungen, ihn – aus seiner Sicht grundlos – als bewaffnet und gefährlich einzuschätzen.

---

43 Name geändert.

Während dieser Begebenheit Anfang März 2020 befinden sich viele Besucher:innen im Park, um an einem stadtweiten Architekturwochenende teilzunehmen. Das bedeutet, dass Joaquín selbst unter Beobachtung steht und sich dessen auch bewusst ist – ebenso wie die Polizei. Joaquín muss damit rechnen, dass sein Eingreifen von den Anwesenden im Park aufmerksam verfolgt, kommentiert und bewertet wird. Nach dem Vorfall stimmen einige der anwesenden Chicanxs Joaquín zu, verstehen seinen Unmut und empfinden das Verhalten der Polizei als respektlos, während andere bemerken, dass es Joaquín noch an Erfahrung mangele, sonst hätte er sich nicht mit den Händen in den Hosentaschen der Polizei genähert – zumal die Polizei den jungen, kräftig gebauten Joaquín seinem Aussehen nach, sowohl phänotypisch als auch von seiner Kleidung her, als „Mexikaner" migrantisieren und kriminalisieren könnte. Aufgrund seiner mangelnden Voraussicht zählt Joaquín für sie noch zu den Lernenden. Die wachsame Beobachtung der Chicanxs im Park richtet sich nicht nur nach außen auf potenzielle Bedrohung, sondern auch auf das Verhalten der eigenen Gruppenmitglieder.

An dieser Konstellation der multiplen Vigilanz zeigt sich der Zusammenhang von Subjektwerdung und Gruppenbezug sowie von Beobachtung und Temporalität. Auf Subjektebene nimmt Joaquín durch sein Eingreifen unter den Augen des Publikums im Park die an ihn gestellte Erwartung als aktiver Chicano und *Brown Beret* auf, sich für die Ziele der Bewegung einzusetzen und setzt dies performativ in die Tat um. Damit verbindet sich ein Akt der Ermächtigung, durch welchen Joaquín zum politischen Subjekt wird und Handlungsmacht ausübt. Er tritt aus der gesellschaftlichen Position des diskriminierten Subjekts heraus und fordert soziale Gerechtigkeit ein. Als „mexikanisch" aussehendes, quasi koloniales Subjekt im Sinne von Frantz Fanon[44] ist Joaquín von vornherein in einer weniger privilegierten Position fixiert. Die Subjektivierungseffekte sieht Fanon als das Resultat des Prozesses, durch welchen sich das kolonisierte Subjekt aus dieser Fixierung befreit: Joaquín als potenziell Verdächtiger tritt durch seine Handlung in die Position des Wächters ein. Es ist nun an ihm, die Polizei beziehungsweise Staatsmacht zu kontrollieren, um sicherzustellen, dass es keine Übergriffe seitens dominanter Kräfte im Park gibt.

Diese Szene zeigt auch die mehrfachen Bedeutungsebenen des Konzepts von Gemeinschaft als zentralen Bezugspunkt für Joaquín, der, bestärkt durch seine Funktion als *Brown Beret* und *community leader*, sich einmischt. Zu den Obdachlosen hatte Joaquín keinen direkten persönlichen Bezug, nimmt sie aber als Personen wahr, die hegemonialer Machtausübung ausgesetzt sind und die es zu

---

44 Fanon, *Black Skin, White Masks*.

schützen gilt. ‚Community' definiert sich auch in diesem Fall nicht primär über äußerliche Merkmale wie Phänotypus, sondern sie inkludiert zunächst diejenigen Individuen, die Diskriminierung zu fürchten haben.

Aus Joaquíns Sicht ist seine aufmerksame Beobachtung der Polizei, die Antizipation ihres Handelns und sein Eingreifen ein Akt des Widerstandes im Sinne der Chicano-Bewegung, deren Ziele über ihn als Individuum hinausweisen und die Anliegen der Gemeinschaft in den Mittelpunkt rücken. Die Handlung von Joaquín transformiert ihn ermächtigend zum Wächter und bestätigt seine herausgehobene Rolle im Kollektiv, gleichzeitig schützt sein Einschreiten die Gemeinschaft vor Übergriffen. Joaquín identifiziert sich öffentlich und performativ mit den historischen und weiterhin geltenden Zielen der Chicanxs und ist in der Lage, den richtigen Moment für sein Handeln zu erkennen, zu politisieren und schließlich zu intervenieren. Mit seinem Engagement für ‚die Sache' knüpft er sichtbar und coram publico an den „struggle" seiner Vorgängergeneration an und schreibt die im Park abgebildete Geschichte fort. Allerdings weist die Szene noch mehr Effekte auf als lediglich die Verquickung des Subjekts mit seiner Referenzgruppe.

Diese Szene zeigt sowohl die Antizipation der Reaktion des jeweils anderen auf Seiten von Joaquín sowie der Polizei, als auch die wahrgenommene Beobachtung der Parkbesucher:innen sowie der Chicanx-Community. Joaquín ist sich dessen bewusst, ebenso wie der Dringlichkeit der Handlung, denn ihm steht nur ein kleines Zeitfenster zur Verfügung, bevor es ‚zu spät' erscheint. Da der Übergriff der Polizei kurz bevorzustehen scheint, duldet seine Intervention keinen Aufschub. Zur Pointierung der Situation trägt bei, dass die Polizei ebenfalls eine bedrohliche Reaktion von Seiten Joaquíns fürchtet, den sie aufgrund seines Äußeren und seines Verhaltens als potenzielle Bedrohung einstuft. Joaquín fürchtet überzogenes und ungerechtfertigtes Eingreifen der Polizei in einem Raum, der symbolisch stark aufgeladen ist. Die negative Antizipation von Joaquín basiert auf der Verflechtung mehrerer Zeitdimensionen: zum einen die historische Erfahrung von Unterdrückung, präsent unter anderem durch die Wandgemälde, zum anderen der persönlich erlebten, alltagsweltlichen Erfahrung von Diskriminierung, Rassismus und Exklusion, die zu einer auf negativer Potenzialität gegründeter Wachsamkeit führt. Ein zukünftiger negativer Effekt wird erwartet, wobei das Befürchtete durch die Antizipation präsent wird.[45] Daraus resultiert eine Brisanz, ein subjektives, intensives Zeiterleben just dieses Moments, das den Handlungsimpuls weiter befördert – denn der Vollzug der Bedrohung kann nur durch das sofortige Eingreifen verhindert werden.

---

45 Vigh, Vigilance, S. 93.

Die Bewertung dieser Situation setzt auch voraus, dass Joaquín geübt darin sein muss, potenzielle Gefahren auszumachen und eben den ‚richtigen Moment' für sein Handeln zu erkennen. Er muss befähigt sein, die entsprechenden Muster und Zeichen seiner sozialen Umwelt zu identifizieren und zu deuten.[46] Diese Fähigkeit basiert auf einer spezifischen Wissensform, die nicht immer vollständig explizierbar ist, sondern im Sinne des impliziten Wissens eben gerade nicht genau bestimmt oder ideologisch hergeleitet werden kann. Vielmehr ist dieses intuitive, subtile Handlungswissen geleitet von impliziten Gewissheiten.[47] In diesem konkreten Fall inkludiert dieses Wissen die Präsentifikation von Stereotypen und die Antizipation diskriminierenden Handelns. Positiver formuliert besitzen Chicanxs bestimmte Fähigkeiten, die es ihnen ermöglichen, eine soziale Situation kompetent zu lesen und als potenziell bedrohlich einzuschätzen. Als eine Form des situierten Wissens[48] ist dieses Wissen an ihre Lebenswelt gekoppelt und befähigt sie, entsprechend zu reagieren. Dieses Wissen wiederum befördert und intensiviert ihre Wachsamkeit im Alltag, was wiederum weiteres Wissen produziert.[49] Vigilanz konstituiert sich hier über verschiedene Bedeutungszusammenhänge: Sie ist einerseits das Produkt von Kolonialität, andererseits beinhaltet Vigilanz aber auch das Potenzial zur Dekolonisierung, indem sie als Warnsignal fungiert und durch aufmerksame Beobachtung Übergriffe verhindert werden können.

Wachsamkeit ist von Diskriminierungserfahrung nicht zu trennen und kann aufgrund der negativen Grundannahmen emotional sehr belastend sein. Dennoch gibt es auch eine positive Konnotation von Wachsamkeit im Chicanx-Selbstverständnis. Diese positive Wendung gründet sich in der geschärften Beobachtungsgabe und Wahrnehmung anderer Personen im Allgemeinen. Es geht dabei nicht primär um die Antizipation einer möglichen Gefahr, sondern um eine alltägliche, intensive, überdurchschnittliche Beobachtungsgabe und Wahrnehmung der Menschen im eigenen Umfeld. „Being trucha" bezieht sich in diesem Zusammenhang auf einen aufmerksamen, zugewandten und respektvollen Umgang mit anderen Personen, insbesondere aus der eigenen Community.[50]

Auch wenn die Wachsamkeit von Joaquín als angehender *community leader* vorbildlich ist, gilt das längst nicht für alle jüngeren Chicanxs. Vielmehr müssen die Botschaften der Chicano-Bewegung der 1970er Jahre aktuell gehalten werden, damit sie generationenüberspannend wirksam bleiben und sich die Wachsam-

---

46 Vgl. Vigh, Vigilance.
47 Vgl. Collins, *Tacit and Explicit Knowledge*.
48 Haraway, Situated Knowledges.
49 Vgl. Whittaker/Dürr, Vigilance, Knowledge, and De/Colonization.
50 Vgl. dazu Whittaker u. a., *Watchful Lives*.

keitspflichten zukünftig fortsetzen. Der Journalist und Sohn mexikanischer Einwanderer, Gustavo Arellano, macht darauf aufmerksam, dass die programmatischen Gründungsdokumente der Bewegung, wie der *Plan de Santa Barbara* und der *Plan Espiritual de Aztlán*, Relikte aus den 1960er Jahren seien, die gegenwärtig kaum noch gelesen würden. Außerdem habe sich die jüngere Generation – teilweise unbewusst – stärker an die Anglo-Gesellschaft angepasst als die ältere Generation, bis hin zur Assimilation. Während die ursprünglichen Mitglieder der Chicano-Bewegung einst sehr idealistisch und radikal auftraten, seien jüngere Chicanxs in ihrer Orientierung deutlich pragmatischer.[51]

Ungeachtet dessen betonen Chicanxs der jüngeren Generation das politische Bewusstsein im Sinne eines kritischen Reflektierens über sich selbst und andere als wichtige Merkmale ihrer Gemeinschaft. Außerdem bildet die Community einen noch wichtigeren Bezugspunkt für ihr Engagement und für ihre Identifikation als Chicanxs, verglichen mit dem Kampf gegen Diskriminierung, Benachteiligung und Ungleichheit als zentrale Anliegen im Diskurs der älteren Generation. Dennoch müssen Mechanismen etabliert werden, um den „struggle" weiterhin bedeutsam zu halten und dem Nachlassen des Einsatzes für die Ziele der Chicano-Bewegung entgegenzuwirken. Dies geschieht dadurch, dass die Vergangenheit nicht als vergangen, sondern als weiterhin fortbestehend konzipiert wird und die Grenzen zwischen unterschiedlichen Zeitlichkeiten verworfen werden. Es ist notwendig, gegenwärtig zu handeln, um einer gerechteren, dekolonialen Gesellschaft in der Zukunft näher zu kommen. Durch diese chronopolitische Praxis soll die bestehende soziale Ordnung transformiert werden. Der Kampf auf diesem Weg ist vergangen, gegenwärtig und künftig zugleich. Gleichzeitig soll durch diese Mobilisierung und Politisierung von Zeit eine generationenübergreifende Klammer entstehen, die im gängigen Vokabular von Vergangenheit, Präsens und Zukunft artikuliert wird. Dies wird beispielsweise auf diesem Wandgemälde dargestellt (Abb. 7).

Um diese gemeinschaftliche Klammer zu erzeugen und wirksam zu halten, bedarf es spezifischer Anlässe und Momente der Verdichtung beziehungsweise des Zusammenfließens der verschiedenen Zeitstränge. Ein solcher Anlass ist der *Chicano Park Day*, die jährliche Gedenkfeier zur Gründung des Parks. Während der Feiern werden Appelle in Form von Reden und Selbstzeugnissen formuliert, die dazu aufrufen, wachsam zu bleiben und sich weiterhin für die Ziele der Bewegung

---

51 Arellano, Raza Isn't Racist. Beispielsweise ist bemerkenswert, dass obwohl die aktuelle Mitgliedschaft der studentischen Chicano-Bewegung *M.E.Ch.A.* der San Diego State University häufig kritisch über den Zusammenhang von Kolonialität und Kapitalismus reflektiert, dennoch regelmäßig ein „MEChista der Woche" feiert – ähnlich wie in vielen amerikanischen Geschäften „Mitarbeiter der Woche" ausgerufen werden.

Abb. 7: *History of Our Community*, 1992–1993, Mural, Chicano Park.

zu engagieren. Diese Anlässe tragen dazu bei, Handlungsimpulse zu stimulieren sowie Subjektpositionen zu produzieren und zu festigen.

Appell zur Wachsamkeit und die Verschachtelung von Zeit

> [...] we can't walk around the park, we can't enjoy the park, if we're always being harassed. And that's why we always have to stay organized, we always have to be committed to La Causa, the movement and our people. [...] United we stand, divided we fall. So that's my message to you out there. I could keep on going on with the history of the Park, you know Chicano Park is a historical landmark, not just because it's ancestral land, but because it's

always been historical. To the Chicano nation, to the Chicano people and to our Chicano leaders. Many of the leaders have spoken at this park, so take in mind, when you step on that soil, many leaders, many generations, great generations have stepped on that same soil. And you're part of that history. So, every time you come to the park enjoy it! Take in the culture, take in the spirituality, embrace it, honor it, respect it, preserve it! But also get involved! Because the movement has never died, we're still around! La Causa is still around, the issues are still going. I'm pretty sure you're done and tired of being harassed [...].[52]

Im Rahmen der auf Facebook gestreamten Feierlichkeiten anlässlich des 50. Jahrestages der Gründung des Parks im Jahr 2020 hielt ein erfahrenes Mitglied der *Brown Berets*, hier Comandante Beto genannt, diese emphatische Rede. Er stand uniformiert und mit gefalteten Händen auf einem Podium, begleitet von zwei der jüngsten Mitglieder, die zwar ihre braunen Baskenmützen, nicht aber ihre volle Uniform trugen. In seinem dringlichen Appell beschwört er wiederholt die Verpflichtung, weiterhin an „La Causa" festzuhalten und der Bewegung treu zu bleiben, um Schikanen abzuwehren, sich einzureihen in die Abfolge der Vorgängergeneration und dadurch Teil der Gemeinschaft und ihrer Geschichte zu werden („you're part of that history"). Der Park, den er in seiner weiteren Rede als „heart of Aztlán" bezeichnet, beschreibt er als ideologisch-spirituellen Nährboden des Chicanx-Bewusstseins. Als Manifestation von Aztlán müsse dieser erhalten und verteidigt werden als ein Gut, das den Chicanxs im Verlauf ihrer Geschichte immer wieder abhandengekommen sei – sowohl als Siedlungsraum auf der Makroebene als auch auf der Mikroebene des Stadtraumes. Die negativen Erfahrungen der Vergangenheit werden wieder ins Gedächtnis gerufen, ebenso ist die Wahrnehmung der Gegenwart entsprechend skeptisch. Gerade deshalb sei es wichtig, vereint und wachsam zu bleiben, denn die Anliegen der Bewegung seien noch immer aktuell („La Causa is still around, the issues are still going").

Durch den Wechsel der Zeiten in seiner Ansprache sowie durch die gleichzeitige Verflechtung unterschiedlicher Zeitstrukturen, die nicht nacheinander ablaufen, sondern gleichzeitig präsent sind, intensiviert sich der Appell zur Wachsamkeit. Diese Wahrnehmung von Zeit versinnbildlicht sich mit Blick auf Aztlán, das sich als ein Konglomerat aus verschiedenen, miteinander verschachtelten Zeiten konstituiert. Gleichzeitig macht das Zusammenspiel von persönlichen negativen Erfahrungen und Skepsis mit Blick auf die Zukunft konstante Wachsamkeit zwingend erforderlich. Sollte die Wachsamkeitspflicht nicht erfüllt werden, drohe die Gemeinschaft zu zerbrechen, wodurch sich der Druck auf den einzelnen erhöht und der Aufruf zum klaren „to be committed to La

---

52 Ansprache von Comandante Beto (Name geändert) der *Brown Berets*, am 15. April 2020 in Chicano Park.

Causa" an Gewicht gewinnt. Das genaue Ziel dieser Bewegung jedoch bleibt als ein Kampf für ‚Gerechtigkeit' und eine bessere Lebensqualität weitgehend implizit und diffus – abgesehen von Konkretisierungen in den Schlüsseltexten aus der Gründungszeit der Bewegung.

Im Laufe der Feierlichkeiten im Chicano Park ist es Comandante Beto möglich, seine Sichtweise auf die Gesellschaft zu verkünden und die Deutungshoheit über politische Prozesse zu reklamieren. Es bleibt dahingestellt, ob ihm das außerhalb dieses Zeit-Raum-Gefüges in ähnlicher Weise gelingen könnte. Im Zeitfenster der Feierlichkeit und im Möglichkeitsraum des Chicano Parks hingegen kann er seine Deutungsmacht über spezifische Anliegen der Gemeinschaft würdevoll entfalten. Seine Rede verweist auch auf die Bedeutung des Sprechens und des sich Gehör-Verschaffens von benachteiligten Akteuren, die in ihren eigenen Worten alternative Sichtweisen zu gängigen Deutungen der Welt- und Gesellschaftsordnung formulieren, welche ansonsten wenig Beachtung finden.[53] Insbesondere in (de)kolonialen Zusammenhängen wirkt die Kraft der eigenen Rede ermächtigend auf die Subjektformierung, die Jacques Rancière als politischen Prozess versteht, in dem die Sprechfähigkeit mit einer Abwendung von bestehenden Strukturen und zugleich der Sichtbarmachung von benachteiligten Kollektiven einhergeht.[54] Auch Fanon weist in seinen Studien darauf hin, dass die Subjektformierung kolonisierter Akteure nicht von deren dekolonialistischen Bestrebungen zu trennen ist, da das koloniale Subjekt zunächst aus der ihm hegemonial zugewiesenen Fixierung entkommen muss.[55] Diesen Schritt vollzieht Comandante Beto im Rahmen der Feierlichkeiten in ähnlicher Weise wie Joaquín im Chicano Park. Auch Comandante Beto weist sich durch seine Uniform als *Brown Beret* und damit als Wächter der Gemeinschaft aus. Seine Rede gewinnt an Autorität und Authentizität, indem er sich nicht nur auf frühere Generationen bezieht, sondern auch auf seine eigenen Erfahrungen als wehrhafter *Brown Beret*. In diesem Sinne setzt er die Reihe der *leaders* und der Generationen fort, die für die Sache gekämpft haben.

Selbst zu sprechen bedeutet einen Akt der Selbstaufwertung hin zu einem wissenden Subjekt.[56] In diesem Fall gründet das Wissen sowohl auf der eigenen Erfahrung des Sprechers als auch auf derjenigen seiner Vorgänger und des Publikums. Dieser gemeinsame Wissensbestand gilt für das Kollektiv als Gewissheit und als Grundlage für normative Verpflichtungen. Die Ansprache bezieht sich

---

53 Spivak, Can the Subaltern Speak?
54 Rancière, *Das Unvernehmen*.
55 Fanon, *Black Skin, White Masks*; vgl. auch Lorenzini/Tazzioli, Confessional Subjects, S. 176.
56 Vgl. Skinner, Foucault, Subjectivity and Ethics.

auf dieses Wissen und wiederholt es im Wesentlichen, ohne grundlegend Neues hinzuzufügen. Vielmehr dürfte den meisten Anwesenden das Gesagte bereits bekannt sein. Allerdings gewinnt es an Aktualität und Bedeutung dadurch, dass es nicht abstrakt vermittelt wird, sondern aus dem Leben einer Person stammt, die sich vorbildlich in den Dienst ‚der Sache' stellt und damit eine Art Selbstzeugnis formuliert.[57]

Mit dem Verweis auf eine Reihe von Vorbildern erhöht sich die Verpflichtung für die nachfolgende Generation, den „struggle" fortzusetzen. Das vorgegebene Ziel hin zu einer gerechten Gesellschaft ist noch nicht erreicht, die Anliegen der Bewegung sind noch immer akut, weshalb der Kampf weitergeführt werden müsse („issues are still going"). Mit dieser Argumentation weist Comandante Beto über das Kollektiv der Chicanxs hinaus und spricht den breiteren gesellschaftlichen Kontext an, der eben diese Bewegung weiterhin erforderlich macht. Das Anliegen gewinnt an Brisanz, indem nicht nur auf die Vergangenheit verwiesen wird, sondern aufgrund der weiterhin bestehenden Missstände auf den andauernden Handlungsbedarf in der Gegenwart. Um diese Ziele zu erreichen, werden die Zuhörenden, insbesondere die jüngere Generation aufgefordert, sich aktiv in der Bewegung zu engagieren („get involved") – ohne dass dieser Akt näher spezifiziert würde.

Um die Chicano-Bewegung als Kollektiv zu erhalten, wird die Verpflichtung eines jeden einzelnen angesprochen. Denn erst durch die Gemeinsamkeit und Gemeinschaftlichkeit eröffnen sich die Möglichkeiten der Transformation der Gesellschaft. Herausgestellt werden sowohl der Assimilationsdruck, strukturelle Benachteiligung und räumliche Verdrängung als auch die gemeinsamen Werte und Verpflichtungen, die sie teilen. Dadurch erfolgt neben der Beschwörung der Gemeinschaft gleichzeitig eine Abgrenzung zum „Außen" der Gesamtgesellschaft, was vereinigend nach „Innen" wirkt.[58]

Die Vorstellung von Gemeinschaft ist, wie bereits erwähnt, weit gefasst und inkludierend. Sie bezieht sich nicht nur auf die gegenwärtigen Mitglieder, sondern ebenfalls auf Individuen aus der Vergangenheit mit Vorbildfunktion. Dazu zählen auch in jüngerer Zeit verstorbene Personen, die nach ihrem Tod als Exempel in den „struggle" integriert werden. Diejenigen, die sich zu Lebzeiten für die Bewegung eingesetzt hatten, gelten auch nach ihrem Tod als *presente* – als weiterhin gegenwärtig und als sichtbar zur Gemeinschaft zählend (Abb. 8).

Ihre Präsenz wird im Rahmen von mehrtägigen Trauerfeiern zelebriert, wie es auch bei einer bedeutenden Frau der *Brown Beret* der Fall war. Sie wird in der

---

57 Vgl. Hartmann/Jancke, Roupens Erinnerungen.
58 Vgl. u. a. Butler, *Kritik der ethischen Gewalt*.

Wachsamkeit als Alltagspraxis — 205

Abb. 8: Totengedenken unter dem Mural *Chicano Park Takeover* (1978).

Community als „Honorary Mother of the Brown Berets" gewürdigt, welche den „struggle" von der ersten Stunde an begleitet hat. Nachdem direkt nach ihrem Tod im Jahr 2020 bereits ein zweitägiges Gedenkprogramm zu ihren Ehren abgehalten wurde, fanden im Juni 2021 und 2022 anlässlich ihres Geburtstags jeweils ein Fahnenzeremoniell statt. Zum Programm gehörten abermals Reden, Musik und Getränke. In der öffentlichen Facebook-Einladung wurde sie als lächelnde ältere Dame in *Brown Beret*-Uniform und Kette aus bunten Perlen im Stil von Native American-Schmuck gezeigt und dort hieß es: „Join us as we celebrate a true chicana revolutionary that dedicated her life to the struggle for self determination and national liberation. ¡[…], PRESENTE!" Für den „struggle" gibt es keine zeitliche Begrenzung. Auch als Verstorbene ist sie weiterhin als vorbildliches und wertgeschätztes Gemeinschaftsmitglied präsent.

In dieser Chicanx-Zeitkultur bleiben auch Personen präsent, die ihr Leben aufgrund rassistischer Strukturen verloren haben. Ein Mahnmal im Stil eines mexikanischen Friedhofs in Miniatur unter einem der Brückenpfeiler im Chicano Park erinnert an mexikanisch-stämmige Personen, die während einer Großveranstaltung ums Leben gekommen sind, weil das Auto eines betrunkenen angloamerikanischen Fahrers von der Brücke in die Menschenmenge gestürzt ist. Das Mahnmal, das gepflegt und mehrmals im Jahr neu dekoriert wird, zeigt die Verstorbenen in gerahmten Bildern, sowie auch die bleibende Zuneigung für sie und die Indignation der Trauergemeinschaft über ihren Tod. Der Unfall wird von den Bewohnern Barrio Logans nicht als tragischer Zufall gedeutet, sondern als vorhersehbare Konsequenz rassistischer, nachlässiger Stadtplanung und als Evidenz für bestehende Diskriminierung und latente Gefahr. Auch Vorfälle dieser Art tragen dazu bei, den „struggle" weiterhin als bedeutsam zu markieren und nicht nur generationenumspannend fortzuführen, sondern Gemeinschaftsmitglieder über den Tod hinaus zu involvieren.

Fazit und Ausblick

Die Formen von Wachsamkeit der Chicanxs in San Diego sind von den spezifischen sozio-politischen Bedingungen des Südwestens der USA geprägt. Ein Merkmal dieser *borderlands* besteht in einer Spannung zwischen den Versuchen der eindeutigen Klassifizierung und Separierung der Bevölkerung und der gleichzeitigen Unmöglichkeit dieses Unterfangens, das im Alltag permanent unterlaufen wird. Chicanxs verkörpern diese Widersprüchlichkeit und reklamieren dem US-amerikanischen Gesellschaftsentwurf entsprechend staatsbürgerschaftliche Rechte, sind aber doch kontinuierlich dem Verdacht ausgesetzt, eigentlich auf der ‚falschen' Seite der Grenze zu leben. Grundlegend für diese Prozesse ist eine machtgebundene geo- und chronopolitische Einteilung der Welt, die darauf abzielt, Identitäten in Raum und Zeit zu fixieren und dadurch Differenzen zu plausibilisieren.

Chicanxs entziehen sich dieser Fixierung durch den Entwurf von Aztlán als eigenem Zeit-Raum sowie durch die Verknüpfung verschiedener Zeitstrukturen, wobei der Weg in eine bessere Zukunft über eine nicht vergangene Vergangenheit führt. Wachsamkeit ist eine Art Instrument, um aus einer verstörenden Gegenwart in eine bessere Zukunft zu gelangen. Zeit fungiert in diesem Zusammenhang weniger als ein strukturgebendes Ordnungskriterium im Sinne eines Nacheinanders, sondern Zeit wird in ihrer Verwobenheit von Vergangenheit, Gegenwart und Zukunft sowohl auf der Makroebene der hegemonialen politischen Geschichtsschreibung als auch auf der Mikroebene der Alltagserfahrung wirksam: der Widerstand der Chicanxs gegen Diskriminierung ist von einer eigenen Temporalität durchdrungen, die machtvolle Strukturen unterlaufen. Es ist dieses

Geflecht unterschiedlicher Zeitstränge, das für die Welterschließung der Akteure bedeutsam ist.

Doch ist es eine Herausforderung, Wachsamkeit und davon ausgehende Handlungsimpulse über mehrere Generationen hinweg aufrechtzuerhalten, um sie dann bei entscheidenden Situationen in Gang zu setzen. Damit Chicanxs den richtigen Moment zum Handeln erkennen können, behelfen sie sich eines lebensweltlich begründeten Wissens, um entsprechend einzuschreiten, wie am Beispiel des noch vergleichsweise jungen, angehenden *community leader* Joaquín deutlich wurde. Comandante Beto hingegen als älteres und erfahrenes Mitglied der Chicanxs nimmt die Gemeinschaft im Rahmen von jährlich angesetzten Feierlichkeiten in die Pflicht, um ihr „commitment" zur Chicano-Bewegung zu erneuern und sie auf die Notwendigkeit kontinuierlicher Wachsamkeit einzuschwören. Wer den *Brown Berets* oder dem *Chicano Park Steering Committee* beitritt, bleibt lebenslang Mitglied. Selbst nach dem Tod sind Mitglieder als Vorbilder der Chicano-Bewegung in der Community weiterhin *presente* (präsent). Damit überwinden sie die Grenzen angloamerikanischer Zeit.

Literaturverzeichnis

Alaniz, Yolanda/Cornish, Megan: *Viva la raza. A History of Chicano Identity and Resistance.* Seattle 2008.
Alderman, Jonathan/Whittaker, Catherine: A Bridge that Divides: Hostile Infrastructures, Coloniality and Watchfulness in San Diego, California. In: *Sociologus – Journal for Social Anthropology* 2 (2021), S. 153–174.
Amado, María L.: The „New Mestiza," the Old Mestizos. Contrasting Discourses on Mestizaje. In: *Sociological Inquiry* 82/3 (2012), S. 446–459.
Anzaldúa, Gloria: *Borderlands/La Frontera: The New Mestiza.* San Francisco ⁴2012.
Arellano, Gustavo: Raza Isn't Racist. In: *Los Angeles Times* (15.06.2006), https://www.latimes.com/la-oe-arellano15jun15-story.html [letzter Zugriff: 01.10.2021].
Arfsten, Kerrin-Sina: *The Minuteman Civil Defense Corps. Border Vigilantism, Immigration Control and Security on the US-Mexican Border.* Münster 2010.
Brendecke, Arndt: Attention and Vigilance as Subjects of Historiography. An Introductory Essay. In: *Storia della Storiografia* 74/2 (2018), S. 17–27.
Butler, Judith: *Kritik der ethischen Gewalt. Adorno-Vorlesungen 2002.* Frankfurt am Main 2007.
Chakrabarty, Dipesh: *Provincializing Europe. Postcolonial Thought and Historical Difference.* Princeton 2000.
Chávez, Leo: *The Latino Threat. Constructing Immigrants, Citizens and the Nation.* Stanford 2008.
Collins, Harry: *Tacit and Explicit Knowledge.* Chicago 2010.
Cooper Alarcón, Daniel: *The Aztec Palimpsest. Mexico in the Modern Imagination.* Tucson 1997.
De La Torre, Renée/Gutiérrez Zúñiga, Cristina: Chicano Spirituality in the Construction of an Imagined Nation. Aztlán. In: *Social Compass* 60/2 (2013), S. 218–235.

De León, Arnoldo/Griswold del Castillo, Richard: *North to Aztlán. A History of Mexican Americans in the United States.* Wheeling ²2006.

Dürr, Eveline: Beobachter:in. In: *Festschrift für Johannes Moser.* Hrsg. von Moritz Ege, Laura Gozzer, Daniel Habit, Christiane Schwab und Jens Wietschorke. (Münchner Beiträge für Volkskunde) München [zum Druck angenommen].

Fabian, Johannes: *Time and the Other. How Anthropology Makes its Object.* New York 1983.

Falser, Michael S.: Chicano Park. Bürgerinitiative, Graffiti-Kunst und Traumaverarbeitung. Geschichte und Bedeutung von „Chicano Park" in Barrio Logan, San Diego (Kalifornien, USA). In: *kunsttexte.de* 4 (2007), S. 1–15.

Fanon, Frantz: *Black Skin, White Masks.* New York 2008.

Foucault, Michel: The Ethics of the Concern of the Self as a Practice of Freedom. In: Foucault, Michel (Hrsg.): *Ethics. Subjectivity and Truth.* New York 1997, S. 281–301.

Garcia, Matt: *From the Jaws of Victory. The Triumph and Tragedy of Cesar Chavez and the Farm Worker Movement.* Berkeley 2012.

Gutiérrez, Ramón A./Almaguer, Tomás: *The New Latino Studies Reader. A Twenty First Century Perspective.* Berkeley 2016.

Hammad, Lamia Khalil: Border Identity Politics. The New Mestiza in Borderlands. In: *Rupkatha Journal on Interdisciplinary Studies in Humanities* 2/3 (2010), S. 303–308.

Haraway, Donna: Situated Knowledges. The Science Question in Feminism and the Privilege of Partial Perspective. In: *Feminist Studies* 14/3 (1988), S. 575–599.

Hartmann, Elke/Jancke, Gabriele: Roupens Erinnerungen eines armenischen Revolutionärs (1921/1951) im transepochalen Dialog. Konzepte und Kategorien der Selbstzeugnis-Forschung zwischen Universalität und Partikularität. In: Ulbrich, Claudia (Hrsg.): *Selbstzeugnis und Person. Transkulturelle Perspektiven.* Köln 2012, S. 31–71.

Hernández, Roberto D.: *Coloniality of the US/Mexico Border. Power, Violence, and the Decolonial Imperative.* Tucson 2018.

Hidalgo, Jacqueline M.: *Revelation in Aztlán: Scriptures, Utopias, and the Chicano Movement.* London 2016.

Ibarra, María de la Luz: El Campo. Memories of a Citrus Labor Camp. In: Griswold del Castillo, Richard (Hrsg.): *Chicano San Diego. Cultural Space and Struggle for Justice.* Tucson 2007, S. 115–128.

Kammler, Henry: Trucha. What's so „Trout" about Being Vigilant? In: *Vigilanzkulturen* (08.04.2021), https://vigilanz.hypotheses.org/1381 [letzter Zugriff: 01.10.2021].

Klinke, Ian: Chronopolitics. A Conceptual Matrix. In: *Progress in Human Geography* 37/5 (2012), S. 673–690.

Kühne, Olaf/Schönwald, Antje: *Eigenlogiken, Widersprüche und Hybriditäten in und von „America's finest city".* Wiesbaden 2015.

Kühne, Olaf/Schönwald, Antje/Jenal, Corinna: Bottom-up memorial landscapes between social protest and top-down tourist destination: the case of Chicano Park in San Diego (California) – an analysis based on Ralf Dahrendorf's conflict theory. In: *Landscape Research* (17.05.2022), DOI: 10.1080/01426397.2022.2069731.

Le Texier, Emmanuelle: The Struggle against Gentrification in Barrio Logan. In: Griswold del Castillo, Richard (Hrsg.): *Chicano San Diego. Cultural Space and Struggle for Justice.* Tucson 2007, S. 202–221.

Lizárraga, José Ramón/Gutiérrez, Kris D.: Centering Nepantla Literacies from the Borderlands. Leveraging „In-Betweenness": Toward Learning in the Everyday. In: *Theory Into Practice* 57/1 (2018), S. 38–47.

Lorenzini, Daniele/Tazzioli, Martina: Confessional Subjects and Conducts of Non-Truth. Foucault, Fanon, and the Making of the Subject. In: *Theory, Culture & Society* 35/1 (2018), S. 71–90.

Martínez, Roberto L.: The Border and Human Rights. A Testimony. In: Griswold del Castillo, Richard (Hrsg.): *Chicano San Diego. Cultural Space and Struggle for Justice.* Tucson 2007, S. 222–245.

Mccaughan, Edward J.: „We Didn't Cross the Border, the Border Crossed Us". Artists' Images of the US-Mexico Border and Immigration. In: *Latin American and Latinx Visual Culture* 2/1 (2020), S. 6–31.

Meinhof, Marius: Die Kolonialität der Moderne: Koloniale Zeitlichkeit und die Internalisierung der Idee der „Rückständigkeit" in China. In: *Zeitschrift für Soziologie* 50/1 (2021), S. 26–41.

Mignolo, Walter D./Walsh, Catherine E.: *On Decoloniality. Concepts, Analytics, Praxis.* Durham/London 2018.

Mills, Charles W.: The Chronopolitics of Racial Time. In: *Time & Society* 29/2 (2020), S. 297–317.

Nevins, Joseph: *Operation Gatekeeper and Beyond. The War on „Illegals" and the Remaking of the U.S.-Mexico Boundary.* New York/London 2010.

Ortiz, Isidro D.: „¡Sí, Se Puede!" Chicana/o Activism in San Diego at Century's End. In: Griswold del Castillo, Richard (Hrsg.): *Chicano San Diego. Cultural Space and Struggle for Justice.* Tucson 2007, S. 129–157.

Palacios, Agustín: Multicultural Vasconcelos: The Optimistic, and at Times Willful, Misreading of La Raza Cósmica. In: *Latino Studies* 15/4 (2017), S. 416–438.

Pisarz-Ramirez, Gabriele: *MexAmerica. Genealogien und Analysen postnationaler Diskurse in der kulturellen Produktion von Chicanos/as.* Heidelberg 2005.

Quijano, Aníbal: Coloniality of Power, Eurocentrism, and Latin America. In: Moraña, Mabel/Dussel, Enrique/Jáuregui, Carlos A. (Hrsg.): *Coloniality at Large. Latin America and the Postcolonial Debate.* Durham 2008, S. 181–224.

Quijano, Aníbal: Colonialidad del poder y clasificación social. In: *Journal of World-Systems Research* 4/2 (2000), S. 342–386.

Rancière, Jacques: *Das Unvernehmen.* Frankfurt am Main 2002.

Rosaldo, Renato: Cultural Citizenship in San José, California. In: *Political and Legal Anthropology Review* 17/2 (1994), S. 57–63.

Rothstein, Richard: *The Colour of Law. A Forgotten History of How Our Government Segregated America.* New York/London 2017.

Sánchez, Rita: Chicanas in the Arts, 1970–1995. With Personal Reflections. In: Griswold del Castillo, Richard (Hrsg.): *Chicano San Diego. Cultural Space and Struggle for Justice.* Tucson 2007, S. 158–201.

Schönwald, Antje: Ein Blick auf Chicanos. Mexikaner und ihre Nachfahren in der amerikanischen Stadt. In: Weber, Florian/Kühne, Olaf (Hrsg.): *Fraktale Metropolen, Hybride Metropolen.* Wiesbaden 2016, S. 349–363.

Skinner, Diane: Foucault, Subjectivity and Ethics. Towards a Self-Forming Subject. In: *Organization* 20/6 (2012), S. 904–923.

Spivak, Gayatri Chakravorty: Can the Subaltern Speak? In: Nelson, Cary/Grossberg, Lawrence (Hrsg.): *Marxism and the Interpretation of Culture*. Basingstoke 1988, S. 271–313.
Veracini, Lorenzo: *Settler Colonialism. A Theoretical Overview*. New York 2010.
Vigh, Henrik: Vigilance. On Conflict, Social Invisibility, and Negative Potentiality. In: *Social Analysis* 55/3 (2011), S. 93–114.
Wallis, George W.: Chronopolitics. The Impact of Time Perspectives on Dynamics of Change. In: *Social Forces* 49/1 (1970), S. 102–108.
Walsh, Catherine: „Other" Knowledges, „Other" Critique. Reflections on the Politics and Practices of Philosophy and Decoloniality in the „Other America". In: *Transmodernity: Journal of Peripheral Cultural Production of the Luso-Hispanic World* 1/3 (2012), S. 11–27.
Watts, Brenda: Aztlán as a Palimpsest. From Chicano Nationalism toward Transnational Feminism in Anzaldúa's Borderlands. In: *Latino Studies* 2 (2004), S. 304–321.
Whittaker, Catherine/Dürr, Eveline: Vigilance, Knowledge, and De/Colonization. Protesting While Latin@ in the U.S.-Mexican Borderlands. In: *Conflict and Society* (o.J.) [in Druck].
Whittaker, Catherine u.a.: *Watchful Lives in the U.S.-Mexico Borderlands*. Berlin [in Vorbereitung].
Wilk, Richard: Colonial Time and TV Time. Television and Temporality in Belize. In: *Visual Anthropology Review* 10 (1994), S. 94–102.

Isabell Otto
Die diskrete Wachsamkeit des Smartphones. Temporalitäten der Vigilanz zwischen menschlicher Aufmerksamkeit und apparativer Erfassung

Das Konzept der ‚Vigilanz' konzentriert sich auf Phänomene der Indienstnahme von Einzelnen für überindividuelle Ziele, die nicht ohne eine wachsame Mitwirkung der beteiligten Individuen erreichbar sind, auf eine Wachsamkeit, die der menschlichen Aufmerksamkeit bedarf und nicht vollständig in Überwachung aufgeht, weil sie „sich nie ganz an Institutionen delegieren oder durch Apparate erledigen" lässt.[1] In Anbetracht einer zunehmenden Durchdringung aller Lebenswelten mit mobilen und digital vernetzten Geräten, die wir meist ständig mit uns führen, ist zu bezweifeln, dass sich menschliche Aufmerksamkeit überhaupt vollständig aus ihrer Verflechtung mit institutionellen und technischen Regulierungen von Wachsamkeit herauslösen lässt. Ist menschliche Aufmerksamkeit unter den aktuellen technologischen Bedingungen denkbar ohne Apparate, die sie (ab)lenken, unterwandern oder unterstützen? Ist Wachsamkeit in soziotechnischen Gefügen überhaupt als Fähigkeit eines autonomen Subjekts identifizierbar? Die Delegation an eine Institution oder einen Apparat lässt sich etwa auch als eine technische Vermittlung oder Mediation bestimmen, die Handlungsverläufe verschiebt und sie an andere, auch nichtmenschliche Beteiligte umverteilt, um das Ziel der Vigilanz längerfristig zu erreichen.[2]

Als ein solcher technischer Akteur, der an Vigilanz beteiligt ist, sie ermöglicht, verhindert oder auf Dauer stellt, kann auch das Smartphone gelten. Smartphones stehen nicht nur in Verruf, unsere Aufmerksamkeit – zum Beispiel von Gesprächen und sozialen Interaktionen von Angesicht zu Angesicht – abzulenken und unsere Wachsamkeit – zum Beispiel im öffentlichen Raum[3] – zu beeinträchtigen. Sie sind darüber hinaus ständig mit Operationen der Erfassung

---
[1] Sonderforschungsbereich 1369 ‚Vigilanzkulturen', S. 6 f.
[2] Bruno Latour hat hierfür das Beispiel der Bodenschwelle gewählt: Im Fall des ‚schlafenden Gendarm' wird die Anforderung von persönlicher Vigilanz (langsam fahren, um andere nicht zu gefährden) an Materie delegiert und gleichzeitig von einem sozialen zu einem individuellen Interesse verschoben (langsam fahren, um das eigene Auto nicht zu beschädigen). Vgl. Latour, Kollektiv, S. 226–229. Vgl. hierzu Arndt Brendeckes Beschreibung von ‚wachsamen Arrangements' in der Einleitung dieses Bandes.
[3] Vgl. Leonhardt, Blick-Ausrichtungen.

 Open Access. © 2022 bei den Autorinnen und Autoren, publiziert von De Gruyter. [cc BY] Dieses Werk ist lizenziert unter einer Creative Commons Namensnennung 4.0 International Lizenz.
https://doi.org/10.1515/9783110765137-010

und Auswertung von Informationen beschäftigt, die sich ebenso unserer Wahrnehmung entziehen wie die technischen Vorgänge ihrer Registrierung, die aber dennoch entscheidend zu menschlicher Wachsamkeit beitragen können. Wenn User:innen diese Möglichkeiten und Funktionen *zulassen*, lokalisieren Smartphones und mobile Apps sie im Raum, erinnern sie an Termine, warnen sie vor Gefahren, gestalten ihre sozialen Interaktionen, strukturieren und regulieren ihre Gewohnheiten und zeichnen, selbst im Schlaf,[4] ihre körperlichen Vorgänge auf.

Smartphones als Ausweitungen der menschlichen Aufmerksamkeit zu verstehen, als Instrumente, die gerade dann hilfreich sind, wenn der Mensch unaufmerksam oder zur Wachsamkeit nicht fähig ist, würde jedoch ihre Beteiligung in Vigilanzkulturen nicht klar erfassen. Um die Relevanz von Apparaten in und für menschliche Wachsamkeit zu bestimmen, ist es entscheidend, sie nicht als Instrumente, sondern als Medien zu perspektiveren oder genauer: die Mediationsprozesse in den Blick zu nehmen, in die Apparate involviert sind. Wenn technische Geräte nicht als ‚Mittel für', sondern als ‚Mittler von' Wachsamkeit in den Blick kommen, dann geht es nicht um die bloße Erweiterung einer ohnehin vorhandenen menschlichen Fähigkeit, sondern um die Hervorbringung von Formen der Wachsamkeit, die ohne die Apparatur nicht vorhanden wären.[5]

Menschliche Aufmerksamkeit ist auch in dieser Perspektive unabdingbar für Vigilanzkulturen. Sie steht dann jedoch in engem Zusammenhang mit den sich historisch wandelnden soziotechnischen Konstellationen, die sie jeweils auf eine spezifische Weise erforderlich machen und so überhaupt erst hervorbringen. Sie wird von einer zentralen, lenkenden Operation zu einem beteiligten Element unter anderen, die in einem komplexen Gefüge angeordnet sind. Neben der Wachsamkeit der User:in spielen somit auch die technischen Erfassungen des Smartphones eine entscheidende Rolle. Dies wird besonders in der zeitlichen Dimension von Vigilanz deutlich: Wenn Wachsamkeit auf Dauer gestellt werden muss, steht das Zusammenspiel der sozialen, technischen und physiologisch-kognitiven Komponenten der Vigilanz, die Delegation an Mittler und die Inanspruchnahme menschlicher Aufmerksamkeit besonders auf dem Prüfstand.

Der folgende Beitrag möchte temporale Modalitäten der Vigilanz zwischen menschlicher Aufmerksamkeit und technischer Erfassung beleuchten. Dazu dient das Wechselspiel zwischen Smartphone und User:in als Beispiel, das in einer Fallstudie zum digitalen Covid-Tracing im Zuge der Pandemiebekämpfung in Deutschland weiter konkretisiert wird; denn hier lassen sich Appelle zur Indienstnahme für überindividuelle Ziele besonders gut in ihren Bezügen zur

---

4 Vgl. Kaerlein, User.
5 Vgl. Krämer, Das Medium.

technischen Konstellation des Smartphones beobachten. Die Ausführungen beginnen (1) mit allgemeinen Überlegungen zum Wechselverhältnis von Smartphone und User:in; es folgt (2) eine genauere Beschreibung des Covid-Tracing durch die Corona-Warn-App als eine Konstellation der Vigilanz; schließlich gilt es (3) ausgehend von diesem Beispiel die temporalen Dimensionen der diskreten Wachsamkeit des Smartphones zu reflektieren.

1 Wachsamkeit im Gefüge der Anhänglichkeiten von Smartphone und User:in

Bereits die Forschung zum Handy hat herausgestellt, dass für den Gebrauch der Mobilfunktechnologie eine enge, affektiv geprägte Bindung zwischen Gerät und User:in kennzeichnend ist. Durch das Mobiltelefon erhält die Nutzer:in im Unterschied zur Festnetztelefonie eine persönliche Adresse, die Anrufbarkeit wird individualisiert. Das Mobiltelefon ist ständiger Begleiter, es wird oft durchgehend, in vielen Fällen auch nachts, im körperlichen Nahbereich der Nutzer:in mitgeführt und ist durch individuelle Gestaltung durch Taschen, Hüllen, Fotografien auf dem Startbildschirm, gespeicherte Notizen, Kontaktlisten und vielem mehr ein hochgradig personalisiertes Device, dessen Verlust – auch in Zeiten der Cloud-Speicherung persönlicher Daten – regelrecht schmerzhaft erlebt werden kann.[6]

Ein Smartphone lässt sich über eine mobile, persönliche Adressierung hinaus als ein offenes technisches Objekt zwischen differenten Medienvollzügen bestimmen. Es ist nicht nur Telefon, sondern gleichzeitig mobiler Mikrocomputer, Fotoapparat, Navigationsgerät, Notizbuch oder Musikplayer und somit ein Objekt, das sich im Gebrauch beständig transformiert, seine Gestalt wechselt. Jeder Vollzug als Medium stabilisiert sich somit nur vorübergehend in einer ständigen Verschiebung von einer medialen Ausprägung zur anderen. Dies ist einer engen Verflechtung und wechselseitigen Abhängigkeit von Hard- und Software geschuldet, die kennzeichnend für das Smartphone sind. Das plurale Medien-Werden des Geräts[7] wird ermöglicht durch Apps, die Softwareprozesse ebenso wie einzelne Hardwarekomponenten, Mikrofon oder Kamera, steuern und somit die Transformabilität des Geräts gewährleisten. Der fortlaufende Wechsel seiner medialen Formierung resultiert deshalb ebenso aus einer ständigen Weiterentwicklung des Geräts wie aus einem immerfort wachsenden App-Angebot und den

---

6 Vgl. Linz, Konvergenzen.
7 Vgl. zum Prozess des Medien-Werdens Vogl, Medien-Werden; zur Verschiebung der medialen Formierung vgl. Tholen, Überschneidungen.

Ökonomien ebenso wie den Politiken einer App-Kultur. Das Smartphone und seine Apps sind somit auch von Macht- und Kontrollstrukturen durchzogen, insofern die Zugänglichkeit von Code und Hardware klar reguliert ist.[8]

Die Bindung zwischen der pluralen medialen Formierung des Smartphones und seiner User:in lässt sich mit dem Begriff des Attachements näher bestimmen, ein Begriff der Akteur-Netzwerk-Theorie, den der Soziologe Antoine Hennion für ambivalente Bindungsverhältnisse der Abhängigkeit bzw. Anhänglichkeit geltend gemacht hat. Attachement meint „Band, Fessel, Fixierung, Abhängigkeit" ebenso wie „Zuneigung", „Bindung", „Verbundenheit", „Anhänglichkeit"; bezieht sich aber auch auf „tiefe Überzeugungen, starke Verpflichtungen oder Verbindlichkeiten".[9] Der Begriff richtet sich auf ein sehr heterogenes semantisches Feld von affektiven Bindungen, umfasst emotionale, aber auch physische Verbundenheit. Attachement, so die Hennion-Übersetzerin Anne Ortner kann auch eine „Form der Wertschätzung, der Aufmerksamkeit, des Engagements oder der Beschäftigung mit etwas, aber auch der Fesselung bezeichnen."[10]

Attachements bezeichnen Verbindungen mit den Dingen, an denen wir hängen, von denen wir abhängen oder mit denen wir zusammenhängen. Hennion bezieht den Begriff auf eine Relationierung, die vor dem Dualismus zwischen Subjekt und Objekt ansetzt:

> Anhänglichkeit [ist] nicht nur unbestimmt, zwingend und situationsbedingt, sondern sie ist überdies symmetrisch. Sind wir es, die an etwas festhalten, oder werden wir von etwas festgehalten? [...] Jenseits einer solchen Wechselseitigkeit, die eine zutiefst dualistische bleiben würde, verlangen die Verbindungen ganz unterschiedlicher Art, in die wir eingebunden sind, die uns halten und uns zusammenhalten, nach einer Umverteilung von Handlungsmacht.[11]

Attachments richten Subjekte und Objekte in einer Offenheit aneinander aus, die eine beständige Arbeit am Subjekt ebenso wie am Objekt notwendig macht. Hennion verdeutlicht dies am ‚Geschmack', den der Liebhaber von Musik oder von gutem Wein an den Objekten seiner Hingezogenheit findet:

> Das Wort Geschmack enthält bereits den Doppelsinn, denn es verweist ebenso auf den Geschmack der Dinge selbst wie darauf, Geschmack an den Dingen zu finden. Keines von beiden ist gegeben, vielmehr entdecken sie einander im Akt des (Aus)Probierens. Der Prozess

---

8 Vgl. Galloway, *Protocol*.
9 Hennion, Offene Objekte, S. 96.
10 Ebd. S. 93, Fußnote 2.
11 Ebd. S. 95.

des ‚sich dazu bringen, etwas zu lieben' ist unauflöslich mit dem Prozess verbunden, ‚Dinge eintreten und an sich herankommen' zu lassen.¹²

Betrachten wir das Attachement von Smartphone und Nutzer:in nun als eine in diesem Sinne öffnende und transformierende Art und Weise, in der eine Nutzer:in ihr Gerät verwendet und es in ihren körperlichen Nahbereich eintreten lässt, so ist entscheidend, dass ein Smartphone mit zahlreichen seiner Apps und seinen differenten medialen Vollzügen als ein „Mediator des sozialen Netzes"¹³ der Nutzer:in fungiert. Die medialen Dimensionen des Smartphones erschöpfen sich keineswegs in der affektiven Relationierung von User:in und Gerät. Die wechselseitige Bindung zwischen offenem Objekt und offenem Subjekt ist zentral für die Verfertigung eines sozialen Gefüges, das sich in den tele-technischen Austauschprozessen des Geräts herausbildet. In Smartphone-Praktiken werden somit soziale – oder genauer: soziotechnische Beziehungen aus dem Nahbereich heraus eingegangen beziehungsweise sie treten in diesen Nahbereich ein. In Nachrichten, Statusmeldungen, Chatverläufen und Profilbildern sind die Relationen zu anderen Smartphone-User:innen in die abhängig-anhängliche Bindung zwischen User:in und Device eingelassen. Sie gelangen mit hinein in den körperlichen Nahbereich und die ständige Ver-Bindung, also in die gleichsam trennenden und verbindenden medialen Operationen zwischen Smartphone und Nutzer:in.

Die mediale Teilhabe an digital vernetzten Gemeinschaften, die das Smartphone durch seine Mit-Teilungen – Nachrichten, aber auch Geo-Daten oder Bluetooth-Signale – ermöglicht, setzt somit an der affektiven Bindung einer User:in zu ihrem Device an. Entwürfe von Gemeinschaften mit ihren Aufforderungen Teil zu sein, mitzumachen, dabei zu sein, wie sie in Social Media App-Werbungen oder auch in Appellen zur Vigilanz zu finden sind, greifen diese Potenzialität von Gemeinsamkeit auf. Genau auf Grund dieser Möglichkeit der Gemeinschaftsbildung kann das Smartphone auch – wie im Folgenden näher ausgeführt wird – in der deutschen Strategie der Pandemie-Eindämmung als Helfer im Kampf gegen Corona als ein Instrument der Vigilanz adressiert werden. Mit Hilfe des Begriffs des Attachement lässt sich dieses Verhältnis jedoch differenzierter betrachten: Die Wachsamkeit des Smartphones ist kein reiner Prozess der Überwachung und auch keine instrumentelle Unterstützung der Vigilanz von User:innen, sondern ein Zulassen von Erfassung, ein Sich-Öffnen der individuellen Vigilanz für die Mitwirkung des Geräts und für eine Orientierung an den Anforderungen des sozialen Gefüges.

---

12 Ebd. S. 108.
13 Linz, Konvergenzen, S. 178.

Die Teilhabebeziehungen, die ein Smartphone ermöglicht und zumutet, werden keineswegs alle auf Smartphone-Displays sichtbar. Woran wir teilhaben und wer an unseren Praktiken teilhat, mit wem oder womit wir zusammenhängen, wenn wir abhängig-anhänglich mit unserem Smartphone interagieren, wer unsere Daten abschöpft, unsere Nachrichten mitliest und unsere Bewegungen nachvollzieht, bleibt zu weiten Teilen unsichtbar. Auch die Aufzeichnung von Begegnungen mittels Bluetooth-Technologie, wie sie die im Folgenden genauer beleuchtete Corona-Warn-App zu Grunde legt, folgt dem Prinzip dieser diskreten Teilhabebeziehungen – mögen die Datenschutzrichtlinie noch so transparent sein. Die solidarische Gemeinschaft digital vernetzter Smartphone-User:innen in der Corona-Krise, die in Appellen zur Wachsamkeit entworfen wird, ist gleichermaßen Versprechen wie Zumutung. Sie verspricht Schutz durch aktives, wachsames Mitwirken, sie mutet jedoch eine Teilhabe (mittels) des digitalen Device zu, die sich der Wahrnehmung entzieht. Das Smartphone zeichnet gefährlich-infektiöse Nähe[14] und Dauer der sozialen Relationen diskret auf, unterhalb der Wahrnehmungsschwelle seiner menschlichen Nutzer:in und jenseits ihrer Aufmerksamkeit.

2 Smarte Vigilanz in Zeiten der Pandemie: Covid-Tracing

Aufrufe zur Wachsamkeit sind nun schon seit einiger Zeit Teil unseres täglichen Lebens. Sie prägen die neue Normalität des Alltags unter den Bedingungen der Schutzmaßnahmen, zu deren Umsetzung wir in allen Bereichen des öffentlichen und privaten Lebens aufgefordert sind, um die Corona-Pandemie in Schach zu halten. Die regierungspolitischen Appelle richten sich hierzulande seit dem Sommer 2020 verstärkt auf eine Wachsamkeit, die schwer zu erfüllen ist, weil sie auf Dauer gestellt sein muss: Das Wachsam-*Bleiben* ist das Gebot einer pandemischen Situation, deren Ende sich zwischen immer wieder hohen Infektionszahlen, gelockerten und wieder verschärften Maßnahmen und Hoffnung auf eine längerfristige Immunisierung durch Impfung oder Genesung längst noch nicht klar abzeichnet.

In die Strategien einer auf Dauer gestellten Wachsamkeit reiht sich seit Juni 2020 auch die deutsche Corona-Warn-App ein, eine Applikation des Digital Tracing, die Praktiken der Smartphone-Nutzung in die Aufrufe zur Teilhabe an einer solidarischen Gemeinschaft einbezieht: „Zusammen gegen Corona". Die Warn-

---

14 Vgl. Röder, Abstand halten.

App fungiert als drittes ‚A' in der AHA+A+L-Formel (Abstand, Hygiene, Alltag mit Maske, App, Lüften) der Vorsichtsmaßnahmen zum Schutz vor Infektionen und zum Durchbrechen von Infektionsketten. Auch unter den Bedingungen von 2G (geimpft oder genesen) beziehungsweise 3G (geimpft, genesen oder getestet) bleibt die App ein wichtiges Element der Schutzmaßnahmen, zumal ihre Version 2.3 neben Testzertifikaten auch den digitalen Impfnachweis verwalten kann.[15]

Bereits Ende März 2020 hat der Philosoph und Gender-Theoretiker Paul B. Preciado in unmittelbarer Reaktion auf seine Erfahrungen mit Kontakteinschränkungen in Paris und seiner eigenen Covid-19-Erkrankung beschrieben, wie im Kampf gegen die Ausbreitung des Corona-Virus biopolitische Strategien und Technologien der Macht im Sinne Michel Foucaults aufgeboten werden. Viele europäische Länder wie Italien, Frankreich und Spanien verfolgten disziplinarische Maßnahmen, die denjenigen ähnelten, die Foucault in *Überwachen und Strafen* für die Pestbekämpfung beschrieben habe: Unterteilung der Städte und Einsperrung der Bevölkerung zu Hause. Ganz anders sei jedoch die Strategie in Südkorea, Taiwan, Hongkong und Japan angelegt. Hier setzten die Regierungen auf Erhöhung der Testkapazitäten und konsequente digitale, auch videotechnologische Überwachung.[16] Preciado unterstreicht in diesem Zusammenhang die Bedeutung des Mobiltelefons:

> Mobiltelefone und Kreditkarten werden zu Werkzeugen, die es erlauben, die individuelle Bewegungen potenzieller Träger des Virus nachzuverfolgen. Wir brauchen keine biometrischen Armbänder. Ein besseres Armband als das Mobiltelefon lässt sich gar nicht denken, selbst wenn sie schlafen, trennen sich die Menschen nicht von ihren Geräten. Temperatur und Bewegungen individueller Körper werden mithilfe mobiler Technologien überwacht, per GPS an die Polizei übermittelt und in Echtzeit vom digitalen Auge eines cyberautoritären Staates beobachtet.[17]

Preciado dokumentiert mit der Unterscheidung zwischen einer disziplinarischen und cyberautoritären Strategie der Pandemie-Bekämpfung nur eine Momentaufnahme. Schon wenige Monate später nutzen auch viele europäische Länder Tracing-Apps, um eine dauerhafte Wachsamkeit auch bei geringerem Infektionsgeschehen zu gewährleisten. Allerdings wird hier besonderer Wert darauf gelegt, gerade keine körper- bzw. personenbezogenen Daten zu erheben. Die Tracing-Apps, die in den Maßnahmenkatalog zur Pandemie-Eindämmung aufgenommen werden, unterscheiden sich von Surveillance-Tools des öffentlichen Gesund-

---
15 Bundesministerium für Gesundheit, Zusammen gegen Corona, https://www.zusammen-gegencorona.de [letzter Zugriff: 25.10.2021].
16 Vgl. auch Park, Tracking COVID-19.
17 Preciado, *Ein Apartment*, S. 361; vgl. auch Söderfeldt/Gadebusch Bondio, *A sanitary war*.

heitswesens, wie zum Beispiel die Corona-Datenspende-App des Robert Koch-Instituts (RKI), die zwar auf dem Smartphone installiert wird, aber zusätzlich ein Fitnessarmband oder eine Smartwatch benötigt, um neben soziodemographischen Daten auch Aktivität, Schlafphasen, Puls, Temperatur, Körperfett, Muskelmasse oder Blutdruck zu erfassen und so frühzeitig Symptome einer Infektion erkennen zu können.

Zudem erheben die bevölkerungsweit empfohlenen Tracing Apps auch keine GPS-Daten. Sie nutzen somit nicht die technische Möglichkeit, Smartphones zu verorten und die Bewegungsabläufe ihrer Nutzer:innen zu erfassen. Die Corona-Warn-App des RKI verwendet ebenso wie viele Applikationen anderer europäischer Staaten die Bluetooth-Technologie, also einen für kurze Distanzen zwischen Geräten optimierten Funkstandard. Gemessen wird somit nicht die Bewegung der Smartphone-Nutzer:innen im Raum, sondern ihr Abstand zu den Geräten anderer Nutzer:innen, die ebenfalls die App installiert haben. Dabei funktioniert die Applikation eingebettet in die Infrastrukturen der Smartphone-Industrie. Grundlage der App sind die Betriebssysteme iOS und Android. Google und Apple stellen eine wichtige Schnittstelle auf dem jeweiligen Smartphone bereit, die eine Kontaktnachverfolgung und -dokumentation überhaupt erst möglich machen.[18]

Die App verhandelt die Daten ihrer User:innen jedoch in höchstem Maße diskret, wie das RKI bzw. die Bundesregierung in FAQs, Postern und Videos immer wieder allgemeinverständlich erläutern: Die Anwendung sendet lediglich anonymisierte, temporäre Identifikationsnummern, die alle zehn bis fünfzehn Minuten wechseln, in ihre nähere Umgebung und prüft Signale von anderen Geräten. Wenn sich zwei Smartphones, auf denen die App installiert ist, über einen längeren Zeitraum näherkommen, werden diese Identifikationsnummern ausgetauscht. Ist eine Person positiv auf Covid-19 getestet worden, kann sie dies in der App vermerken. In diesem Fall werden die Tagesschlüssel ihres Geräts, aus dem die temporären Bluetooth IDs kryptographisch abgeleitet werden, an einen zentralen Server übertragen. Um den Datenschutz noch weiter zu erhöhen, gewährleistet der Corona-Warn-App-Server eine Mindestanzahl an übertragenen Tagesschlüsseln. Das System erzeugt hierzu weitere Schlüssel, die den übertragenen beigemischt werden. Auf diese Weise soll sich jeder Rückschluss auf konkrete Personen vermeiden lassen. Jede installierte Corona-Warn-App lädt regelmäßig die Listen mit den Tagesschlüsseln aller positiv Getesteten vom Server herunter und vergleicht sie mit den für 14 Tage lokal und somit dezentral gespeicherten, temporären IDs der anderen Smartphones, die dem Gerät in Bluetooth-Reichweite nahegekommen sind. Je nach Nähe und Dauer der Begegnung zeigt die App dann

---

18 Vgl. Dix, Corona Warn-App; Reelfs/Hohlfeld/Poese, Corona-Warn-App.

in einer farblichen Unterscheidung von blau, grün und rot den aktuellen Risikoscore der Smartphone-Nutzer:in an (vgl. Abb. 1).[19]

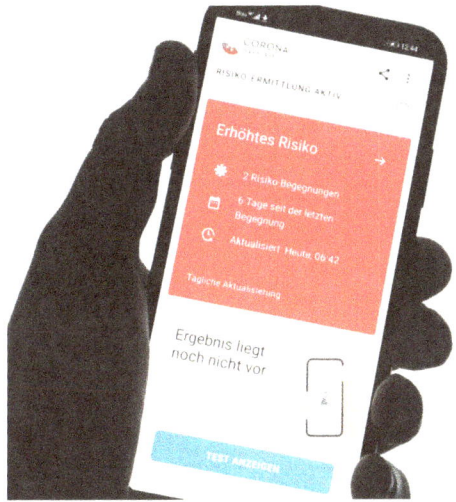

Abb. 1: Risikoanzeige der Corona-Warn-App.

Die Abwägung zwischen Datenschutz beziehungsweise Freiheit der User:innen und öffentlicher Gesundheitsvorsorge beziehungsweise Sicherheit der Bevölkerung ist in der Entwicklung der Corona-Warn-App eindeutig zu Gunsten von Anonymität und Datensicherheit entschieden worden – und das nach einer langen öffentlich geführten Debatte, in die unter anderem auch der Chaos Computer Club involviert war.[20] Auf Grund des diskreten Umgangs mit den Daten, die sie erhebt und verarbeitet, kann noch nicht einmal ermittelt werden, ob die App überhaupt einen sinnvollen Beitrag zur Pandemie-Bekämpfung leistet. Das jedenfalls konstatiert ein Autor:innenteam aus der Public Health-Forschung:

> Wie viele Menschen andere tatsächlich gewarnt haben und wie viele über die App darüber informiert wurden, dass sie möglicherweise einen oder mehrere Risikokontakte hatten, kann nicht genau gesagt werden. Dies ist auf den datensparsamen dezentralen Ansatz der App zurückzuführen.[21]

---

19 Vgl. Robert Koch Institut, Infektionsketten digital unterbrechen mit der Corona-Warn-App.
20 Vgl. Lasarov, Im Spannungsfeld.
21 Jahnel/Gerhardus/Wienert, Digitales Contact Tracing, S. 789.

Im Vergleich zu ihren asiatischen Pendants ist die Corona-Warn-App in der Pandemie-Bekämpfung weniger handlungsmächtig. Aber gerade deshalb fügt sie sich in eine Programmatik der Vigilanz, die Smartphone-User:innen als aktive Individuen adressiert und subjektiviert, als Nutzer:innen, deren persönliche Mithilfe und Aufmerksamkeit unabdingbar sind. In einem Video appelliert beispielsweise Regierungssprecher Steffen Seibert im September 2020 an die Bereitschaft zur aktiven Mithilfe. In drei Schritten könne die App zu einem wertvollen Helfer in der Corona-Pandemie werden: Erstens durch den Download auf das Smartphone; zweitens indem bei einem Corona-Test die Zustimmung gegeben wird, das Testergebnis an die Corona-Warn-App zu übermitteln und drittens, indem im Fall eines positiven Testergebnisses dieses aktiv über die App geteilt wird, um die Warnung bei allen Kontaktpersonen auszulösen.[22]

Ein Blick auf die Kampagnenmotive zur Einführung der App zeigt, dass der Appell zur aktiven Teilnahme ganz zentral in die Implementierung des Digital Tracing eingewoben ist: „Hilft. Wenn Du mitmachst."; „Wird mit jedem Nutzer nützlicher"; oder: „Braucht Dich und Dich und Dich und Dich." – so lauten einige Slogans der Kampagne.[23] Die Corona-Warn-App setzt somit aktive, aufmerksame Subjekte nicht einfach voraus, sie bringt sie als zentrale Akteur:innen in einer soziotechnischen Konstellation des Digital Tracing überhaupt erst hervor, produziert eine Subjekt-Position des aktiven Mitmachens.

Im graphischen Interface der App sind Aufforderungen zur aktiven Teilnahme an der digitalen Kontaktverfolgung und zur Partizipation an einer solidarischen Gemeinschaft allgegenwärtig. Eine Graphik, die zentrale Anliegen der App unter dem Titel „Gemeinsam Corona bekämpfen" illustriert, skizziert einen urbanen öffentlichen Raum, in dem junge Smartphone-Hipster sich in nächster Nähe zu Covid-19-Risikopersonen aufhalten, zu Personen, die durch Rollstuhl oder Gehhilfe als besonders gefährdet gekennzeichnet sind, und ihr Smartphone wie ein Schutzschild vor sich halten (vgl. Abb. 2). Die appellatorische Programmatik der Corona-Warn-App setzt in ihrer Darstellung einer solidarischen Gemeinschaft des Schutzes, der Wachsamkeit und Achtsamkeit somit an der engen, körperlich nahen Verbindung von User:in und digitalem Device an, die sich mit dem Konzept des Attachements fassen lässt. Die Appelle der Warn-App-Kampagne zielen dar-

---

[22] Die Bundesregierung: Regierungssprecher Seibert im Video. So kann die App ein wertvoller Helfer in der Pandemie werden, 30.09.2020, https://www.bundesregierung.de/breg-de/themen/buerokratieabbau/corona-warn-app-1792578 [letzter Zugriff: 25.10.2021].

[23] Deutsche Krankenhaus Gesellschaft: Corona-Warn-App. Die Kampagne, https://www.dkgev.de/fileadmin/default/Mediapool/2_Themen/2.6._Qualitaet_Hygiene_und_Sicherheit/2.6.12._Hygiene_und_Infektionsschutz/Coronavirus/Corona-Warn-App_Die_Kampagne.pdf [letzter Zugriff: 25.10.2021].

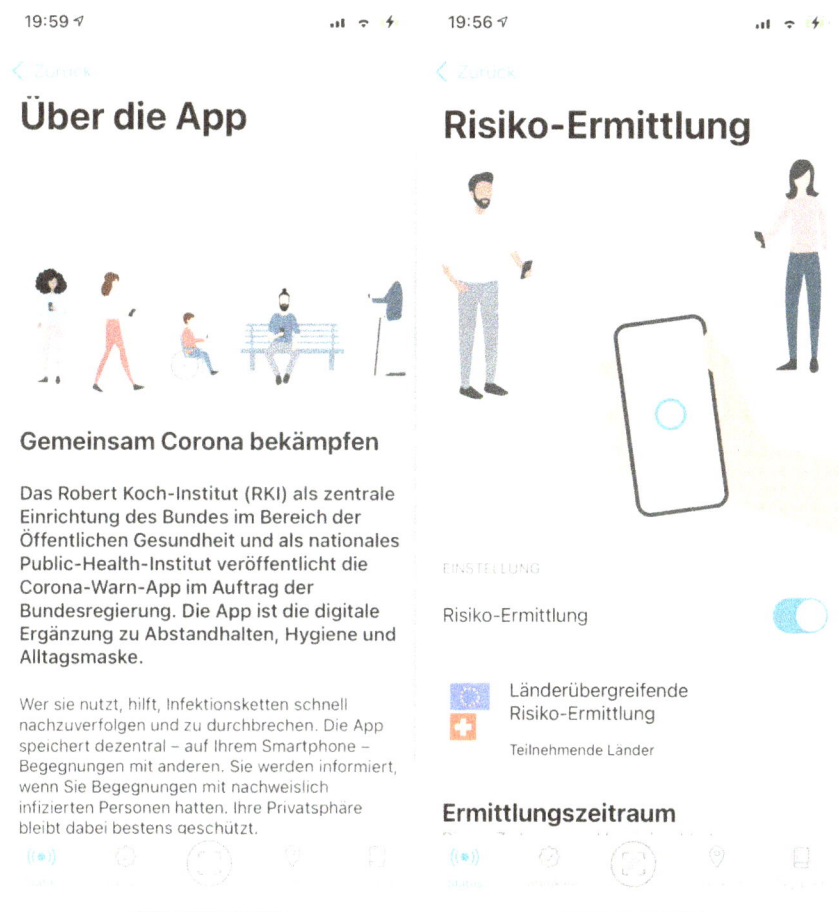

Abb. 2 u. 3: Visuelles Interface der Corona-Warn-App.

auf, diese diskrete Wachsamkeit des Smartphones zuzulassen – zum Beispiel indem der Schieber auf der App-Seite ‚Risiko-Ermittlung' nach rechts geschoben und die Begegnungsaufzeichnung somit aktiviert wird (vgl. Abb. 3). Das auf diese Weise in die mediale Konstellation der App eingepasste und in ihr modellierte wachsame Subjekt ist somit eng verschaltet mit der technologischen Vigilanz des Geräts.

Die Smartphone-Gemeinschaft zur Eindämmung der Corona-Pandemie ist im wahrsten Sinn des Wortes utopisch und a-chronisch. Sie hat keinen Ort und keine Zeit, sie ist eine Abstraktion eines Gefüges, dessen solidarische Gemeinschaftlichkeit gerade darin besteht, Beziehungen – also Infektionsketten – zu unterbrechen. Die Gemeinschaft der Corona-Warn-App soll keinen gemeinsamen Ort besetzen, sich nicht im öffentlichen Raum zur selben Zeit zusammenfinden und somit als Gemeinschaft sichtbar werden. Wenn dies doch geschieht, fungiert die Corona-Warn-App wie ein Schutzschild, das vor infektiöser Nähe abschirmt und Lücken produziert zwischen Infizierten und Nicht-Infizierten – so auch die Programmatik des unterbrochenen Kreises im Logo der App. Die Gemeinschaftsfiguration der Corona-Warn-App ist – wie generell das soziotechnische Gefüge, das ein Smartphone ermöglicht und zumutet – eine temporalisierte, aufgeschobene Gemeinschaft, die nur als Horizont erscheint, sich aber niemals als Einheitsfigur verfestigt: Die Teilhabe an ihr besteht in Nicht-Teilhabe an einer sichtbaren Zusammenkunft. Ihre Temporalität ist die der Unterbrechung.

3 Temporalitäten der Wachsamkeit in der mobil-digitalen Vernetzung

Das Smartphone ist ein kleiner, mobiler Digitalrechner. Insofern ist seine Zeitordnung auf der Ebene des Codes, der Datenverarbeitung und -übertragung von der nicht-kontinuierlichen Zeit digitalen Prozessierens geprägt. Bezugnehmend auf Alan Turing hat Friedrich Kittler die Temporalität des Computers folgendermaßen bestimmt:

> Jede digitale Signalverarbeitung – weil nur ist, was schaltbar ist – setzt zunächst ein Zerhacken voraus. In Computern gibt es Zeit nur in quantisierten und synchronisierten Paketen, deren Größe selbstredend gegen Null streben sollte. „Wir könnten sagen", schrieb Alan Turing in seiner üblichen Klarheit schon 1947, „daß der Taktgeber es uns erlaubt, Diskretheit in die Zeit einzuführen, so daß die Zeit zu bestimmten Zwecken als eine Aufeinanderfolge von Augenblicken anstatt als kontinuierlicher Fluß betrachtet werden kann. Eine digitale Maschine muß prinzipiell mit diskreten Objekten operieren."[24]

Die Formulierung „zu bestimmten Zwecken" ist hier entscheidend, denn die digitale Taktung der Zeit impliziert eine Möglichkeit der Kontrolle, die für jede Datenverarbeitung unabdingbar ist. Das Operieren mit diskreten Objekten im digitalen Prozessieren hat Florian Sprenger ausgehend von den Programmierentwürfen des frühen Internets als eine Temporalität der Unterbrechung beschrieben, die Zeiträume für ‚Mikroentscheidungen' über die Routen von Datenpaketen in digitalen Netzen in die Datenverarbeitung einführt und somit Möglichkeiten der Kontrolle (etwa zum Zweck der Optimierung des digitalen

---

24 Kittler, Real Time Analysis, S. 369.

Transfers) in der Zirkulation von Datenpaketen schafft. Die diskrete Temporalität des Digitalrechners ist eine Operation der Zeitordnung, die Intervalle der Kontrolle und im nächsten Schritt auch der Überwachung (zum Beispiel von GPS-Daten) in zeitliche Verlaufsformen einführt.[25]

Die diskrete Temporalität des Digitalrechners kennzeichnet auch die Relationen der medialen Teilhabe der Corona-Warn-App und dies auf mehreren Ebenen, die alle in der nicht-kontinuierlichen Vertaktung ihren Ausgang nehmen, aber auf dieser Grundlage nochmals spezifische Zeitordnungen der Wachsamkeit ausgestalten. Dies zeigt sich zum einen in der Temporalität des Flüchtigen, in den temporären Identifikationsnummern, die zwei Smartphones austauschen, wenn sie sich nahekommen. Alle zehn bis fünfzehn Minuten werden diese Bluetooth IDs gewechselt, aufgrund der beschriebenen Datenschutz-Diskretion: Die App soll keine längerfristigen Bewegungsprofile anlegen können. Der Datenaustausch durch die Corona-Warn-App wird somit nicht-kontinuierlich in Datenpaketen gespeichert, die nur zeitlich begrenzte Austauschprozesse dokumentieren, den Kontakt mit anderen User:innen somit in Form von ID-Codes speichern, die Identifizierbarkeit nur für einen kurzen Zeitraum ermöglichen.

Die zweite temporale Modalität der Wachsamkeit, die sich aus den technologischen Bedingungen von Infektions- und Datenschutz ergibt, ist die Nachträglichkeit. Die Corona-Warn-App ist kein Echtzeit-Warnsystem. Um die Privatsphäre von Infizierten zu schützen ist diese Option ausgeschlossen. Die App gibt in ihrer Risiko-Ermittlung lediglich an, dass und wie lange die Smartphone-User:in *in der Vergangenheit* in Kontakt mit einer Person stand, die *später* positiv getestet wurde. Die latent stets mitlaufende Wachsamkeit der App richtet sich im Fall eines roten Bildschirms somit auf die Daten-Analyse und Bewertung vergangener Vorgänge des Datenaustauschs, in denen ein Infektionsrisiko noch nicht bekannt war, die im Fall der positiv-Testung einer Kontaktperson neu bewertet und rückwirkend zu einem Ansteckungsrisiko erklärt werden.

Diese Gefährdung lässt sich durch eine dritte temporale Dimension von Wachsamkeit genauer bestimmen. Die Warnung der App, die sie auf der Grundlage von Begegnungen ausgibt, bezieht sich nicht auf eine tatsächliche Infektion, sondern auf die Möglichkeit einer zukünftigen Erkrankung, auf die Wahrscheinlichkeit des zukünftigen Gesundheitszustands der App-Nutzer:innen. Die Corona-Warn-App operiert auf diese Weise mit Daten, die ein zukünftiges individuelles Infektionsgeschehen kalkulieren und aus denen sich entsprechende Handlungsempfehlungen für einzelne Smartphone-User:innen ableiten lassen.

---

25 Vgl. Sprenger, *Politik der Mikroentscheidungen*.

Die Flüchtigkeit, Nachträglichkeit und Virtualität der Datenverarbeitung der Corona-Warn-App lassen sich überlagernde temporale Dimensionen der Wachsamkeit kenntlich werden, die vergangene Relationen mit zukünftigen Gefährdungslagen vernetzt und daraus ein gegenwärtiges Risiko berechnet. Die Gegenwart selbst bleibt flüchtig und nicht-identifizierbar, ihr Zugriff erfolgt allein aus zeitlichen Relationierungen von vergangenen und zukünftigen Ver-Bindungen zwischen Smartphone-User:innen. Die Smartphone-Gemeinschaft der Gefahr, des Schutzes und der Solidarität ist nie präsent, sondern stets in Zukunft oder Vergangenheit verschoben. Ihre Gegenwart existiert nur in temporären ID-Codes, die zur späteren Verarbeitung vorübergehend gespeichert werden. Eine utopische und a-chronische Figuration von Gemeinschaftlichkeit, in die digital vernetzte Medien eingebunden sind, um Teilhabebeziehungen gleichermaßen herzustellen wie zu unterbrechen. Die Wachsamkeit des aus Attachements zwischen Menschen und Geräten bestehenden Gefüges besteht in der nachträglichen Erfassung und Bewertung von Gefährdungswahrscheinlichkeiten.

Das Smartphone zeigt sich hier als ein Mittler von Wachsamkeit im Geflecht der Anhänglichkeiten und Abhängigkeiten zwischen User:in und Gerät. Die temporalen Dimensionen der Wachsamkeit vollziehen sich auf der Ebene der Datenerfassung und -verarbeitung unterhalb der menschlichen Aufmerksamkeitsschwelle. Kenntlich werden sie erst in den Interface-Operationen der App. Sie können jedoch nur dann stattfinden, wenn die User:in den Vigilanz-Appellen der Gesundheitspolitik entspricht, die App installiert, ihre Risikoermittlung einschaltet und in der körperlich nahen Verbindung mit dem Gerät die diskrete Wachsamkeit der apparativen Erfassung der eigenen Bewegungen und Daten zulässt. Am Beispiel der Corona-Warn-App zeigen sich somit temporale Formen der Wachsamkeit, die aus dem Attachement von Smartphone und User:in hervorgehen und ohne diese Relationierung nicht vorhanden wären.

Literaturverzeichnis

Dix, Alexander: Die deutsche Corona Warn-App – ein gelungenes Beispiel für Privacy by Design? In: *Datenschutz und Datensicherheit* 12 (2020), S. 779–785.

Galloway, Alexander R.: *Protocol. How Control Exists after Decentralisation*. Cambridge, MA/London 2004.

Hennion, Antoine: Offene Objekte, Offene Subjekte? Körper und Dinge im Geflecht von Anhänglichkeit, Zuneigung und Verbundenheit. In: *Zeitschrift für Medien- und Kulturforschung* 1 (2011), S. 93–109.

Jahnel, Tina/Gerhardus, Ansgar/Wienert, Julian: Digitales Contact Tracing: Dilemma zwischen Datenschutz und Public Health Nutzenbewertung. In: *Datenschutz und Datensicherheit* 12 (2020), S. 786–790.

Kaerlein, Timo: Vom User zur Datenquelle. Smartphonegestützte Rekonfigurationen der Körpertechnik des Schlafens. In: *Augenblick. Konstanzer Hefte zur Medienwissenschaft* 77 (2020). Themenheft: *Schlaf(modus). Pause | Verarbeitung | Smartphone | Mensch*. Hrsg. v. Allouce, Ulrike/Ottmann, Solveig/Roesler-Keilholz, Silke, S. 35–46.

Kittler, Friedrich: Real Time Analysis – Time Axis Manipulation. In: Tholen, Georg Christoph/Scholl, Michael O. (Hrsg.): *Zeit-Zeichen. Aufschübe und Interferenzen zwischen Endzeit und Echtzeit*. Weinheim 1990, S. 363–377.

Krämer, Sybille: Das Medium als Spur und als Apparat. In: Dies. (Hrsg.): *Medien, Computer, Realität. Wirklichkeitsvorstellungen und Neue Medien*. Frankfurt am Main 1998, S. 73–94.

Lasarov, Wassili: Im Spannungsfeld zwischen Sicherheit und Freiheit. Eine Analyse zur Akzeptanz der Corona-Warn-App. In: *HMD Praxis der Wirtschaftsinformatik* 59 (2021), S. 377–394.

Latour, Bruno: Ein Kollektiv von Menschen und nichtmenschlichen Wesen. In: Ders.: *Die Hoffnung der Pandora. Untersuchungen zur Wirklichkeit der Wissenschaft*. Frankfurt am Main 2000, S. 211–264.

Leonhardt, Nic: Blick-Ausrichtungen. Steuerung von Wachsamkeit in der visuellen Kultur. In: *Mitteilungen des Sonderforschungsbereichs 1369 ‚Vigilanzkulturen'* 1 (2021), https://www.sfb1369.uni-muenchen.de/publikationen/mitteilungen/mitteilungen-01_21/index.html, S. 33–39.

Linz, Erika: Konvergenzen. Umbauten des Dispositivs Handy. In: Schneider, Irmela/Epping-Jäger, Cornelia (Hrsg.): *Formationen der Mediennutzung III: Dispositive Ordnungen im Umbau*. Bielefeld 2008, S. 169–188.

Park, June: Tracking COVID-19 in the Age of AI and Tech Wars. In: *Asia Pacific Bulletin* 517 (17.07.2020), https://www.eastwestcenter.org/publications/tracking-covid-19-in-the-age-ai-and-tech-wars [letzter Zugriff: 25.10.2021].

Preciado, Paul B.: *Ein Apartment auf dem Uranus. Chroniken eines Übergangs*. Frankfurt am Main/Berlin 2020.

Reelfs, Jens Helge/Hohlfeld, Oliver/Poese, Ingmar: Corona-Warn-App: Tracing the Start of the Official COVID-19 Exposure Notification App for Germany. In: *Proceedings of the SIGCOMM '20 Poster and Demo Session* (August 2020), S. 24–26, https://doi.org/10.1145/3405837.3411378 [letzter Zugriff: 25.10.2021].

Röder, Brendan: Abstand halten. Zum Umgang mit gefährlicher Nähe in frühneuzeitlichen Pestepidemien. In: *Mitteilungen des Sonderforschungsbereichs 1369 ‚Vigilanzkulturen'* 1 (2020), https://www.sfb1369.uni-muenchen.de/publikationen/mitteilungen/mitteilungen-01_20/index.html, S. 26–35.

Sprenger, Florian: *Politik der Mikroentscheidungen: Edward Snowden, Netzneutralität und die Architekturen des Internets*. Lüneburg 2015.

Sonderforschungsbereich 1369 ‚Vigilanzkulturen'. Transformationen – Räume – Techniken. In: *Mitteilungen des Sonderforschungsbereichs 1369 ‚Vigilanzkulturen'* 1 (2020), https://www.sfb1369.uni-muenchen.de/publikationen/mitteilungen/mitteilungen-01_20/index.html, S. 6f.

Söderfeldth, Ylva/Gadebusch Bondio, Mariacarla: „A sanitary war" – Corona, medical power(lessness) and responsibilization. Working Paper des SFB 1369 ‚Vigilanzkulturen' 2 (2020), https://www.sfb1369.uni-muenchen.de/forschung/publikationen/working-papers/working-paper-02_2020/working_paper_02_2020.pdf [letzter Zugriff: 25.10.2021].

Tholen, Georg Christoph: Überschneidungen. Konturen einer Theorie der Medialität. In: Schade, Sigrid/Tholen, Georg Christoph (Hrsg.): *Konfigurationen. Zwischen Kunst und Medien*. München 1999, S. 15–34.

Vogl, Joseph: Medien-Werden. Galileis Fernrohr. In: Engell, Lorenz/Vogl, Joseph (Hrsg.): *Archiv für Mediengeschichte* 1: *Mediale Historiographien*. Weimar 2001, S. 115–123.

Abbildungsnachweise

S. 45, Abb. 1:	München, Bayerische Staatsbibliothek, Cgm 74, Oberaltaicher Predigtsammlung, Anfang des 14. Jh., Bl. 12ʳ.
S. 81, Fig. 1:	J. Paul Getty Museum, Los Angeles, 99.GA.6.9.
S. 83, Fig. 2:	THE QUEEN'S GAMBIT (USA 2020, Netflix)
S. 86, Fig. 3:	Cesare Ripa: *Iconologia*. Padua 1613, p. 532.
S. 86, Fig. 4:	Cesare Ripa: *Iconologia*. Padua 1613, p. 506.
S. 87, Fig. 5:	The J. Paul Getty Museum, Los Angeles, 99.GA.6.20.
S. 90, Fig. 6:	THE AGONY AND THE ECSTASY (USA, 1965). DVD: Twentieth Century Fox Home Entertainment, 2014
S. 93, Fig. 7:	Public domain
S. 94, Fig. 8:	Public domain.
S. 96, Fig. 9:	Public domain.
S. 99, Fig. 10:	Public domain
S. 107, Abb. 1:	Herzog August Bibliothek Wolfenbüttel: Li 6643 (2), http://emblematica.grainger.illinois.edu/detail/emblem/E000571
S. 119, Abb. 2:	© The National Portrait Gallery, London.
S. 160, Abb. 1:	Jiráček. A.: Noční kontrola. In: *SNB. Čtrnactí denník národní bezpečnosti* 1 (15.10.1948), o. S.
S. 165, Abb. 2:	Štorkán, Karel: Slečny lehce přístupné, Nr. 10. In: *Svět v obrazech* 15 (15.04.1968), o. S.
S. 165, Abb. 3:	Štorkán, Karel: Slečny lehce přístupné, Nr. 4. In: *Svět v obrazech* 9 (05.03.1968), o. S.
S. 183, Abb. 1:	Fotografie, Eveline Dürr
S. 189, Abb. 2:	Fotografie, Eveline Dürr
S. 190, Abb. 3:	Fotografie, Eveline Dürr
S. 192, Abb. 4:	Fotografie, Eveline Dürr
S. 193, Abb. 5:	Fotografie, Eveline Dürr
S. 195, Abb. 6:	Fotografie, Eveline Dürr
S. 201, Abb. 7:	Fotografie, Eveline Dürr
S. 205, Abb. 8:	Fotografie, Eveline Dürr
S. 219, Abb. 1:	Bernd Oswald: Nun doch: Corona-Warn-App bekommt anonyme Check-In-Funktion. In: *BR24*, 22.03.2021, https://www.br.de/nachrichten/netzwelt/nun-doch-corona-warn-app-bekommt-anonyme-check-in-funktion,SSOtbye [letzter Zugriff: 29.10.2021].
S. 221, Abb. 2 und 3:	Screenshots der Corona-Warn-App des Robert Koch-Instituts, Isabell Otto.

∂ Open Access. © 2022 bei den Autorinnen und Autoren, publiziert von De Gruyter. Dieses Werk ist lizenziert unter einer Creative Commons Namensnennung 4.0 International Lizenz.
https://doi.org/10.1515/9783110765137-011